여성 안수 법제화 30주년 기념

여성 안수 30년의 회고와 전망

여성 안수 30년의 회고와 전망

지 은 이·김순미 편
펴 낸 이·성상건
편집디자인·자연DPS

펴 낸 날·2025년 9월 15일
펴 낸 곳·도서출판 나눔사
주   소·(우) 10270 경기도 고양시 덕양구 푸른마을로 15
         301동 1505호
전   화·02)359-3429   팩스 02)355-3429
등록번호·2-489호(1988년 2월 16일)
이 메 일·nanumsa@hanmail.net

ⓒ 김순미, 2025

ISBN 978-89-7027-828-5   03230

값 15,000원

잘못된 책은 바꾸어 드립니다.

여성 안수 법제화 30주년 기념

여성 안수 30년의 회고와 전망

김순미 편

2025

총회한국교회연구원

차 례

- 발간사   김순미 장로 (총회한국교회연구원 이사장) _6
- 추천사   김영걸 목사 (대한예수교장로회 총회 제109회기 총회장) _10
- 축　사   정　훈 목사 (대한예수교장로회 총회 제110회기 총회장) _12
- 축　사   정영택 목사 (대한예수교장로회 총회 제99회기 총회장) _14

제1부 여성 안수의 과거 여정

제1장
대한예수교장로회(통합) 여성안수 청원과 법제화의 여정 ·············· 18
윤효심 목사 (여전도회연합회 총무)

제2장
한국기독교장로회의 여성 안수 법제화의 여정 ····················· 39
총회한국교회연구원 정리

제3장
기독교대한감리회의 여성 안수 과정과 그 특징 ····················· 51
총회한국교회연구원 정리

제2부 지난 30년 간의 여성 목회자들의 사역 이야기

제1장
여성 목사 안수 30년 ·· 64
김은정 목사 (전국여교역자연합회 사무총장)

제2장
기관에서 일하는 여성 목회자 이야기 ··································· 78
김혜숙 목사 (전국여교역자연합회 부회장)

제3장
선교사로 파송 받아 일하시는 여성 선교사 이야기 ············· 98
문정은 목사 (아시아기독교협의회[CCA] 국장)

제3부 여성 장로 안수 이후 30년 활동에 대한 고찰

제1장
여성 장로 안수 이후 30년 동안의 여성 리더십 향상에 대한 고찰 114
이은혜 목사 (전 영남신학대학교 교수)

제2장
여성 장로들을 세운 교회들의 강점 123
총회한국교회연구원 정리

제3장
교단 도약을 위한 제도적 소통 142
오경남 목사 (총회평신도위원장, 영광교회)

제4부 여성 목사와 장로들 사역의 미래

제1장
영국교회에서 여성 목사와 장로의 역할 156
박준수 목사 (영국 뉴톤장로교회 목사)

제2장
미국의 여성 목사와 장로들의 역할에 대한 고찰 182
이상명 목사 (프레스티지캘리포니아대학교 총장)

제3장
교회에서의 여성 리더십 197
신옥수 목사 (장로회신학대학교 교수)

제4장
여성 목사의 사역 전문화를 위한 선교적 전략 제안 215
이선이 목사 (호남신학대학교 교수)

제5장
여성 장로 안수 30년의 성취와 미래적 전망 235
노영상 목사 (총회한국교회연구원 원장)

부록 253

| 발간사 |

김순미 장로
(총회한국교회연구원 이사장)

2014년 제99회기 총회와 2024년 제109회 총회에서는 아침 예배를 총회 여성안수 허락 20주년과 30주년 기념 감사예배를 드리며 하나님께 영광을 올려드렸습니다. 특히 20주년 기념 감사예배에서 장로회신학대학교 주선애 명예교수는 "주의 여종이오니"라는 제하의 말씀을 선포하시면서, 안수가 허락되기까지 과거 선배들의 헌신을 기억하며 더욱 적극적으로 여성 지도력을 키워나갈 것을 당부하셨습니다. 무엇보다 2025년 올해는 총회로부터 여성안수를 허락받은 후 여성안수가 법제화된 30주년이 되는 해로서, 이를 기념하여 본 책을 내게 된 것을 기쁘게 생각합니다.

'30년'은 한 세대가 성숙해가는 세월입니다. 1995년 우리 교단이 여성안수를 법제화한 이래, 한국교회의 여성 사역은 분명히 더 넓어지고 더 깊어졌습니다. 그러나 제도는 열렸으나 현장의 체감은 여전히 더디고, 꽃망울은 도처에서 움트지만 만개까지는 많은 길이 남아 있다고 생각합니다. 이 책은 바로 그 좌표 위에서, 지난 30년을 '기념'하는 것을 넘어 '점검'하고 '갱신'하려는 공동의 응답으로 만들어진 책입니다.

총회한국교회연구원은 2016년 설립 이래 교단과 한국교회의 사역을 학술적으로 지원하고, 연구를 통해 정책을 개발·실천하는 것을 소명으로 삼아 왔습니다. 이번 기념 도서는 그 소명의 연장선에서 기획되었습니다. 여성안수 30주년을 맞아 우리는 단순히 역사를 회고하려 하지는 않았습니다. 1933년 첫 청원에서 1995년 법제화에 이르기까지 62년의 여정을 더 깊이 성찰하고, 지난 30년 동안의 실천을 숫자와 이야기들을 촘촘히 점검하며, 앞으로의 30년을 위한 구조적 제언과 문화적 변혁의 로드맵을 제시하고자 한 것입니다.

이 책의 구성은 지난날의 회고와 미래에 대한 전망으로 설계되어 있습니다. 제1부는 예장통합의 여성 안수 청원과 법제화의 여정을 연대기적으로 복원하고(제1장), 한국기독교장로회와 기독교대한감리회의 경험을 나란히 조망합니다(제2·3장). 이를 통해 우리는 같은 성경, 유사한 교회 정치 아래에서 어떻게 서로 다른 결론과 속도, 제도 설계가 가능했는지를 확인할 수 있습니다. 제2부는 지난 30년을 살아낸 여성 목회자들의 '현장 서사'입니다. 통계와 직역 분포의 분석(제1장), 기관목회·해외선교 등 영역별 사례 연구(제2·3장)를 통해, 여성 사역의 저변과 전문성이 어떻게 확장되었는지를 사실에 근거해 보여줍니다. 제3부는 먼저 지난 30년 동안의 여성 장로들의 리더십 향상(제1장), 여성 장로를 세운 교회의 강점을 분석하면서(제2장), 교단 전체의 제도적 정비 차원의 문제에 대해 검토하였습니다(3장). 제4부는 미래에 대한 설계를 그리고 있습니다. 영국·미국 등 해외 교단의 정책과 경험을 비교하고(제1·2장), 한국적 맥락에 맞는 사역 전문화와 제도 개선, 문화 변혁 전략을 구체적으로 제안하며(제3장), 여성 목사와 여성 장로의 미래적 역할에 대해 고찰하였습니다(4,5장). 마지막으로 <부록>에는 여성 안수에 대한 지난날의 선언문이나 기타 중요 자료 원문들을 수록하여, 책의 이해를 돕고자 하였습니다.

이 책의 내용에는 다음의 문제의식이 포괄되어 있습니다.

첫째, 역사와 제도의 상호작용입니다. 여성안수의 법제화는 '사건'이면서 동시에 '과정'입니다. 제도는 의식을 견인하지만 의식이 변하지 않으면 제도는 관성에 갇힙니다. 30년의 데이터와 현장 증언이 전하는 메시지는 분명합니다. '허용'에서 '정착'으로, '예외'에서 '표준'으로 나아가기 위해서는 법률 조항의 수정만이 아니라, 발굴·양성·청빙·평가·승계로 이어지는 전 생애 리더십 체계의 형성이 필요합니다. 특히 관련 수치들과 현실적 체감 사이의 간극을 보면서, 담임 청빙과 노회와 총회 대표성에서의 구조적 병목을 해소하지 않으면, 저변의 성장과 정점의 변화가 분리되는 이중구조가 지속될 것이란 우려도 있습니다.

둘째, 대표성과 책임의 선순환입니다. 여성 장로의 희소성은 곧 여성 총대의 희소성으로 이어지고, 이는 다시 의사결정 구조에서의 대표성 결핍을 낳습니다. 대표성의 부족은 정책 설계 단계에서 여성 관점의 반영 부족으로 귀결되고, 그 결과 현장의 수요가 제도에 반영되지 못하는 악순환이 반복됩니다. 제3부 제3장이 제시하는 '여성 장로를 세운 교회의 강점' 분석은, 대표성 확대가 실천적 당위에 그치지 않고 교회 역량 강화와 공동체 신뢰 회복으로 직결됨을 입증하려는 시도입니다.

셋째, 외국의 사례들과의 비교를 통해 한국적인 설계를 재고하였습니다. 공통의 원칙 —투명한 절차, 예측가능한 경로, 역량 기반 배치— 를 한국교회의 현실에 맞게 재설계하자는 요청입니다. 특히 '사역 전문화'와 '멘토링-후견(HRM)' 결합 모델은, 청빙 관행의 관성을 깨뜨리고 여성 리더의 가시성과 신뢰성을 제고하는 실천적 대안이 될 것입니다.

이 책이 제안하는 변화의 축은 다음의 세 가지로 요약됩니다.

1. 제도적 장치의 정밀화

발굴·양성·배치·평가에 이르는 전 단계에서 성인지적 지표를 도입하고, 노회와 총회의 대표성의 실효적 보장을 위한 단계형 목표와 이행 점검을 제도화하는 것이 필요합니다.

2. 문화적 전환의 가속화

신학교 교육과 평생교육 과정에 성경적 양성평등, 리더십 다양성, 성인지 의사결정 훈련을 정규화하여 '태도-언어-관행'을 함께 바꾸는 것이 필요합니다. 이는 '남성 목회의식 전환'이라는 가장 중요한 과제의 실질적 해법이라 할 수 있습니다.

3. 데이터에 근거한 거버넌스

매년 동일 지표로 측정한 공개 통계를 통해 교회·노회·총회의 진전을 추적하고, 우수 사례의 확산을 위한 인센티브를 주는 제도를 만드는 것도 필요합니다. 이러한 노력은 숫자에 근거한 소통은 논쟁을 줄이고 합의를 키울 것입니다.

마지막으로, 이 책은 미래에 대한 약속을 말하고 있습니다. 여성안수 30년은 결승점이 아니라 전환점입니다. 제도와 문화, 신학과 실천이 서로의 발목을 잡지 않고 어깨를 밀어주는 교회를 꿈꿉니다. 하나님께서 교회에 주신 은사는 성별을 가리지 않습니다. 성령의 자유를 제도와 문화가 지지할 때 교회는 더 복음적이 되고 더 건강해질 것입니다.

이 책은 많은 분의 노력으로 가능했습니다. 여성안수 운동의 연원을 발굴하며 타 교단의 선행 경험을 정리하고 현장의 사역 이야기를 담아주신 집필진들, 통계와 사례 제공에 협력해 주신 교단·기관·현장 사역자들, 그리고 책의 내용을 정리하여 주신 본 총회한국교회연구원의 노영상 원장과 김신현 실장께 깊은 감사를 드립니다. 부디 이 책이 여성 사역의 앞길을 밝히는 작은 등불이 되길 기도하며 발간사로 갈음합니다.

| 추천사 |

김영걸 목사
(대한예수교장로회 총회 제109회기 총회장)

여성 안수 법제화 30주년을 맞이하여 출간된 본서를 추천하게 됨을 축하드립니다. 이 책은 여성 안수 법제화 이후 30년을 회고하며 미래 전망에 대한 내용을 담은 책으로 이 책에는 여성 안수 승인 과정에 대한 지난 이야기와 여성 안수 이후의 본 교단 내의 여성 리더십 신장에 대한 역사를 분석함과 동시 향후 여성들의 교회 사역에의 더 적극적인 참여와 활동에 대한 전망을 담은 책입니다.

특별히 여성 안수 법제화 30년을 맞이하여 본 교단 산하 총회한국교회연구원에선 이를 기념하고 그간 수고하신 분들의 노고를 기리기 위해 본 책을 기획하게 되었으며, 이를 위해 연구원의 김순미 이사장의 노력이 작지 않았습니다. 관심 갖는 분이 없다면 그냥 지나칠 수도 있는 일인데, 총회한국교회연구원이 이를 기념하는 정성스런 책을 발간해주시게 되어, 본 교단의 총회장으로서 감사의 마음을 전합니다.

그간 여성 안수 이후 본 교단의 여성들의 활동이 더 활발하여졌으며 이로 인해 본 교단이 여러 면에서 활성화된 것이 확실합니다. 여성들의 목회자로서의 활동, 당회 참여, 총대로서의 역활 등 우리 교단은 지난 30년 동안 여성 리더십의 괄목할만한 신장이 있었습니다. 하지만 한국교회 내에서의 여성들의 잠재력은 아직 만개 되지 않았으며, 여성들을 통한 한국교회의 공헌은 미래를 향해 무한히 열려 있다고 생각합니다.

이 책을 만들며 연구원은 두 가지 일에 착목하였던 것 같습니다. 하나는 여성 안수 이후의 여성들의 참여도를 통계적으로 확인하며 여성들의 활동 상황에 대한 팩트를 점검하였으며, 아울러 그 통계가 말하지 않는 숨겨진 의미들을 파악하여 다시 음미하여 보는 시간을 가진 것입니다. 우리는 지난날의 사실들에 대한 검토를 통하여 미래의 우리들이 더 노력하여야 할 내용들을 찾을 수 있는 것으로, 이 책은 이 두 가지 내용을 균형 있게 조화시킨 책이라 할 수 있습니다.

지난해 여성 안수 허락 30주년의 행사에 이어 올해엔 여성 안수 법제화 30주년의 행사를 가지게 되었는데 매우 의의 있는 일이라 생각합니다. 30주년을 기념하는 일들을 하며 행사로만 마치는 것이 아니라, 본 책과 같은 아카데믹한 연구서가 나오게 된 것은 소중한 일로서 이 책을 통해 본 교단 내에서의 여성들의 역할이 더욱 증진될 것을 바라면서 본 책의 출간을 기쁜 마음으로 축하드립니다.

| 축사 |

정 훈 목사
(대한예수교장로회 총회 제110회기 총회장)

　세월이 유수같이 흘러 벌써 여성 안수 30년을 기리게 되었습니다. 여성 안수 당시 총회 내에 논란이 없었던 것은 아니나, 30년을 지내고 생각해보니 여성 안수를 허락한 것을 총회로서 매우 잘한 일이라 생각합니다. 오늘의 우리 사회를 보더라도 여성들의 역할이 30년 전과는 판이한 상황으로, 우리가 그때 여성 안수를 허락한 것은 전체 사회의 분위기를 볼 때 시의적절한 일이었다 생각됩니다.
　오늘의 우리 사회 내에서의 여성들의 역할은 조선 시대나 지난 30년 전과 비교하여 볼 때, 엄청난 변화가 있었습니다. 여성들이 사관학교에 들어가고, 장관도 하고 대통령도 하는 시대가 된 것입니다. 이마 지난 근대화 기간 동안 이와 같은 여성들의 활동이 없었다면 우리나라는 오늘과 같은 발전을 할 수 없었을 것입니다.
　이러한 여성들의 역할은 우리 교단 내에서도 많은 변화가 있었습니다. 교회 내의 여성 리더십을 어느 곳에서나 찾아볼 수 있게 되었으며, 무엇보다 안수받은 여성 목사와 장로들의 역활로 인해 우리 교단은 한 차원 높은 발전을 하게 되었던 것입니다.
　다른 한국의 교단과 다르게 본 교단은 비교적 여성 안수를 빨리 결정하므로, 그간 여성들의 역할이 다양한 방향으로 진화할 수 있게 된 것도 하나님의 은혜라 생각합니다. 우리 교단의 여성 장로들은 연합 사역에서 더 적극 일할 수 있는 계기가 되었으며, 여성 목사 안수를 통해 여성들이 지역교회나 선교지에서 더 책임을 갖고 일할 수 있게 된 것은 분명한 사실입니다.

그러나 교회 내의 여성들의 역할은 이에 머무를 수만은 없습니다. 우리 사회와 세계 곳곳에 많은 여성 기관들이 있으며, 여성들만이 감당할 수 있는 일들이 산재하여 있는 것입니다. 이에 우리 교단은 우리 교단 내의 여성들이 이러한 일들을 더 자신 있게 할 수 있도록 도울 필요가 있으며, 여성 인력개발을 위한 정책적 접근이 필요한 상황이라 할 수 있습니다.

우리 교단은 110회기 총회를 맞이하여 이런 여성 리더십의 고양을 위한 노력에 더 집중할 것이며, 이러한 일을 위해 다양한 프로그램들이 개발되어야 할 것이라 생각합니다. 한 집안에 남성만이 있다면 감당할 수 없는 많은 일들이 생기는 것으로 우리 교회도 마찬가지입니다. 교회 내엔 남성이 할 수 있는 일도 있으며, 여성이 여성적 감성으로 감당할 일도 분명히 있습니다. 남성이 모든 일을 다 할 수 없는 것으로 여성과 협력하고 동역하는 본 교단이 될 때 우리의 미래는 더 밝을 것입니다. 남녀 모두 서로의 손을 잡고 전진하면서 우리 한국교회의 모범이 되는 교단이 되길 바라면서 축사의 글을 남깁니다.

| 축사 |

정영택 목사
(대한예수교장로회 총회 제99회기 총회장)

　대한예수교장로회 통합교단 여성안수 법제화 30주년을 맞이하여 이 기념 도서를 발간하게 됨을 축하드리며 모든 감사와 영광을 하나님께 올려드립니다. 1994년 본 교단은 제79회 총회에서 여성안수가 허락되었으며, 노회 수의를 거쳐 1995년 여성안수가 법제화되었습니다. 1933년 함남노회에서 처음으로 여성안수를 헌의한 지 62년 만에 이루어진 일입니다. 이 같은 결정은 여성들의 헌신과 봉사를 인정하고 여성도 목사와 장로가 되어 교회의 중요한 의사결정에 참여하며 더욱 중요하고 큰 역할들을 감당할 수 있도록 길을 열어주는 매우 중요한 전환점이 되었습니다.
　이 한 권의 책에는 오랜 기록과 최근의 자료, 그리고 현장의 목소리가 함께 어우러져 차분히 담겨 있습니다. 한국교회 전체가 함께 겪어 온 길이라는 점에서 이 책은 여성만을 위한 책이 아니며 우리 모두의 책인 것입니다. 이제는 여성도 하나님께서 주신 은사와 부르심의 사명을 따라 한국교회의 발전과 하나님 나라를 위하여 주님을 섬기는 일에 남성과 여성이 함께 건강하게 섬기는 한국교회가 되길 바람과 동시, 여성 리더십이 개발되어 잘 활용되고 활성화되기를 기대하며 이 책이 만들어지게 된 것입니다.
　지난 2004년 총회에서는 여성안수 허락 10년 만에 여성이 총회 임원이 되었습니다. 2014년에는 최초로 여성 임원이 총회 서기로 선임되었고, 2016년에는 교단 최초로 두 명의 여성 노회장이 나왔으며, 2019년 총회에서는 최초로 여성이 부총회장이 되었습니다. 이 밖에도 지속적으로 많은 여성 목사와 장로들이 하나님께 부름받아 교회를 세우며 하나님 나라와 복음전파를 위해 노회와 총회에서 쓰임 받아 왔습니다. 비록 느린 속도이긴 하지만 교단에서 여성 지도자들의 헌신과 참여 범위가 점차적으로 확대되어 가고 있음은 고무적인 일이라 할 수 있겠습니다.

교단총회는 제98회(2013년) 총회부터 교단 여성 리더십의 활성화와 사역의 확장을 위해서 여성위원회를 특별위원회로 조직하여 교단 정책이 보다 다양한 목소리를 포용할 수 있도록 노력해오고 있는바, 여성이 하나님의 뜻을 이루어가는 과정에서 더욱 힘차게 나아갈 수 있도록 총회 차원에서 지속적인 관심과 지지를 기울일 필요가 있다고 생각합니다.

이 책은 세 갈래의 내용을 품고 있습니다. 하나는 연대기입니다. 우리 교단의 오랜 청원과 논쟁, 결단의 순간을 차분히 복원했습니다. 또 하나는 증언입니다. 지나온 30년 동안 현장의 이야기 곧 숫자로는 다 보이지 않는 하루하루의 무게를 가능한 한 가까이에서 들으려 했습니다. 마지막으로는 비교와 성찰입니다. 앞서 걷거나 다른 길을 걸어온 교단들의 경험을 경청하며 비교 성찰해 보았습니다. 이 세 갈래가 만나 하나의 숨으로 만들어진 것입니다.

본 책이 선진들의 수고와 헌신을 기억하고 동시대의 동역자들을 격려하며, 다음 세대에게는 믿음의 유산을 건네주는 귀한 이정표가 되길 기대하면서 책의 편집을 맡은 김순미 총회한국교회연구원 이사장과 모든 필진들의 노고를 다시 한번 치하드립니다. 감사합니다.

제1부
여성 안수의
과거 여정

제1장

대한예수교장로회(통합) 여성안수 청원과 법제화의 여정

윤효심 목사
(여전도회전국연합회 총무)

I. 시작하며

　대한예수교장로회 통합(이하 예장통합) 교단에서 여성안수 법제화는 한국교회 여성운동사의 한 획을 긋는 사건이었다. 1933년 첫 청원 이후 1995년 법제화까지 62년간 이어진 여성들의 끈질긴 노력과 교단 안팎의 논쟁, 그리고 시대적 변화가 복합적으로 작용한 결과라고 할 수 있다. 그러나 그토록 힘들게 싹을 틔운 여성안수 법제화는 교회 현장에서 30년째 열매는커녕 꽃도 피우지 못하고 있는 실정이다. 본교단의 현주소는 2025년 2월 「넘버즈 리포트」의 발표 내용에 잘 나타나 있다. 목회데이터연구소에서 전국의 목회자 그룹 584명을 대상으로 교회의 양성평등 개선을 위해 필요한 사항을 설문한 결과, 남녀 응답자 모두에게서 목회자 10명 중 6명

(62%) 정도가 '교회의 주요 의사 결정은 남성들이 맡고 있다'라고 답변하였고, 교회 내 양성평등을 위해 가장 필요한 것은 '남성 목사들의 의식 전환'(남성 59%, 여성 58%) 이라는 답변이 가장 높게 나타났다.[1]

양성평등은 교단의 이미지와 신학적 정체성을 가늠하는 잣대이다. 지금까지도 여전히 교회여성들에게 인색한 이 사안은, 본 교단의 설립 기초가 형성되던 시기부터 원천적으로 통제되었다는 사실을 알 수 있다. 이 글은 예장통합 교단의 여성안수 청원 배경부터 법제화 과정을 연대기적으로 고찰함으로써 한국교회사 가운데 고인 물이 되어버린 이유를 분석하고, 본 교단의 현주소와 그 남은 과제에 대해 살펴보고자 한다.

Ⅱ. 여성안수 청원의 역사적 배경

1. 독노회 창립과 '대한예수교장로회 규칙'에 나타난 여성 배제

예장통합 교단에서 여성안수에 대한 원천 봉쇄는 1907년 독노회(獨老會)가 설립되던 때부터 시작되었다고 볼 수 있다. 한국교회는 1880년대 후반부터 선교사 중심의 공의회(公議會) 시대(1893-1906)를 거치며, 지속적인 성장과 함께 교세가 크게 확장됨으로써 자체적인 교회 조직과 규정의 필요성이 대두되었다. 1901년부터는 한국인과 선교사가 함께 참여하는 합동공의회가 조직되어, 교회 정치와 규정 마련에 대한 본격적인 논의가 시작되었다. 1905년에는 장로교 선교부에서 한국의 독립노회 설립을 허가함에 따라, 마침내 1907년 9월 17일 평양 장대현교회에서 '예수교장로회대한로회(독노회)'가 창립되었다. 그러나 유감스럽게도 당시 독노회가 임

---

[1] 목회데이터연구소, 「넘버즈 리포트」 제276호(2025. 02. 25).

시 채택한 '대한예수교장로회 규칙' 제3조 2항, 즉 "쟝로는 두 가지니 강도 홈과 치리홈을 겸혼 쟈를 흔이 목ᄉ라 칭호고, 다만 치리만 ᄒᆞ는쟈를 쟝로라 ᄒᆞᄂᆞ니 이는 셩찬에 참예ᄒᆞ는 남ᄌᆞ라야 되ᄂᆞ니라."[2]는 조항은, 이후 여성안수 청원 역사를 가로막는 큰 바윗돌이 되었다. 그뿐만 아니라 제5항에서는 집사의 자격도 '성찬에 참여하는 남자'로 하여 항존직의 피선권을 모두 남성으로 제한하였다.

이러한 헌법개정 작업에서 미국 북장로교 소속의 곽안련 선교사(Charles Allen Clark)의 활동을 주목할 필요가 있다. 이 시기에 그는 『장로교회사전휘집(Digest of the Presbyterian Church of Chosen)』(1918), 하지(J. Aspinwall Hodge)의 책을 번역한 『야소교장로회정치문답조례(耶蘇敎長老會政治問答條例)』(1919) 등 역작을 출판했다. 또한 그는 1922년 새 헌법의 정치 규례의 모체가 되는 『조선장로교회정치(Church Government of the Presbyterian Church of Chosen)』(1919)를 편술·발행했으며, 1919년부터 1925년 사이에 『신학지남(神學指南)』에 신경, 교회정치, 권징조례와 헌법에 대한 많은 글을 기고했고, 조선예수교장로회 헌법을 편집·출간하였다.[3]

2. 1922년 '조선예수장로교회 헌법'에 나타난 여성 배제

1919년 『야소교장로회정치문답조례』는 거의 원안대로 1922년 '조선예수장로교회 헌법'으로 채택되었다. 1922년 헌법의 핵심은 「정치」 부분이었다. 곽안련 선교사의 기록에 의하면, 「정치」는 웨스트민스터 정치를 핵심으로 해서 캐나다 장로교회와 호주 장로교회, 미국 남장로교회, 일본

---

[2] 조선예수교장로회 독노회 회의록, 32.
[3] 서원모, "한국 장로교회 정치 원리와 실제 – 1922년 헌법을 중심으로," 「장신논단」 Vol. 45. No. 1(서울: 장로회신학대학교, 2013), 74-75.

기독교회 등의 정치와 대한예수교장로회 규칙에서 부분적으로 선택해서 작성했다고 한다. 그런데 그가 핵심으로 삼은 웨스트민스터 정치는 사실상 미국 북장로교회가 웨스트민스터 정치를 개정해서 사용하고 있던 것이다. 즉, 미국 북장로교회 헌법(The Constitution of the Presbyterian Church in the U. S. A.)의 정치형태(The Form of Government)를 의미하는 것이다. 곽안련 선교사도 「정치」는 미국 북장로교회 헌법을 따르고 있음을 인정하고 있다.[4]

1922년 「정치」는 여성의 피선권(被選權)을 제한해서 교회에 영존할 직임을 다룰 때, '성찬에 참여할 수 있는 남자'만으로 제한했으며,[5] 또한 집사의 직임에 대해 말하면서 '무흠한 남자교인'이란 말을 첨가했고,[6] 치리 장로와 집사의 선거를 규정할 때도 '성찬에 참여하는 교인 중 남자'를 택한다고 규정하고 있다.[7] 간단히 말해서, 1922년 헌법의 「정치」는 미국 장로교회의 정치형태가 한국장로교회에 전해지고, 그것을 기준으로 교회가 정치 제도적으로 확립되었음을 보여준다.[8] 이처럼 초기 헌법 제정 과정에서 여성에 대한 배제는 한국장로교회의 성차별적 구조를 공고히 하는 데 결정적인 요소가 되었으며, 오늘날까지도 한국 장로교회 정치제도 안에 깊이 뿌리를 내리고 있다.

3. 대한민국 임시정부 헌장에 나타난 여성의 권리

당시 한반도에서는 서구와 같은 여성 지위 향상을 위한 운동을 지속할

---

4) Charles A. Clark, 박용규, 김춘섭(공역), 『한국교회와 네비우스 선교 정책』(서울: 대한기독교서회, 1994), 228.
5) 「조선예수교장로회정치」, 제3장 2조 2항.
6) 「조선예수교장로회정치」, 제6장 1조.
7) 「조선예수교장로회정치」, 제13장 1조.
8) 김일환, "1920년대 한국장로교회 헌법을 통해 본 장로회 정치의 특징," 「한국기독교와 역사」 제49호(2018), 111.

수 없었다. 일본 제국주의의 정치적, 경제적 침략으로 20세기 초까지 근대 산업의 발달을 이루지 못했기 때문이다. 1910년 일제의 식민지 정책은 여성들의 정치, 사회운동을 용납하지 않았다. 그러나 한국 여성들은 3·1 만세운동 이후 수많은 여성운동 단체를 조직하여 정치, 사회적 의식을 향상시켜 나갔다. 1919년 수립된 대한민국 임시정부에서는 이러한 여성들의 활동을 높이 평가하여 임시헌장에 여성들의 권리를 명시하였다. 임시헌장 제3조에 "대한민국의 인민은 남녀귀천 및 빈부의 계급 없이 일체 평등으로 함", 제5조에 "대한민국의 인민으로서 공민의 자격 있는 자는 선거 및 피선거권을 가진다"라고 규정했다.[9] 1920년에 이르러서야 여성참정권을 공식적으로 인정한 미국보다 더 앞서 있었다.

또한 1922년 장로교단에서 '조선예수장로교회 헌법'이 채택될 무렵, 민주공화국 대한민국 임시정부는 김마리아[10]를 우리나라 최초의 여성대의원으로 선출하였다. 대한민국 임시정부는 시작부터 남녀 평등과 여성참정권을 부여한 독보적인 국가였다. 그 선진성은 실로 놀랄만하다.

Ⅲ. 여성안수 청원 운동의 전개와 주요 쟁점

1. 1930년대: 여성안수 공식 청원과 논쟁의 시작

미국 연합장로교회(The United Presbyterian Church in the USA)는 각 교회 내에서 수십 년간 지속적으로 제기되는 여성안수 문제를 해결하기 위해 특별위원회를 통해 연구 검토하여, 1930년 각 노회에 수의 된 여성

---

9) 윤정란, "한국여성 독립운동가를 기억해야 하는 이유," 독립신문 vol. 5(서울: 국립대한민국임시정부기념관, 2023.9), 2.
10) 김마리아는 1934-38년까지 여전도회전국연합회 제7-10대 회장직을 역임하였다.

안수 문제에 대해 "여성들은 시무장로에 안수될 수 있고, 노회, 대회, 총회의 대표로 참석할 수 있다."라고 결의하였다. 이 결의에 따라 워와토사(Wauwatosa) 장로교회의 사라 딕슨(Sara E. Dickson)이 장로교 최초의 여성 장로로 안수를 받았다.[11] 이렇게 미국 연합장로교회가 여성에게도 시무장로직을 허락하게 되자, 1932년 경안노회는 제21회 장로회 총회에 "어느 성서에 근거하여 이런 결정을 했으며 동일한 신조를 갖고 있는 우리 교회는 왜 저들과 다르게 해석하느냐"[12]는 질의를 하였다. 이에 예장통합 총회는 "우리와 상관할 것이 없고, 우리 조선 장로교는 본 정치에 의하여 여자 장로를 세울 수 없다"라는 입장을 취하였다. 이는 총회가 '정치에 의하여'라고 표현함으로써, 이 문제의 권위를 성서의 정신에 두고 있다기보다는 정치에 두고 있음을 보여준다.

그러나 이 문제는 1933년 함남 노회 여전도회가 본격적으로 여성장로 제도의 당위성을 강조하면서 표면화되었다. 함남노회 여전도회원들이 제22회 교단총회에 헌의하기 위해 서명운동을 벌이기 시작한 것이다. 당시 회장이었던 최영혜는 교회의 의사결정 기구에 여성들이 동등하게 참여하기 위해 교회 치리권을 획득해야 한다고 생각하고, 이에 여성들을 규합하여 여성의 치리권 획득을 위한 여성장로제 서명운동을 벌이기 시작했다. 그해 9월에 열리는 제22회 총회를 목표로 하여 최영혜는 함남 여전도회 연합회 회원 104명의 서명지를 첨부하여 "여자로서 교회 치리하는 권한 부여"를 요청하는 청원서를 함남노회에 제출하였고,[13] 급기야 총회에 상정되었다.[14] 다시 말해서 여성도 교회에서 장로가 되어 교회 운영에서 남녀동등권이 실현되도록 법제화해 달라는 청원이었다. 안수받는 사람이 반드시 남성이어야 한다는 것은 하나님이 세우신 교회의 질서가 아니라고

---

11) 장로회신학대학교 다문화목회연구원, 『교역과 여성안수』(1992), 32-33.
12) 「조선예수교장로회 총회 제21회 회록」, 50.
13) 이현숙, "잊혀진 여인을 회상하며: 최영혜," 「살림」 57(1993), 47-49.
14) 「조선예수교장로회 총회 제22회 회록」, 9.

보았다. 이로써 "조선기독교장로회 최초의 여권운동"[15]이 일어난 것이다. 하지만 장로교 총회는 "여자에게 치리권 허락 청원은 정치 제5장 3조를 개정할 필요가 없음으로 허락할 수 없사오며 …"[16]라는 강경한 태도로 여성의 장로직과 총대 자격 문제를 부결시키고 말았다.[17]

당시 성진중앙교회 시무하였던 김춘배 목사는 '총회에 올리는 말씀'이란 시론(時論)을 '기독신보'에 3회 연속 실으면서, "여자는 교회 안에서 잠잠하라는 바울의 말은 2천 년 전 한 지방교회의 교훈과 풍습인데 그것을 만고불변의 진리로 아는 것이 모순도 심한 모순"[18]이라 비판하였다. 이에 교단총회는 박형룡, 염봉남, 윤하영, 나부열 선교사 등을 중심으로 조사위원회를 구성하여 조사한 후에, 김춘배 목사가 "성경을 경멸히 여겼다"라고 판결하고 목사 해직 권고를 제24회 총회에 보고하였다. 바로 이 보고서가 여성안수에 대한 한국장로교회의 최초의 공식입장이었다고 볼 수 있다.

2. 해방 후부터 1960년까지: 여자(女子)의 인격(人格) 선언

일제강점기 이후, 통치 당국 주도의 근대화가 일본식으로 진행되면서 기독교가 담당하던 근대의 선구적 기능은 점차 약화되었다. 기독교는 1907년을 전후로 한 대부흥기를 거치면서도 장로교의 경우, 여성안수 관련해서는 지속적인 보수성을 드러내었다. 이미 선교 초기부터 복음을 통해 성서적 자기정체성을 인식하기 시작한 한국장로교 여성들은 '전도부인'(Bible Women)으로 교회 성장에 커다란 견인차 역할을 감당하였다. 그

---

15) "朝鮮基督敎長老會 最初의 女權運動," 동아일보(1933. 7. 1), 조간 3면.
16) 「조선예수교장로회 총회 제22회 회록」, 65.
17) 그러나 최영혜는 포기하지 않고 이듬해인 1934년에도 함남 노회 22개 교회 639명의 서명을 받아 청원서를 함남 노회에 다시 제출하였으며, 여성안수 운동에 대한 경과와 취지를 기독신보(1936년 1월 22일, 29일)에 "여권 문제에 관하여"라는 제목으로 게재하고 장로교 총회의 반복음적이고 가부장적 태도를 비판하였다.
18) 김춘배, "장로교 총회에 올리는 말씀," 「기독신보」(1934. 8. 22), 8

러나 한국교회는 여성 중심의 성장과 유지를 지속해 왔음에도 불구하고, 여성에게는 의무, 헌신, 봉사의 책무만을 요구했을 뿐, 교회 내 주요 정책 결정권과 지도적 위치를 허용하지 않았다. 특히 장로교는 서구교회의 근본주의적 교회 체제에 입각한 보수적 신학 노선과 더불어 가부장적 의식까지 채용하였다.

여전도회전국연합회의 지도부(회장: 김필례)는 1946년 해방 후 첫 교단총회에 '여성장로 제도'를 다시 청원하였다. 그러나 본 교단총회는 "38선이 없어지고 통일이 이루어질 때까지 이 문제를 보류"[19]하기로 결정했다. 일제 탄압과 6.25 전쟁을 겪으면서도 선교에 전념하던 여전도회는 1953년 4월 24일 여전도대회에서 여성장로 문제에 대한 운동, 즉 "여성장로 자격을 총회에 청원할 건의문을 보내기로 만장일치로 결의하고, 실행위원 명의로 헌법개정위원회에 여성장로 청원 건의문을 보내기로 하였다. 그러나 여전도회연합회의 청원 건에 대하여 총회에서는 별 반응이 없었고, 총회 회의록에서도 특별한 기록을 찾아볼 수 없다.

교회 여성들은 강력한 유교적 보수주의 영향을 아래 복음의 가치를 왜곡시키는 이러한 부당한 선입견에 맞서 조용한 투쟁을 펼치기 시작했다. 그들의 요구는 마침내 1953년 8월 10일자 <한국기독공보> 광고란에 실린 "여자(女子)의 인격선언(人格宣言)"이라는 형태로 표출되었다. 1953년에는 김필례 회장을 비롯한 여전도회전국연합회 대표 19인이 '여자의 인격선언'이라는 내용의 글을 발표하면서 여성장로 제도의 정당성을 주장하였다.

> 우리는 대한예수교장로회 여전도회의 결정에 의하여 여자의 인격도 남자와 동등함을 선언합니다. 우리는 하나님이 남녀를 '자기 형상대로 창조하신'(창 1:12) 절대 교리를 신앙하고, 남녀는 동등이란 장로교 신조 제5조에 의하여 이를 선언합니

---

19) 「조선예수교장로회 총회 제32회 회록」, 65.

다. 인격이 동등이면 직위도 동등입니다.…… (중략). 성경의 노예제도는 인간의 피로 해방적 해석이 설립되었거늘 육천 년 여(女)노예는 영원히 해방되지 못합니까? 율법 아래에서 남자의 종 된 여자를 예수의 피로 해방한지 이미 이천 년이 되는 오늘에도 남존여비(男尊女卑)의 율법적 철칙을 묵수(墨守)할 이유는 없습니다. 남자의 신앙하는 복음이 동일하고 남녀의 받은 성경에 차별이 없거늘 정도 문제의 직위에 영원 차별이 있을 수 없습니다.……… (중략)[20]

이와 같이 여성 안수를 요구하는 목소리가 점점 높아졌지만, 당시 장로교단은 여성 안수를 허용하지 않았고, 1955년 제40회 총회에서는 궁여지책(窮餘之策)으로 안수집사와 같은 대우로서 권사 제도만을 도입하였을 뿐이다.

3. 1960년대: 계속되는 부결과 헌법개정의 필요성 대두

제46회 총회(1961)는 여전도회전국연합회(회장: 최이권)의 '여성장로 제도' 청원 건을 토의하였으나, 1년 더 연구하자는 동의와 기각하자는 개의가 있어 투표한 결과, 찬성 84표, 반대 42표로 기각되었다. 여전도회전국연합회는 다음 해인 제47회 총회(1962)에, 1) 여성장로 제도 허락 건, 2) 여전도사 위임식 허락 건, 3) 권사 투표 신중 건, 4) 여전도회 주일 실행 건 등 네 가지 안건을 상정하였다. 이 안건들 중 "여성장로 제도는 5인 위원(나덕환, 강인구, 김영준, 김석재, 서길모)을 선정하여 1년간 연구하고, 여전도사 위임식 제도는 "정치에 없으므로 허락할 수 없음, 권사 제도는 신중히 하고 있는바 참고한다." 등으로 결의되었다.

제48회 총회(1963)는 다시 상정된 '여성장로' 건에 대하여 1년간 연장

---

20) 김필례 외 19인, "여자(女子)의 인격선언(人格宣言)," 「한국기독공보」(1953. 8. 10).

연구하기로 하고, 7인의 위원(이상근, 이장로, 손원식, 유완용, 이동장, 권세열, 나빈손)에 대한 추가 보선을 요청하여 연구위원회는 총 12명으로 구성하였다. 연구 결과는 제49회 총회(1964)에 보고되었고, 투표 결과 182명 중 찬성 54표, 반대 138표, 기권 4표로 반려되었다. 그 후 계속해서 여전도회전국연합회는 여성장로 제도에 대한 안건을 교단총회에 헌의하였으나, 교단총회는 "헌법에 없으니 헌법 개정이 필요하다"는 정치부 보고로 끝나버렸다.

이에 여전도회전국연합회(회장: 주선애)는 '여성장로'를 청원하는 방안에 변화를 시도하였다. 그 당시 27개 여전도회연합회가 각기 서명날인하여 소속 노회에 청원하는 방법을 강구하기로 하였다. 그러나 노회 개최 시기가 끝난 뒤였으므로, 총회는 여성장로 청원 건은 반려하고, 여전도사 위임 건은 남전도사와 같이 대우함이 좋다는 정치부 보고로 끝났다. 장기간 동안 여성장로 청원은 여전도회전국연합회 회장 명의로 계속 건의되었으나 번번이 부결되었기에 1970년부터는 각 여전도회연합회에서 소속 노회에 청원서를 제출하도록 하였다. 1970년 제55회 총회에서는 서울노회 오덕규 노회장이 헌의한 여성장로 청원 건과, 군산노회 이공선 노회장이 헌의한 여자에게 당회원 자격을 허락하자는 청원 건에 대하여 9인의 연구위원들(김광현, 김만제, 이상근, 이종성, 김형모, 강신명, 이장로, 유 익, 김영서)로 하여금 연구하도록 위촉하였다.

4. 1970년대: '여성장로 제도'에 관한 연구보고서

1971년 여전도회전국연합회(회장: 김금련)는 제56회 총회에 다음 두 가지를 건의하였다. 첫째는 여성장로 청원과 여성장로 제도 신설의 타당성을 설명한 팸플릿을 총대들에게 배부하는 일, 둘째는 여전도회전국연합회에도 언권회원(회장, 부회장, 서기, 총무) 허락을 요청하는 일이다. 두 안건에 대하여 교단총회는 언권회원 허락 요청 건은 회장에게만 허락하고, 여성 장로 제도 신설 건은 다음과 같이 보고한 후 투표로 결정케 하였다.

제56회 총회 '여성장로 제도'에 대한 연구위원회 보고[21]

1) 성서적 · 신학적인 문제

반대측	찬성측
첫째, 여자는 교회에서 잠잠하라 했고(고전 14:34)	첫째, 교회에서 잠잠하라는 것이나 주관하지 말게 한 것 등은 직제를 두고 말한 것이 아니라 여자들의 태도를 말한 것이니 장로가 되지 않아도 이 태도를 버리면 안 되고 장로가 되어도 이 태도로 나가면 성경 본 뜻의 위반되는 것이 아니라고 생각한다.
둘째, 여자가 남자를 가르치거나 주관하는 것을 허락지 않았으며 (딤전 2:12)	둘째, 우리 개신교의 만인이 대제사장이라는 원리에 따라 여자도 마땅히 장로가 되어야 한다.
셋째, 또 감독은 한 아내의 남편이 되어야 한다고 했으므로(딤전 3:2) 불가하다.	셋째, 한 아내의 남편이라 함은 성별을 강조하는 데에 그 진의가 있는 것이 아니므로 독신자도 장로가 될 수 있으며 한 남편의 아내도 장로가 될 수 있다.

2) 실제 목회적인 문제

반대측	찬성측
첫째, 여자는 감정이 예민하여 치우치기 쉬우며	첫째, 반대측의 의견은 사실이나 여자는 순종심이 많으며, 교회 봉사에 대한 열의와 의욕이 강한 점들을 잊어서는 안 된다. 남자에게도 결점은 있다.
둘째, 말이 많아 말썽을 일으키기 쉬우므로 불가하다.	둘째, 도리어 교회에서의 말썽은 교회의 절대다수인 여성들을 제외한 당회에서 남자들이 교회 일을 진행해서 생긴다. 당회의 바른 의사를 알지 못하기 때문에 일이 생긴다. 여자가 당회에 참석하면 당회의 진의를 바로 이해하게 되어 바른 말이 나가게 되니 교회가 화평스럽게 될 것이다.

3) 생리적 · 기능적인 문제

반대측	찬성측
생리적 기능적인 점에서 불가하다.	적합하게 운영해 나가면 문제가 없다.

---

21) 대한예수교장로회(통합) 제56회 총회 회의록, 97-99.

4) 인권적인 문제

반대측	찬성측
성경이 문제이지 인권문제 같은 것은 문제가 아니다.	인권문제 자체가 성경에서 나온 것인데 교회 자체가 성경에서 나온 인권문제에 대하여 뒤지는 것은 말이 안된다. 그러므로 인권적인 견지에서 여자도 당연히 장로가 되어야 한다.

5) 시기적인 문제

반대측	찬성측
혹 허락한다고 할지라도 아직 우리나라에서는 시기상조이다.	여자가 많으니 여성장로가 쏟아져 나올 줄 알고 하는 소리 같으나 여자들 중에서만 택하게 되는 권사 선거 때와는 달리 남자들과 경쟁하여 당선될 여자가 몇이나 있겠는가? 실제로 국내에서 이미 장로를 택하고 있는 교파에서 여성장로가 몇이나 택해졌는가를 보면 겁낼 필요가 없다. 그리고 이미 택함을 받은 이들을 보면 모두 그 교회에서 덕을 세우고 있다.

6) 국제 교류 문제

반대측	찬성측
남들이 한다고 우리가 반드시 해야 하는 것은 아니다. 외국 교회들이 여성장로를 택하게 되는 것은 성경대로 아니 나가고 인도주의로 기울어지기 때문인데 우리는 이것을 염려한다.	지금 우리와 관계를 맺고 있는 모든 자매교회들이 다 여성장로 제도를 택하고 있다. 이 여러 교회들이 다 성경대로 아니하고 오직 대한예수교장로회 교회만이 성경을 바로 이해하고 성경대로 하고 있다는 말인가? 또 국제회합 때 한국 대표가 성찬 분배위원이 못 되어서 부끄럽더라고 한 여전도회연합회 대표들의 말도 참작해야 한다.

연구위원회는 여성장로 제도에 대한 문제점 및 견해의 차이에 아직 상당한 거리가 있으므로 간단히 표결로서 결정짓는 것보다 이것은 1년간 더 연구하기 위하여 유안하고, 이 문제에 대하여 각 지역에서 목사나 장로들의 모임이 있을 때 충분히 토의한 다음에 내년 총회에서 결정짓기로 하였다. 그러나 교단총회는 여성장로 제도에 대하여 표결에 부쳤고, 그 결과 총 투표수 248표, 찬성 94표, 반대 149표, 무효 5표로 부결되었다. 정식 투표로 표결에 부친 것은 제56회 총회가 처음이었다.

여전도회전국연합회는 계속해서 여성장로 제도를 청원하였으나 제57회 교단총회(1972)는 이 문제를 다루지 않았다. 제58회 교단총회(1973)에서는 8개 노회(서울, 서울동, 서울서, 경기, 충북, 군산, 평양, 전북)가 청원한 여성장로 제도 청원 건에 대하여 교단총회 즉석에서 투표하였다. 그 결과는 총투표수 258표, 찬성 95표, 반대 162표, 기권 2표로 역시 부결되었다.[22]

5. 1980년대: 시기상조라는 주장은 설득력이 없다

1980년에는 여성안수 관련 의안 자체가 상정되지 못하였다. 1981년 제66회 총회에서는 선교정책 연구를 위한 설문을 통해 "교회의 인력개발 정책, 오랫동안 유안되었던 여성 안수 문제를 우리 총회는 어떻게 했으면 합니까?"라는 질문을 던졌다. 그에 대한 총대들의 답변은, (1) 신앙 양심과 인권신장을 위해 허락해야 한다(31.66%), (2) 반대하지 않으나 시기가 이르다(35.74%), (3) 우리 교회 전통으로 보아 허락할 수 없다(30.72%)는 것으로 결과가 나왔다. 이를 분석해 보면, 실질적으로 반대가 66% 이상으로 교단 총회의 보수적 경향을 여실히 보여준다.

한국개신교 선교 100주년을 기념하는 1984년에는 특별한 해를 맞이

---

22) 이후에도 여전도회전국연합회는 제60회 총회(1975년)를 준비하며 여성장로 제도 신설을 위한 방안을 계속해서 모색하였다. (1) 여전도회전국연합회 내에 '여성문제 연구위원회' 신설하기로 하였다. (2) 본교단 신학대학 교과과정에 '여성문제' 과목을 신설하여 여성장로의 필요성을 남성들에게 인식시키기로 하였다. (3) 여전도회전국연합회 제40회 총회에서 "여성 능력개발과 교회의 민주화"라는 제목으로 여성문제를 적극 추진하기로 결의하고, "여성해방," "여성의 법률"(가족법 개정 촉진) 등의 특강으로 장로교 여성들을 각성시켰다. 유엔에서 제정한 '여성의 해'인 1975년에는 세계적으로 여성문제에 관심이 많은 해였으므로, 지금까지는 여성장로 문제만 건의했으나 장로교 여성들 자신의 '여성 의식화'가 필요하다는 것을 절감하여 여성 임금 문제(사회문제), 여전도사 대우 문제(여성 지위 향상), 장로 문제에 대한 진단과 방법 모색 등의 주제를 가지고 진지한 토의를 하였다. (4) 제40회 총회(여전도회전국연합회)에서는 여교역자가 당회에 참여할 수 있도록 대한예수교장로회 9월 총회에 청원하기로 가결함과 동시에, 각 여전도회연합회에서 소속 노회에 청원하여 여교역자 대우 개선, 지위 향상을 적극 추진하기로 하였다. (5) 여성문제를 위한 특별기도회를 갖는 일과 32개 지연합회 회장들이 제60회 교단총회에 참석하여 무언의 시위를 하는 일, 여성장로 청원을 위하여 전 회원이 서명날인하여 제출하자는 의견에 만장일치로 가결하였다.

하여 교회 여성들은 오랜 숙원과제인 여성안수 문제가 매듭지어지기를 간절히 열망하였다. 그러나 여성들의 기대와는 달리 제69회 교단총회에서 268표(찬성) : 462표(반대)라는 커다란 표차로 부결되고 말았다. 당시 교계 지도자들도 여성안수에 대한 찬반 견해를 적극적으로 표출하였는데 그중에 여성안수를 적극 지지했던 글의 일부[23]를 소개하면 다음과 같다.

"……(중략) 시기상조라는 주장은 설득력이 없다. 안수를 주려고 하여도 여자들의 자질이 문제라느니, 아직 사회 통념상 왠지 여자목사 . 여성장로 하는 게 어색하다느니 하는 주장이 있다. 그러나 이것은 생각하기 나름이다. 장로의 경우, 그러면 남자 장로는 모두 자질이 우수하여 안수를 받았던가? 자격으로 보나 공헌으로 보나 우리나라 여성 중에는 장로가 되고도 남을 분들이 얼마든지 있다. 목사의 경우, 같은 신학교 졸업생 중에 남자는 자질이 우수하여 목사가 되고 여자는 그만 못해서 전도사가 되고 마는 것인가? 그것은 아니지 않는가. 여자에게는 기회를 주지 않으니 목사가 못 되었고 그러다 보니 더 이상 성장하지 못하였을 뿐이다. 그럴 뿐만 아니라 앞길이 막혀 있으니 우수한 여자 신학생이 나올 리가 없다. 장로교 학교에 왔다가도 목사가 될 수 있는 감리교나 기독교장로회 등 타교단 쪽으로 빠져나가고 만다. ……(중략). 우리 교단 출신들이 연합사업에서 밀려나는 이유가 여기에도 있다. 도대체 '여전도사'란 직함은 우리나라밖에 없다. 국제회의에 가면 적당한 명칭이 없다. 편의상 'Bible Women'이라고 소개되는데 창피한 일이다.……(중략). 이제는 사정이 달라졌다. 대학교육 4년을 받고 신학원 3년을 다닌 사람이면 목사가 되어야지, 여자라고 전도사로 묶어 둔다는 것은 모순도 이만저만이 아니다. 하루빨리 시정되어야 한다. 시기상조는커녕 늦어도 너무 늦었다.

---

23) 이삼열, "여성안수 바람직한가," 「한국기독공보」(1984. 2. 18), 제3면.

여성안수 문제에 대한 찬반의 목소리가 더욱 뜨거워지면서 1988년 7개 노회(서울, 전남, 강원, 영등포, 목포, 서울서북, 경안)가 제73회 교단총회에 "세계 동향과 인권 존중의 형평에 따라 여성안수를 허락해 달라"는 제안으로 헌의하였다. 그러나 총투표자 776명 중 찬성 323표, 반대 450표, 무효 3표로 또다시 부결되었다. 당시 신학대학교 재학생(남, 여)들이 교단총회 장소 앞마당에 텐트를 치고 여성안수가 가결되기를 바라는 마음으로 금식기도를 하며, "여성은 반백 년 기다려왔습니다, 하나님 나라 함께 이룹시다!, 하나님, 지난 60년 동안 눈물로 호소해 온 우리의 소원을 들어주소서" 등의 문구를 들고 무언의 시위를 하였다.

6. 1990년대: 여성안수 허락을 위한 노력

1991년 제76회 총회에서도 여성안수 청원은 찬성 551표, 반대 620표로 부결되었다. 그럴 뿐만 아니라 향후 3년 동안은 여성안수 헌의를 상정할 수 없도록 결의하여 수많은 교회여성들을 더욱 경악하게 만들었다. 다만 교단총회는 '여성안수 연구위원회'를 설치하고 연구토록 하였다. 3년간 여성안수 헌의안은 중단되었으나 여전도회전국연합회는 포기하지 않고 여성문제연구소를 중심으로 다양한 방안을 모색했다. 그 일환으로 『교역과 여성안수』를 출판하여 배포하기로 결의하였다. 『교역과 여성안수』는 1992년 8월 말에 출간되어 본 교단 제77회(1992년) 총회 전에 각 노회, 연합회에 선물로 기증하여 총대 전원이 받아보도록 하였다. 이 책은 여성안수에 대한 학문적 이론과 성서해석학적 차원, 한국교회사적 고찰, 사회윤리적 관점, 목회현장에서의 필요성, 세계교회 동향 등 다양한 측면에서 접근하고 있다.

또한 여전도회전국연합회는 설문조사, 기도회, 세미나, 토론회, 좌담회, 호소문 배포, 신문 기고 등 다양한 활동을 펼쳤으며, 심지어 당시 김옥인 회장은 모든 경비를 개인적으로 부담하면서 전국 51개 노회를 직접 방문하여 노회 대표자들과의 협의회 및 간담회 등을 개최하는 수고를 아끼지 않았다. 그리고 마침내 1994년 제79회 총회(김기수 총회장)에서 24개 노회[24]와 여전도회전국연합회가 청원한 여성안수 건이 찬반토론 없이 표결에 부쳐졌다. 투표 결과, 총투표자수 1,321명 중 찬성 701표, 반대 612표, 기권 8표, 89표 차로 여성안수가 극적으로 허락되었다.[25] 여성안수가 최초로 헌의 되었던 1933년 이래 61년 만에 허락된 것이다.

그러나 1994년 역사적인 여성 안수의 실현은 '노회 과반수의 가결과 각 노회에서 투표한 투표 총수 3분의 2 이상의 찬성표를 얻어야 한다'라는 또 하나의 큰 산을 넘어야만 했다. 이에 여전도회는 '여성안수 노회 수의 가결을 위한 공동 기도문'을 작성하고, 당시 53개 여전도회연합회 100만 여전도회원들이 여전도회 주일(1995. 1. 15.)을 전후하여 40일 작정 기도를 전국적으로 실시하였다.

여성안수 노회 수의를 위한 공동기도문[26]

역사를 주관하시는 하나님, 우리 장로교회 여성들의 오랜 숙원이었던 여성 안수를 제79회 교단총회를 통해서 허락해 주심을 감사드립니다. 이는 총회를 통하여 여성의 성직 참여에 대한 총대들의 깊은 관심과 지난 61년 동안 우리 여성 선배들의 지혜와 용기와, 그리고 기도를 하나님께서 들어주셨음을 믿으며 감사와 찬양을 드립니다. 자비하신 하나님, 저희로 하여금 하나님께서 주시는 화평과 겸손으로 옷 입게 하여 주시옵소서. 그리하여 21세기를 바라보는 시점에서 한국교회가 시대적인

---

24) 당시 여성안수 가결을 헌의한 24개 노회는 다음과 같다: 서울서북, 영등포, 안양, 경기, 서울남, 서울강남, 서울강동, 서울서남, 평북, 평양, 충북, 충청, 대전서, 충남, 전북남. 김제, 순천, 여수, 목포, 제주, 부산동, 울산, 경북, 대구동.
25) 대한예수교장로회 제79회 총회 회의록, 95.
26) 이연옥, 『여성안수: 헌의에서 법제화까지』(서울: 대한예수교장로회 여전도회전국연합회, 1995), 75-76.

사명을 감당할 때 성직에서나 평신도의 신분에서나 남녀가 하나되어 하나님의 공동체를 이루는 도구가 되게 하여 주시옵소서. 전능하신 하나님이여, 주님께서 우리 여성들에게 주신 특별한 은사인 섬김과 봉사로 병든 사회를 치유케 하시며, 한국교회의 부흥과 일치, 그리고 우리 민족의 화해와 통일 과업에 동반자 역할을 잘 감당하게 하시옵소서. 사랑의 하나님, 저희 장로교 여성들의 간절한 소망인 여성 안수가 노회 수의에서 만장일치로 통과되기를 간구합니다. 아울러 여성 안수 실현 이후에 따르는 모든 문제들이 은혜롭고 덕스럽게 진행되기를 간절히 바라오며 역사의 주가 되시는 예수 그리스도의 이름으로 기도드립니다. 아멘.

마침내 1995년 51개 봄 노회 수의 결과, 목사직 총투표수 8,060표 중 찬성 5,546표로 73.8%, 장로직 총투표수 8,057표 중 찬성 5,997표로 74.4%로 여성안수 헌의 역사 62년 만에 역사적인 여성안수 법제화가 이루어졌다.[27]

IV. 여성안수 법제화 이후 변화와 과제

1. 1995년 법제화 이후 예장통합 교단의 현주소

법제화 이후 1996년 역사적인 해에 박숙란 장로(서울, 안동교회)가 첫 여성장로로 안수를 받았으며, 본 교단 첫 여성목사 박진숙 목사(울산, 동신교회)가 임직하였다. 1997년에는 교단총회 82년 역사상 처음으로 1,500

---

27) 본 교단이 여성안수 법제화를 가까스로 승인했던 1995년, 대한민국 정부는 양성평등을 위해 〈여성발전기본법〉을 제정하였다. 오늘날 〈양성평등기본법〉으로 맥을 이어온 이 법(제21조)에 따르면, "국가와 지방자치단체는 정책 결정 과정에 여성과 남성이 평등하게 참여하기 위한 시책을 마련하여야 하며, 국가와 지방자치단체는 위원회를 구성할 때 특정 성별이 위원 수의 10분의 6을 초과하지 않도록 해야 한다." 그러나 여전히 교회는 여성들에게 배타적이고 폐쇄적이었다.

명 총대 중 3명의 여성장로가 총대로 선출되었고, 2006년에는 총회 역사상 첫 여성 임원(부회록서기/여전도회전국연합회 제35대 회장 김희원 장로)이 임명되었다. 그 후 10여 년이 지난 2017년에 이르러 제102회 총회는 여성총대 할당에 대한 최소한의 수용으로, '모든 노회가 여성총대 1인 이상 파송'해 줄 것을 결의하였지만, 각 노회는 권고사항으로 여기고 대단히 소극적인 자세를 취하였다. 한편, 2019년 제104회 총회에서는 본 교단 역사상 최초로 여성 부총회장(여전도회전국연합회 제49대 회장 김순미 장로)이 선출되어 교회 안의 폐쇄적인 정서를 환기시키는 역할을 하였으나, 전반적으로 노회와 교단의 법적 제도 변화에는 큰 진전이 없었다.

2021년 제106회 전체 총대 1,500명 중 여성총대는 34명(2.26%)에 불과했다. 여전도회전국연합회는 계속해서 2022년 제107회 총회에 '여성총대 할당제 의무화', 즉 '총대 20인 이상 노회는 여성총대 2인 이상을 의무적으로 파송'해 줄 것을 청원하였다. 한국교회의 정책과 미래 방향성을 결정하는 본 교단총회의 자리에 여성총대들이 일정 비율로 참석할 수 있도록 청원한 것이다. 그러나 안타깝게도 2024년 제109회 총회 보고서에 따르면, 본교단 교회여성의 현주소는, 전체성도 중 여성도가 57.3%에 달함에도 불구하고, 여전히 여성목사는 13.3%, 여성장로는 5.4%, 여성총대(목사와 장로)는 2.9%에 머무르고 있다.

이와 같이 예장통합 교단의 지교회에서 전체 교인의 성(性) 비율과 당회원의 성(性) 비율은 현실적으로 심각한 불균형을 이루고 있다. 전체 교인 중 여성 비율은 약 57%에 달하지만, 전체 시무장로 중 여성 장로 비율은 5.4 % 수준에 불과하다. 이러한 상황은 교회 내 여성의 현실적 요구와 목소리가 충분히 반영되지 못하는 구조적 문제를 초래하며, 더 나아가 교단 내 여성 지도력의 대표성과 참여 부족 문제를 심각하게 드러내고 있다. 특히 교회 내 여성 장로의 부족은 교단의 여성 총대 후보의 부족으로 이어지는 도미노 현상을 불러일으키고 있다.

2. 주요 교단별 여성 할당제 법제화 현황

여성 총대 할당제 법제화는 이미 국내의 다른 주요 교단에서 시행 중이므로, 한국교회 내 교회 성장과 여성 지도력 강화를 위한 필수적인 조치로 평가받고 있다. 기독교대한감리회는 2016년 성별·세대별 15% 할당제 의무를 결의하였고, 2023년부터는 연회, 총회, 입법의회 대표 각 15%는 여성으로 선출하며, 15%는 50세 미만으로 선출하고 있다. 한국기독교장로회는 2010년에 총대 수 20인 이상 노회는 여성 목사, 여성 장로 각 1인 이상 총대 파송 의무화 규칙을 제정하였고, 2015년에는 총대 수 10인 이상 노회도 여성 목사, 여성 장로 각 1인 이상 총대 파송을 의무화하였다. 장자 교단으로 일컬어지는 본 교단도 이러한 흐름에 뒤처지지 않고 주도적으로 앞서가야 할 책무가 있다. 여성 안수가 허락된 지 30년이 지났음에도 불구하고, 여성 장로와 총대의 비율은 여전히 낮은 수준에 머물러 있다. 이러한 현실을 개선하기 위해, 무엇보다 지교회 차원에서 여성 장로 양성에 적극적으로 힘써야 한다. 여성 장로의 증가는 여성 총대 후보 풀을 확대하여, 여성 총대 할당제의 실효성을 높이고 교회 내 여성 지도력의 대표성과 참여를 강화하는 데 이바지할 것이다.

3. 교회 내 평등, 정의, 공정성을 위하여

장로교 여성들은, 여전도회원 104명의 서명으로 1933년 최초로 여성 안수 청원 건을 교단총회에 제출한 역사적 사건 이후, 그저 몇 번 시도하고 교단총회에서 기각된 것으로 끝내지 않았다. 반백 년이 넘는 61년간 여전도회전국연합회를 중심으로 장로교의 보수적 신학과 가부장적 정서에 맞서 한국교회의 양성평등 의식과 문화 구축을 위해 투쟁해 왔다.

예장통합 교단총회는 2023년 기준으로 9,473개 교회, 69개 노회, 220

만 교인들로 이루어진 민주적 집합체이다. 하지만 220만 교인의 성(性) 비율과 당회원의 성(性) 비율이 현실적으로 심각한 불균형을 이루고 있는 상황에서 지교회는 물론 노회와 교단총회에서도 최소한 30% 이상은 여성에게 그 대표성이 할애되어야만 한다. 이는 평등, 정의, 공정성 등에 대한 성경의 가르침과 구성원의 참여와 존중이라는 민주주의 원칙에 따라 이루어져야 하는 분배적 · 참여적 정의 실현에도 부합한다. 공정한 대표성 확보와 소수 및 다양한 구성원의 권리를 보장하는 교회의 민주적 제도장치로서 여성 장로 및 여성 총대 할당제는 현재 예장통합 교단에서 반드시 필요한 제도이다. 그러기 위해서는 무엇보다도 지교회 교인들의 양성평등에 대한 의식 변화가 필요하며, 이를 위한 교육이 수반되어야 한다. 교회 항존 직분자들 뿐만 아니라 예비 목회자들의 산실인 신학교에서도 양성평등에 관한 과목이 정기적으로 개설되어 수강할 기회가 마련되어야 한다.

V. 마무리하며

여성 안수 청원은 1933년부터 시작되었으며, 1961년부터 1994년까지 총 14번에 걸쳐 교단총회에서 투표에 부쳐졌고, 13번 부결 후 1994년 제79회 총회에 이르러서야 701표(찬성) 대 612표(반대)로 통과되었다. 예장통합 교단의 역사에서 여성안수는 아마도 가장 오랫동안 반복적으로 총회 석상에 상정된 안건이었을 것이다. 60여 년이라는 그 오랜 시간 동안 흘린 여성들의 땀과 눈물을 우리는 기억해야 할 것이다. 이 글을 통해 예장통합 교단의 여성안수 법제화라는 역사적인 사건이 결실을 보기까지 아낌없이 쏟아부었던 수많은 이들의 수고와 희생에 감사를 표한다. 가장 먼저 지교회 여전도회원들, 지연합회와 전국연합회 실행위원들께 감사드린다. 서로 합심하여 기도하며 지칠 줄 모르는 강한 신념으로 험난한 여정을 끝까지 완수하였다. 다음으로, 교계 남성 지도자들의 적극적인 관심과 후원에 감사드린다. 특히 제79회 교단총회에서 여성안수 제도화를 청원한 24개 노회와, 이를 토대로 긍정적인 결의를 이끌어 낸 김기수 총회장께 감사드린다. 마지막으로, 여성안수 가결을 위해 총회 장소도 앞마당에서 무언의 시위와 금식기도 등으로 동참했던 여교역자들, 신학대학교 남녀 재학생들께도 감사드린다.

이제 2025년 여성안수 법제화 30주년을 맞이하였다. 여전히 안타까운 현실은 교회여성들의 힘겨웠던 여성안수 청원의 역사는 교단총회의 결의와 노회 수의를 거쳐 법제화는 이루어졌지만, 지교회 현장에서는 구체적 실효성을 발휘하지 못하고 있다는 점이다. 교회의 양성평등 개선을 위한 노력은 단순히 교회여성의 정치적 역할 확대를 넘어 탈종교화 시대에 무너져가는 교회의 본질을 회복하고 교회 전체의 건강한 성장과 발전을 위한 필수적인 과정이요 시대적 사명이 될 것이다. 그런데도 교회 내 성별 대표성 불균형 문제 해소를 위한 제도적 장치 마련과 양성평등적 문화 구축은 여전히 다음 세대의 시대적 과제로 남아야만 하는가?

제2장

한국기독교장로회의 여성 안수 법제화의 여정

총회한국교회연구원 정리

I. 들어가는 말: 왜 기장의 여정을 돌아보는가?

대한예수교장로회(통합) 총회가 여성에게 목사와 장로 안수의 문을 연지 30주년이라는 뜻깊은 해를 맞이한 것을 진심으로 축하하며, 지난 30년간 여성 교역자들과 장로들이 한국교회에 심어온 풍성한 열매에 깊은 경의를 표합니다. 한 세대에 걸친 시간 동안 수많은 여성 지도자는 목회와 선교, 교육과 봉사의 현장에서 헌신하며 하나님 나라를 확장하고 한국교회의 지평을 넓히는 데 결정적으로 기여해왔습니다.

이 귀한 역사의 이정표 앞에서, 통합 교단보다 앞서 같은 길을 먼저 걷기 시작했던 저희 한국기독교장로회(기장)의 여정을 나누는 것은 매우 의미 있는 일이라 믿습니다. 이는 단순히 과거를 회고하며 선구적이었음을 내세우기 위함이 아닙니다. 오히려, 한발 앞서 겪어야 했던 신학적 고뇌와 제도적 저항, 그리고 마침내 결단을 이루어낸 응답의 과정을 공유함으로써, 우리가 함께 걸어온 길의 의미를 더욱 깊이 성찰하고 앞으로 나아갈 방향을 함께 모색하는 '역사의 대화'를 제안하기 위함입니다.

본고는 한국기독교장로회가 1974년 여성 목사 안수를 총회에서 결의하기까지 걸어온 과정을 신학적, 역사적 관점에서 추적하는 것을 목적으로 합니다. 특히, 성서의 권위와 역사 참여를 강조하는 기장 교단의 신학적 정체성이 어떻게 이 결정을 끌어냈는지, 그리고 그 과정에서 어떤 성서 해석의 논쟁과 제도적 저항을 거쳐 '모든 사람에게 평등하게 열린 직분'이라는 원칙을 세워나갔는지를 집중적으로 조명하고자 합니다.[1)]

이를 위해, 먼저 여성 안수 논의의 싹을 틔운 1950-60년대의 시대적 배경과 신학적 각성을 살펴보고, 이어서 1970년대 총회에서 벌어진 치열한 논쟁과 역사적 결단의 순간을 재구성할 것입니다. 마지막으로, 법제화 이후 기장 교회가 거두어온 성과와 여전히 남아 있는 과제를 공유하며, 이 선구적 경험이 한국교회 양성평등의 미래에 던지는 제언을 모색하며 글을 맺고자 합니다. 부디 이 글이 지난 30년의 역사를 축하하는 자리에 보탬이 되고, 앞으로의 30년을 열어가는 데 작은 디딤돌이 되기를 소망합니다.[2)]

---

1) 김수진, 『한국 장로교 총회 창립 100년사 1912-2012』(서울: 홍성사, 2012), 255-258.
2) 1974년 당시 총회 회의록, 『기독교사상』 및 관련 인물들의 회고록 등을 주요 자료로 활용할 것임. 예시: 한국기독교장로회, 『제59회 총회 회의록』(1974).

II. 신학적 각성과 시대적 요청: 여성 안수 논의의 서막 (1950, 1960년대)

1. 기장 교단의 신학적 정체성: 예언자적 전통과 역사 참여

한국기독교장로회(이하 기장)의 여성 안수 허용을 이해하기 위해서는 먼저 교단이 형성 과정에서부터 견지해 온 독특한 신학적 정체성을 살펴보아야 한다. 기장 교단은 성서의 권위를 철저히 따르면서도, 그 말씀을 문자적으로 가두는 것이 아니라 오늘의 역사적 현실 속에서 살아 움직이는 '하나님의 말씀'으로 해석하는 예언자적 전통 위에 서 있다. 이러한 신학적 기조는 자연스럽게 사회의 구조적 불의와 억압에 저항하며 하나님의 정의와 평화를 실현하는 '역사 참여'를 교회의 중요한 선교적 과제로 삼게 했다.[3]

특히 '하나님의 선교'(Missio Dei) 신학을 적극적으로 수용하며 교회의 본질을 세상 속으로 보냄 받은 선교 공동체로 이해했고, 이는 여성의 역할을 교회 내의 보조적 기능에 한정하지 않고 세상과 교회를 섬기는 동등한 주체로 인식하는 중요한 신학적 토대가 되었다. 이러한 배경 속에서 남성 중심의 가부장적 질서를 당연시하던 시대적 통념에 신학적 질문을 던지고, '그리스도 안에서 차별이 없다'는 복음의 본질을 직시하려는 노력이 시작될 수 있었다.[4]

2. 초기 논의의 점화: 여장로 제도의 선구적 도입

이러한 신학적 토양 위에서, 전쟁의 폐허를 딛고 사회 재건에 나서는

---

3) "기장의 신학적 정체성과 역사 참여," 『기독교사상』 575호(2007년 7월호), 78-95.
4) 김수진, 『한국 장로교 총회 창립 100년사 1912-2012』(서울: 홍성사, 2012), 255-258.

과정에 여성들의 역할이 증대되던 시대적 상황과 맞물려 기장 총회는 한국교회 역사에 중요한 첫발을 내디뎠다. 그것은 바로 1956년 제41회 총회에서 가결된 '여장로(女長老) 제도'였다. 이는 다른 장로교단에서는 상상하기 어려웠던 파격적인 결의안으로, 여성 안수 논의의 실질적인 서막을 연 사건이었다.[5]

당시 총회는 "너희는 유대인이나 헬라인이나 종이나 자주자나 남자나 여자 없이 다 그리스도 예수 안에서 하나이니라"(갈 3:28)는 바울의 선언을 핵심 논거로 삼아, 교회의 직분이 인간의 성별에 의해 제한될 수 없다는 복음의 대원칙을 재확인했다. 총대들은 치열한 논의 끝에, 은사와 소명이 확인된 여성이 교회의 의사결정 과정에 참여하는 장로로서 봉사하는 것이 성서의 정신에 부합한다고 결론 내렸다.[6]

물론 이 결의가 곧바로 여성 목사 안수로 이어진 것은 아니었다. 목사직에 대해서는 여전히 시기상조라는 보수적인 인식이 존재했으며, '여장로'라는 직분 역시 초기에는 일부 교회에서만 제한적으로 시행되는 등 완전한 정착까지는 시간이 필요했다. 하지만 이 선구적인 결단은 여성도 교회의 온전한 주체임을 교단 헌법으로 공인한 상징적인 사건이었으며, 훗날 여성 목사 안수라는 더 큰 문을 여는 결정적인 디딤돌이 되었다.

---

5) 한국기독교장로회, 『제41회 총회 회의록』(1956), 78.
6) 한국기독교장로회, 『제41회 총회 회의록』(1956), 78.

III. 저항을 넘어 결단으로: 여성 목사 안수 법제화의 과정 (1970년대)

1. 여성 교역자들의 성장과 끈질긴 청원

1956년 여장로 제도가 도입된 이후 1960년대를 거치며, 신학 교육을 받고 목회 현장에서 사역하는 여성 교역자, 즉 '여전도사'의 수가 꾸준히 증가했다. 이들은 사실상 목회자와 다름없는 사역을 감당하면서도, 안수를 받지 못해 설교권과 성례 집례권이 없는 '반쪽짜리 교역자'로 머물러야만 했다. 이러한 제도적 한계와 차별 속에서, 여성 교역자들 스스로가 자신들의 소명과 권리를 찾기 위한 조직적인 움직임이 시작되었다.

그 중심에는 '전국여교역자회'가 있었다. 1970년대에 들어서면서 전국여교역자회는 교단 내 여성 안수 허용을 위한 가장 중요한 구심점이 되었다. 이들은 단순히 개별적인 목소리를 내는 데 그치지 않고, 매년 총회에 '여성 목사 안수 허용에 관한 헌의안'을 끈질기게 상정하는 전략을 택했다. 비록 헌의안이 번번이 부결되거나 연구 과제로 미뤄지기 일쑤였지만, 이들의 지속적인 청원은 총대들이 더 이상 이 문제를 외면할 수 없게 만드는 압력으로 작용했다.[7]

이들의 주장은 단순히 여성의 권리 신장이나 남성과의 동등함만을 요구하는 인권적 차원에 머무르지 않았다. 오히려 하나님으로부터 받은 목회적 소명과 은사를 성별의 장벽 때문에 온전히 발휘하지 못하는 것은 교회의 선교적 사명을 저해하는 큰 손실이라는 '소명론'과 '교회론'에 근거했다. 이러한 신학적 호소는 일부 남성 목회자들과 신학자들의 공감을 얻어내며, 교단 내에 점진적으로 공감대를 확산시키는 중요한 동력이 되었

---

7) 박정신, "1970년대 기장 여교역자들의 안수 청원운동에 관한 연구," 『한국기독교와 역사』 35(2011), 221-225.

다.[8]

2. 법제화를 둘러싼 핵심 신학 쟁점: 보수와 진보의 충돌

여성 교역자들의 끈질긴 헌의는 총회 현장을 뜨거운 신학 토론의 장으로 만들었다. 여성 목사 안수를 둘러싼 찬반 논쟁은 단순히 제도적 문제를 넘어, 성서를 어떻게 해석하고 교회의 전통을 어떻게 이해할 것인가에 대한 근본적인 신학적 입장 차이를 드러냈다.

찬성 측의 핵심 논거는 주로 복음의 본질과 선교적 사명에 기반을 두었다. 첫째, 이들은 남성과 여성이 동등하게 '하나님의 형상'(Imago Dei)으로 창조되었음을 강조하며(창 1:27), 가부장적 해석에 가려졌던 창조 질서의 본래적 평등성을 회복해야 한다고 주장했다. 둘째, 성령의 은사는 성별을 가리지 않으며, 하나님이 주신 소명과 은사를 인간의 제도로 막는 것은 성령의 역사를 거스르는 일이라고 보았다. 셋째, 예수께서 여성을 제자로 삼으시고 부활의 첫 증인으로 세우셨던 파격적인 행보를 근거로, 교회가 예수의 정신을 따라야 한다고 역설했다.[9]

반면, 반대 측의 논리는 성서의 문자적 해석과 교회의 오랜 전통에 깊이 뿌리내리고 있었다. 이들은 "여자는 교회에서 잠잠하라"(고전 14:34), "여자가 가르치는 것과 남자를 주관하는 것을 허락하지 아니하노니"(딤전 2:12)와 같은 특정 구절들을 여성 안수 금지의 절대적인 근거로 제시했다. 또한, 예수께서 12제자를 모두 남성으로 세우셨다는 점과 2000년간 이어져 온 교회의 전통을 들어, 여성에게 안수를 주는 것은 교회의 거룩한 직제와 질서를 무너뜨리는 위험한 시도라고 강하게 비판했다.[10]

---

8) 김수진, 『한국 장로교 총회 창립 100년사 1912-2012』, 415.
9) 서남동, 『전환시대의 신학』(서울: 한길사, 1976), 189-201.
10) 한국기독교장로회, 『제58회 총회 회의록』(1973), 112.

이러한 팽팽한 신학적 대립은 총회가 열릴 때마다 반복되었고, 교단 내에 깊은 신학적 성찰과 고민을 안겨주었다. 이 과정은 단순히 찬반의 수를 세는 것을 넘어, 교단 전체가 복음의 핵심 가치를 재확인하며 시대적 질문에 응답해가는 고통스러운 성장 과정이기도 했다.

3. 1974년 제59회 총회의 역사적 결단: '사람' 안에 여성을 품다

박정희 유신 독재 체제가 사회의 모든 숨통을 옥죄던 1974년, 기장 총회의 여성 목사 안수 결의는 단순한 교단 내부의 제도 개혁을 넘어선 시대적 의미를 지닌다. 교회 밖의 불의한 권력에 저항하며 민주화와 인권을 외쳤던 예언자적 정신이, 교회 안의 가부장적이고 차별적인 구조를 허무는 결단으로 이어진 것이다.[11]

수년간의 끈질긴 청원과 신학적 논쟁은 마침내 1974년 9월에 열린 제59회 총회에서 역사적인 결실을 보았다. 이전 총회들과 마찬가지로 여성 목사 안수 허용 헌의안은 다시 한번 총대들 앞에 놓였고, 찬반 양측의 열띤 토론이 이어졌다. 반대 측이 전통과 성서의 문자적 해석을 고수하자, 한 찬성 측 총대는 격앙된 어조로 다음과 같이 호소하며 총회 현장의 분위기를 움직였다.

> 하나님께서 당신의 종으로 쓰시겠다는데, 우리가 무엇이기에 성별의 잣대를 들이대며 '안된다'고 막아섭니까? 이는 사람이 하나님의 일을 가로막는 교만이요, 교회가 스스로 선교의 팔다리를 묶는 어리석음입니다![12]

---

11) 서남동·박용길·김용복 공저, 『민중신학의 탐구』(서울: 한길사, 1983), 150-155. 이 책은 1970년대 기장 교단의 사회 참여와 신학적 흐름이 어떻게 교회 내부의 개혁으로 이어졌는지를 잘 보여준다.
12) 한국기독교장로회, 『제59회 총회 회의록』(1974), 94. 당시 발언을 의미에 맞게 현대어로 일부 윤문함.

이처럼 신학적 논쟁을 넘어 선교적 실천의 문제로 호소하는 목소리는 총대들의 마음을 움직이는 중요한 분수령이 되었다. 총회 현장의 긴장감은 최고조에 달했지만, 이전과는 다른 기류가 감지되고 있었다. 그것은 더 이상 이 문제를 회피하거나 미룰 수 없다는 공감대와 함께, 시대적 요청에 응답해야 한다는 교단의 사명감이 무르익었기 때문이다.

마침내 헌의안은 표결에 부쳐졌고, 오랜 기다림 끝에 여성 목사 안수를 허용하는 안이 가결되었다. 이 결정은 단순히 새로운 법을 만드는 방식이 아니라, 기존 헌법의 해석을 통해 이루어졌다는 점에서 기장 교단의 신학적 지혜를 보여준다. 구체적으로, 총회는 목사의 자격 조항에 명시된 '남자'라는 단어를 '사람'으로 개정했다.[13]

이는 여성이라는 특정 성별을 위한 특별 조항을 신설한 것이 아니라, 본래부터 목사의 자격이 성별이 아닌 '사람' 그 자체에 있음을 확인한 선언적 의미가 컸다. 즉, 여성에게 없던 권리를 새롭게 부여한 것이 아니라, '사람'이라는 보편적 표현 속에 당연히 포함되어 있던 여성의 자격을 교단이 이제야 공식적으로 인정하고 확인하는 결단이었던 것이다. 이로써 한국기독교장로회는 한국 장로교단 중 최초로 여성에게 목사 안수의 길을 여는 역사적 이정표를 세우게 되었다. 이 결단은 단순히 제도의 변화를 넘어, 성서의 평등 정신을 교회의 직제 안에서 구현하려는 신학적 몸부림의 최종적인 응답이었다.

---

13) 한국기독교장로회, 『제59회 총회 회의록』(1974), 95. 이 회의록은 당시 목사의 자격은 "30세 이상된 무흠한 남자"로 되어 있던 조항을 "30세 이상된 무흠한 사람"으로 개정하기로 가결했음을 명시하고 있다.

IV. 법제화 이후의 성과와 남겨진 과제

1. 긍정적 변화와 성과: 새로운 목회 지평을 열다

1974년 기장 총회의 결단은 단순한 헌법 조항의 개정을 넘어, 기장 교단의 목회 현장에 실질적이고 새로운 지평을 여는 출발점이 되었다. 법제화 이후, 마침내 1975년 4월 교단 최초의 여성 목사 안수식이 거행되었고, 이날 안수받은 홍은풍, 전병금 목사 등은 기장 여성 교역사의 새로운 장을 연 상징적인 인물이 되었다. 이들을 시작으로 이전에는 상상하기 어려웠던 다양한 영역에서 여성들의 목회적 리더십이 발휘되기 시작했다.[14]

여성 목회자들은 담임목회뿐만 아니라 기관 목회, 군·경목, 교목, 선교사 등 다채로운 현장으로 진출하며 교회의 사역을 풍성하게 만들었다. 특히 여성 특유의 섬세함과 공감 능력에 기반한 목회적 돌봄은 기존의 권위주의적 목회 문화에 대안을 제시하며, 교회를 더욱 수평적이고 포용적인 공동체로 변화시키는 데 기여했다. 남성 중심의 획일적인 리더십에서 벗어나, 여성 지도자들의 등장은 교회에 새로운 활력과 관점을 불어넣는 긍정적인 자극이 되었다. 이는 교회가 세상 속에서 '하나님의 선교'(Missio Dei)를 감당해야 한다는 교단의 신학적 정체성이 목회 현장에서 구체적으로 열매 맺은 것이라 평가할 수 있다.[15]

이러한 변화의 흐름 속에서 가장 상징적인 성과는 2021년 제106회 총회에서 김은경 목사가 교단 역사상 최초의 여성 총회장으로 선출된 사건이다. 이는 여성 안수를 허용한 지 약 47년 만에 이룬 역사적 쾌거로, 기장 교단이 양성평등의 가치를 단순히 제도에만 머무르게 하지 않고 교단의 최고 리더십을 통해 실현하고 있음을 보여준 명백한 증거였다. 이 사건은

---
14) 이덕주, 『한국교회 처음 이야기』(서울: 홍성사, 2006), 250.
15) 김수진, 『한국 장로교 총회 창립 100년사 1912-2012』, 255-258.

교단 내 여성 지도자들에게 큰 격려가 되었을 뿐만 아니라, 한국교회 전체에 양성평등 리더십의 새로운 가능성을 제시한 중요한 이정표로 기록되었다.[16]

2024년 현재 기장 교단에는 499명의 여성 목사가 있으며, 이는 전체 목사 수의 15.4%로 한국 교단 중 가장 높은 비율을 나타낸다. 이러한 수치는 50년간 축적된 기장 교단 여성 안수의 성과를 보여주는 객관적 지표라 할 수 있다.[17]

2. 여전히 존재하는 '유리 천장'과 과제

하지만 이러한 긍정적인 성과에도 불구하고, 기장 교단 내 여성들이 완전한 의미의 양성평등을 이루기까지는 아직 가야 할 길이 남아있다. 법과 제도의 문은 열렸지만, 교회 문화와 성도들의 인식 속에 견고하게 자리 잡은 보이지 않는 장벽, 이른바 '스테인드글라스 천장'(Stained-Glass Ceiling)은 여전히 존재하기 때문이다.

가장 대표적인 과제는 담임목사 청빙 과정에서의 어려움이다. 여성 부교역자의 비율은 꾸준히 늘고 있지만, 이들이 독립적으로 목회하는 담임 목사, 특히 일정 규모 이상의 교회에 청빙되는 사례는 여전히 남성에 비해 현저히 적다. 이는 여성의 리더십에 대한 편견이나 익숙하지 않음에서 오는 교인들의 무의식적인 저항이 주된 원인으로 꼽힌다. 또한 총회나 노회 등 교단의 주요 의사결정기구에서 여성 총대의 비율이 여전히 낮은 점도 실질적인 동등성을 확보하기 위해 풀어야 할 숙제이다.

결국, 기장 교단의 남은 과제는 제도를 넘어선 문화와 인식의 변화에

---

16) 한국기독교장로회 총회, "제106회 총회 결의사항," 『기장뉴스』 2021년 9월 28일자, 1.
17) "여성 목사 비율 15.4% '국내 최고'… 여성 안수 반세기의 열매," 『국민일보』 2024년 11월 11일.

있다. 여성 안수를 '허용'하는 차원을 넘어, 여성의 리더십을 교회의 당연하고 소중한 자산으로 여기는 성숙한 문화가 뿌리내려야 한다. 이를 위해 차세대 여성 지도자 양성을 위한 체계적인 멘토링 시스템 구축, 양성평등적 관점의 목회자 재교육, 그리고 무엇보다 교회 현장에서 여성 목회자들의 사역을 적극적으로 지지하고 협력하는 실천이 지속적으로 요구된다.

V. 나가는 말: 기장의 경험이 통합에게 전하는 메시지

지금까지 한국기독교장로회가 여성 안수의 문을 열기까지 걸어온 신학적 고뇌와 역사적 응답의 여정을 살펴보았다. 1956년 여장로 제도의 선구적 도입에서 시작하여, 1970년대 여성 교역자들의 끈질긴 청원과 치열한 신학 논쟁을 거쳐, 마침내 1974년 '사람'이라는 보편적 언어 속에 여성의 자리를 확인한 총회의 결단에 이르기까지, 기장의 역사는 결코 순탄치 않았다. 그것은 단순히 제도를 바꾸는 싸움이 아니라, 성서의 해방적 복음을 교회의 직제 안에서 살아내려는 지난한 신학적 몸부림의 과정이었다.

이제 30년이라는 귀한 역사를 쌓아 올린 통합 총회와 한국교회에, 한 발 앞서 그 길을 걸었던 기장의 경험은 다음과 같이 말을 건넨다. 첫째, 제도의 문을 여는 것만큼이나 중요한 것은 마음의 문을 여는 문화적 과제라는 점이다. 법제화는 평등을 위한 최소한의 출발선이지 결코 완성선이 될 수 없다. 여성 지도자들을 동등한 동역자로 온전히 신뢰하고, 그들의 리더십을 교회의 당연한 축복으로 여기는 인식의 전환 없이는, 제도는 언제든 '유리 천장'이라는 더 교묘한 장벽에 가로막힐 수 있음을 우리는 함께 기억해야 한다.

둘째, 이 여정은 끝이 아니라 새로운 시작이라는 점이다. 과거에는 안수를 '허용'하는 것이 과제였다면, 이제 우리 앞에는 남성과 여성이 어떻게 서로의 다름을 존중하며 조화로운 파트너십을 이룰 것인가라는 더 성숙한 과제가 놓여있다. 이는 어느 한 교단만의 노력이 아닌, 한국교회 전체가 함께 풀어가야 할 시대적 사명이다.

기장이 먼저 걸어온 길에서 얻은 성찰이 통합의 여정에 참고가 되듯, 지난 30년간 더 큰 교단적 규모와 다양한 목회 현장에서 길어 올린 통합의 지혜 또한 기장에게 새로운 도전과 영감을 줄 것이라 믿습니다.

기장의 선구적 여정과 통합의 30년 역사가 아름답게 만나, 이 땅의 모든 교회에서 여성과 남성이 동등한 동역자로 함께 하나님 나라를 세워가는 더 큰 희망의 증거가 되기를 진심으로 소망하며 글을 맺는다.

제3장

기독교대한감리회의 여성 안수 과정과 그 특징

- 뜨거운 열정과 조직된 힘 -

총회한국교회연구원 정리

I. 들어가는 말: 다른 시작, 같은 목적지

    2025년은 대한예수교장로회 통합 교단이 여성 목사 및 장로 안수를 법제화한 지 30주년이 되는 뜻깊은 해이다. 1994년 제79회 총회에서 24,개 노회가 청원한 여성 안수 허락 안이 통과되어 1995년 법제화된 이후[1] 한국개신교는 여성 사역에 대한 새로운 지평을 열었다. 그런데 예장통합보다 65년 앞서 여성 목사 안수 제도를 도입한 교단이 기독교대한감리회이다.

    감리교는 1930년 제1회 총회에서 이미 '여자 목사 안수' 제도를 공식

---

1) 기독일보, "통합 女안수 30년… 김순미 장로 '女총대 법제화 노력해야'", 2024년 4월 4일.

채택했으며, 1955년에는 전밀라와 명화용이라는 한국인 여성을 최초로 목사 안수했다.[2] 이는 예장통합의 1996년 첫 여성 목사 배출보다 무려 41년이나 빠른 것이다. 더욱 주목할 점은 감리교 여성 안수가 단순히 시기상 앞선 것뿐 아니라, 그 과정과 특징에서도 독특함을 보여준다는 것이다.

본 연구는 예장통합 여성 안수 30주년을 기념하는 맥락에서, 한국 개신교 최초로 여성 안수의 길을 연 감리교의 제도화 과정과 그 고유한 특징들을 살펴보고자 한다. 특히 웨슬리 신학의 실용주의적 전통, 여선교회라는 조직적 힘, 65년에 걸친 점진적 제도화 과정에 주목하여, 감리교 여성 안수가 갖는 역사적 의의와 한국교회에 미친 영향을 분석할 것이다.

II. 웨슬리의 유산과 초기 한국 감리회 여성 사역의 뿌리

1. 존 웨슬리의 실용주의와 여성 사역 인정 전통

기독교대한감리회의 여성 안수는 18세기 영국의 존 웨슬리(John Wesley, 1703-1791)로부터 시작된 감리교 전통의 연장선상에 있다. 웨슬리는 "세상은 나의 교구다(The world is my parish)"라는 말로 상징되는 실용주의적 접근을 통해 기존 교회의 관습에 얽매이지 않는 혁신적 사역을 전개했다. 특히 주목할 점은 웨슬리가 여성의 사역 참여에 대해 보여준 개방성이다. 1761년경 사라 크로스비(Sarah Crosby, 1729-1804)가 감리교 모임에서 설교 역할을 담당하기 시작했을 때, 웨슬리는 이를 허용했을 뿐 아니라 1786년에는 그녀의 소명이 '하나님에게서 온 것'임을 공식적으로 확증했다. 이러한 웨슬리의 태도는 당시로서는 매우 진보적인 것으로, 후일 감

---

[2] 한국민족문화대백과사전, "전밀라(全密羅)" (2022.12.21).

리교 전통 안에서 여성 사역이 발전할 수 있는 신학적 토대를 마련했다.

2. 한국 초기 감리회와 여성 선교사들의 역할

1) 메리 스크랜턴의 치밀한 여성 교육 전략

한국 감리교 여성 사역의 실질적 출발점은 1885년 내한한 메리 스크랜턴(Mary F. Scranton, 1832-1909)이다. 당시 52세였던 스크랜턴은 외아들 내외와 함께 조선에 들어와 서울 정동에 자리잡았다. 처음에는 낯선 음식과 환경으로 많은 고생을 했지만, 그녀의 의지는 확고했다. 1886년 5월 31일, 한 관리의 소실인 김 부인이 "영어를 배워 왕비의 통역관이 되고 싶다"며 스크랜턴의 집을 스스로 찾아왔다.[3] 이로써 단 1명의 여학생으로 역사적인 첫 영어수업이 이루어졌고, 이 날이 이화학당의 창립일이 되었다.

처음에는 버려진 아이들과 첩들이 주요 학생이었지만, 1887년에는 7명, 1889년에는 26명, 1896년에는 기숙사생 47명, 통학생 3명으로 늘어났다. 스크랜턴의 교육철학은 독특했다. 그녀는 학생들이 "한국적인 것을 자랑스러워하기를, 그리고 나아가서 그리스도와 그의 교훈을 통해서 훌륭한 한국인이 되기를" 원했다. 이는 당시 서구화를 추진하던 다른 교육기관들과 차별되는 접근이었다.

2) 로제타 홀의 헌신적 의료 선교

1890년에는 로제타 셔르우드 홀(Rosetta Sherwood Hall, 1865-1951)이 내한하여 조선 최초의 여성 의사로서 의료 선교에 헌신했다. 25세의 젊은 의사였던 홀은 펜실베이니아 여자의과대학을 졸업하고 뉴욕 빈민가에서

---

3) 노크노크미션센터, "이화학당과 메리 스크랜턴 선교사", 2021년 9월 15일.

의료봉사 경험을 쌓은 후 조선에 왔다.[4] 당시 조선에는 유교사상의 영향으로 남성 의사에게 진료받기를 꺼리는 여성들이 많았다. 홀은 보구녀관(한국 최초의 근대식 여성병원) 원장으로 부임하여 3년간 1만 4,000명이 넘는 환자를 치료했다.

그녀의 헌신은 때로 자기 희생을 마다하지 않았다. 한번은 손가락 세 개가 손바닥에 붙을 만큼 큰 화상을 입은 소녀가 병원에 왔는데, 환자가 피부 이식을 거부하자 홀은 자신의 팔에서 피부를 세 조각 떼어내 환자에게 이식했다. 홀의 비전은 단순한 치료를 넘어섰다. 그녀는 "지속 가능한 여성 진료 체계를 만들려면 조선인 여의사가 필요하다"고 생각했다. 그 결과 그의 도움을 받아 박에스더가 한국 최초의 여성 의사가 되었고, 1928년에는 조선여자의학강습소(현 고려대 의대의 전신)를 설립했다.

3) 여메례와 초기 조직 리더십

메리 스크랜턴의 양녀 여메례(1872-1933)는 한국인 여성으로서 초기 여성 조직 운동의 핵심 인물로 성장했다. 그녀는 1897년 조이스회와 1900년 보호여회의 초대 회장을 맡으며 한국 여성들의 조직적 활동을 이끌었다. 이들의 지도 아래 조직된 전도부인들은 매우 효과적인 복음 전파 활동을 전개했다. 스크랜턴의 1898년 보고서에 따르면 8명의 전도부인들이 그녀와 동역했으며, 이들은 1년간 4,000가정을 방문하여 2만 명의 여성에게 복음을 전했다. 이는 한국 감리교 초기부터 여성들이 단순한 피선교 대상이 아니라 능동적인 선교 주체로 활동했음을 보여준다.

---

4) 고려대의료원, "시대를 밝힌 여인, 조선인 여의사 양성 씨앗 뿌리다 로제타 셔우드 홀" (2021.12.31).

III. 조직된 힘의 발현: '여선교회'의 성장과 제도적 영향력

1. 여선교회 조직화와 전국적 확산

한국 감리교 여성 안수 과정에서 가장 핵심적 역할을 한 것은 '여선교회'라는 전국적 여성 조직이었다. 여선교회의 기원은 1897년 10월 31일 정동제일감리교회에서 조직된 '조이스회(Joyce Chapter)'로 거슬러 올라간다.[5] 이화학당 교사와 학생, 그리고 정동제일교회 한국인 여성 교인 11명으로 시작된 조이스회는 한국 개신교 최초의 여성 단체였다.

1900년 11월 11일에는 보호여회(保護女會, Ladies Aid Society)가 창립되었다. 초대 회장으로 선출된 여메례의 주도하에 28명으로 창립된 보호여회는 가난한 여성 구제 사업과 함께 전도 활동을 적극적으로 전개했다. 정동교회 보호여회의 성공에 자극받아 1903년 평양 남산현감리교회, 1910년대 초반에는 서울의 동대문교회와 상동교회에서도 보호여회가 조직되었다.

남북감리교회의 통합과 함께 여선교회 조직도 체계화되었다. 남감리회는 1920년 12월 6일 전국 단위의 '여선교대회'를, 북감리회는 1924년 9월 15일 전국 단위의 '내외국여선교회총회'를 조직했다. 그리고 1930년 12월 2일 남북감리교회가 통합하여 '기독교조선감리회'를 창립함에 따라, 1931년 6월 3일 두 조직은 '기독교조선감리회 여선교회'로 통합되었다.

2. 여선교회의 재정적·인적 자원 축적과 교단 내 발언권 확보

여선교회는 단순한 친교 모임을 넘어 강력한 재정적·인적 자원을 보유

---

5) 한국민족문화대백과사전, "기독교대한감리회 여선교회" (2022.12.21).

한 조직으로 성장했다. 전국 교회 여성들의 헌금과 봉사를 체계적으로 조직화하여 선교 사업의 핵심 동력으로 작용했다. 특히 주목할 점은 여선교회가 여성 교육과 사회 복지 사업에서 보여준 리더십이었다. 이들의 조직력은 교단 정책 결정 과정에서도 중요한 영향력을 행사했다. 여성 목사 안수 문제가 본격적으로 논의되기 시작한 1930년대부터 여선교회는 집단적 목소리를 통해 여성 사역 확대를 지속적으로 요구했다. 이는 개별적 여성 사역자들의 개인적 노력과 달리, 조직된 힘을 바탕으로 한 체계적 접근이었다는 점에서 중요한 의미를 갖는다.

IV. 제도화의 여정: 1930년부터 1986년까지

1. 제도 도입과 초기 한계 (1930-1950년대)

한국 감리교의 여성 목사 안수는 1930년 기독교조선감리회 제1회 총회에서 '여자 목사 안수' 제도가 공식 채택되면서 시작되었다. 이는 한국 개신교 역사상 최초의 여성 안수 제도 도입이었다. 그러나 제도 도입 초기에는 상당한 제약이 따랐다. 1931년 6월 14일 개성에서 열린 기독교조선감리회 제1회 연합연회에서 실제로 14명의 여성이 목사 안수를 받았지만,[6] 이들은 모두 20-30년 경력의 서양 여성 선교사들이었다. 한국인 여성에게는 목사 안수가 허용되지 않았다. 당시 감리교회법에 따르면 목사 안수를 받기 위해서는 3년 이상 담임 목회 경험이 필요했는데, 한국인 여성에게는 담임 목회 기회 자체가 주어지지 않았기 때문이다.

---

6) 옥성득, "1931 첫 감리교회 여성 목사 안수", 『한국 기독교 역사』 블로그, 2020년 7월 17일.

2. 전밀라의 개척 정신과 목회 여정

이러한 상황이 변화한 것은 1950년대에 들어서였다. 1908년 충북 제천에서 매서인(성서 판매원) 아버지와 전도부인 어머니 사이에서 태어난 전밀라(1908-1985)는 어려서부터 신앙적 분위기에서 자랐다. 충주공립보통학교를 거쳐 1931년 공주 영명여학교를 졸업한 후, 서울 감리교신학교에 입학하여 1935년 졸업했다.

졸업 후 전밀라는 원주 지방 순회 전도사로 파송받아 30여 교회를 순방하며 주일학교와 여선교회를 지도했다. 1939년에는 원주 지방 선교사 모리스의 후원으로 일본 도쿄 아오야마학원 신학부에서 1년간 수학했고, 귀국 후 원주읍교회와 원산 중앙교회 전도사로 사역했다.

해방 후 1946년 월남한 전밀라는 서울 남산교회와 인천 창영교회 전도사로 사역했다. 그리고 1951년, 운명적인 결정을 내렸다. 인천 갈월교회를 개척하여 담임하기로 한 것이다. 당시 갈월교회는 1946년 창립교인 7명으로 시작된 작은 교회였지만, 전밀라는 이곳에서 3년간 담임목사로서 교회를 성장시켰다.

전밀라의 갈월교회 담임 경험은 단순한 목회를 넘어서는 의미가 있었다. 그녀는 1952년 최초로 4개의 속회를 편성하는 등 조직적 교회 운영을 보여주었고, 이는 여성도 남성과 동등하게 목회할 수 있음을 실증하는 사례가 되었다.

드디어 1955년 3월, 전밀라는 기독교대한감리회 중부연회에서 명화용(1920-1980)과 함께 한국인 최초 여성 목사로 안수받았다.[7] 당시 전밀라의 나이는 47세였다. 명화용은 의왕시 부곡교회를 담임하고 있었으며, 두 사람의 안수는 한국 개신교 역사에 새로운 이정표를 세웠다.

---

7) 옥성득, "1955 첫 여자목사 전밀라", 『한국 기독교 역사』, 2021년 8월 3일.

그러나 여성 목사에 대한 제도적 차별은 여전히 존재했다. 특히 기혼 여성의 경우 교회 담임이 금지되는 조항이 1989년까지 지속되었다. 전밀라가 평생 독신으로 목회한 것도 이러한 제도적 제약과 무관하지 않다. 이는 여성 목사 제도가 도입되었음에도 불구하고 실질적 평등에는 상당한 시간이 필요했음을 보여준다.

3. 완전한 권한 획득을 향한 투쟁 (1970-1980년대)

1970년대에 들어서면서 감리교 내에서 여성 목사의 완전한 동등권을 요구하는 운동이 본격화되었다. 이 시기는 한국 사회 전반에서 여성 해방 운동이 활발해지던 때와 맞물려 있다. 감리교 여성들은 여선교회를 중심으로 조직적이고 지속적인 투쟁을 전개했다.

전밀라 자신도 이 운동의 중심에 있었다. 1966년부터 1974년까지 기독교대한감리회 총리원 부녀국 총무와 여선교회 전국연합회 총무를 맡으며 감리교회의 여성 사업을 총괄 지도했다. 이 시기 그녀는 여성 목사의 완전한 동등권 확보를 위해 조직적으로 활동했다.

마침내 1986년 입법의회에서 역사적 결정이 내려졌다. 여성 목사에게 '정회원 허입'이 허용된 것이다.[8] 이는 감리교 역사상 처음으로 여성 목사가 남성 목사와 완전히 동등한 권한과 지위를 갖게 되었음을 의미한다. 1930년 제도 도입 후 56년 만의 일이었다.

---

8) 아이굿뉴스, "한국교회 여성안수 역사와 현황", 참조.

V. 타 교단과의 비교: 감리교 여성 안수의 선구성

1. 주요 교단별 여성 안수 연대기 비교

한국 개신교 주요 교단들의 여성 안수 도입 과정을 비교해보면 감리교의 선구성이 더욱 뚜렷하게 드러난다. 감리교가 1930년 제도를 도입하고 1955년 한국인 최초 안수를 실시한 후, 다른 교단들의 여성 안수 허용은 상당한 시차를 두고 이어졌다.

한국기독교장로회(기장)는 1974년 제59회 총회에서 여성 목사 안수안을 통과시켰고, 1977년 11월 8일 양정신 목사가 기장 최초의 여성 목사로 안수받았다.[9] 이는 감리교의 전밀라·명화용보다 22년 늦은 것이다.

예장통합의 경우는 더욱 긴 여정을 거쳤다. 1933년 함남노회에서 104명의 여전도회원이 서명하여 여성 장로 허락을 요청한 것이 최초의 공식적 시도였다. 그러나 60여 년간 번번이 부결되다가 1994년 제79회 총회에서 24개 노회의 청원으로 마침내 통과되었고, 1995년 법제화되어 1996년 첫 여성 목사가 배출되었다. 예수교대한성결교회는 2003년 4월, 기독교대한성결교회는 2004년 6월에 각각 여성 안수를 허용했다. 반면 예장 합동, 예장 고신, 예장 합신 등은 여전히 여성 안수를 허용하지 않고 있다.

2. 감리교 여성 안수의 독특한 특징

이러한 비교를 통해 볼 때 감리교 여성 안수 과정의 독특한 특징들을 확인할 수 있다. 첫째, 65년간의 점진적 제도화 과정이다. 1930년 제도 도

---

9) 국민일보, "여성 목사 비율 15.4% '국내 최고'… 여성 안수 반세기의 열매", 2024년 11월 11일.

입부터 1986년 완전한 동등권 확보까지, 감리교는 급진적 변화보다는 단계적 발전을 통해 여성 안수를 정착시켰다.

둘째, 여선교회라는 강력한 조직적 뒷받침이다. 다른 교단들이 주로 개별적 여성 지도자들의 노력에 의존했던 것과 달리, 감리교는 전국적 여성 조직의 체계적 활동을 통해 여성 안수를 추진했다.

셋째, 웨슬리 신학 전통의 실용주의적 접근이다. 교리적 완벽성보다는 선교 현장의 필요에 따른 유연한 적응이 감리교 여성 안수의 특징이었다. 전밀라가 갈월교회를 개척하여 3년간 성공적으로 담임한 사례는 "필요에 의한 실험"이 "제도적 인정"으로 발전한 전형적 사례다.

넷째, 구체적 인물들의 헌신적 서사가 제도화를 뒷받침했다. 메리 스크랜턴의 52세 늦은 나이 내한, 로제타 홀의 자기 희생적 의료 봉사, 전밀라의 개척교회 목회 등은 단순한 제도 변화를 넘어 사람들의 마음을 움직이는 강력한 스토리가 되었다.

VI. 나가는 말: 선구자의 유산과 미래 과제

1. 감리교 여성 안수 과정의 역사적 의의

기독교대한감리회의 여성 목사 안수 과정은 한국 개신교 여성 사역 발전사에서 여러 중요한 의미를 갖는다. 무엇보다 한국교회 여성 안수 제도화의 선도적 역할을 수행했다는 점이다. 감리교의 1930년 제도 도입과 1955년 실제 안수는 다른 교단들에게 중요한 선례를 제공했다.

특히 예장통합의 여성 안수 과정에서 감리교의 경험은 상당한 영향을 미쳤다. 1994년 예장통합 총회에서 여성 안수가 논의될 때, 감리교의 65년간 경험은 여성 안수의 실현 가능성을 보여주는 구체적 사례로 활용되었다. 전밀라와 명화용의 성공적인 목회, 여성 목사들의 교단 기여 등은 "여성도 목회할 수 있다"는 실증적 증거가 되었다.

또한 조직화된 여성 운동의 모델을 제시했다는 점도 중요하다. 여선교회를 통한 체계적이고 지속적인 활동은 개별적 노력으로는 달성하기 어려운 제도적 변화를 이끌어냈다. 이는 오늘날에도 여성 사역 발전을 위한 중요한 교훈을 제공한다.

감리교 여성 리더들의 영감적 스토리도 빼놓을 수 없는 유산이다. 52세에 조선에 와서 24년간 헌신한 메리 스크랜턴, 자신의 피부를 떼어내 환자를 치료한 로제타 홀, 평생 독신으로 목회하며 가부장적 편견에 맞서 투쟁한 전밀라. 이들의 이야기는 단순한 역사적 기록을 넘어 후세대에게 용기와 영감을 주는 살아있는 증언이 되고 있다.

2. 현재 과제와 전망

그러나 감리교 여성 안수 95년의 여정에는 여전히 해결해야 할 과제들이 남아있다. 현재 감리교 여성 목회자 비율은 전체 한국교회 평균인 15.4%에 비해 상당히 낮은 수준에 머물고 있다. 이는 제도적 차별이 해소되었음에도 불구하고 실질적 기회 확대에는 한계가 있음을 보여준다.

특히 담임목사 청빙 과정에서의 성별 편견, 여성 목회자에 대한 사회적 인식, 일과 가정의 양립 문제 등은 여전히 해결해야 할 현실적 과제들이다. 또한 감독이나 감리사 등 교단 최고위직에서의 여성 대표성도 여전히 부족한 상황이다.

예장통합 여성 안수 30주년을 맞은 현시점에서, 감리교와 통합의 경험 공유와 협력은 중요한 의미를 갖는다. 두 교단이 각각 겪은 시행착오와 성과를 바탕으로, 한국교회 여성 사역의 새로운 발전 방향을 모색할 필요가 있다.

특히 메리 스크랜턴의 조직적 접근, 로제타 홀의 헌신적 섬김, 전밀라의 개척 정신으로 상징되는 감리교 여성 사역의 전통은 오늘날에도 여전히 유효한 자산이다. 이들이 보여준 "뜨거운 열정과 조직된 힘"의 정신은 제도적 개선을 넘어 실질적 리더십 기회 확대, 여성 목회자에 대한 사회적 인식 개선, 성별 균형잡힌 교회 리더십 구현 등의 과제에도 적용될 수 있다.

감리교가 95년에 걸쳐 축적한 여성 안수의 경험과 노하우는 예장통합뿐 아니라 한국교회 전체에게 소중한 자산이다. 이에 예장통합 여성 안수 30주년은 단순한 기념이 아니라, 한국교회 여성 사역의 미래를 향해 함께 전진하는 새로운 출발점이 되어야 할 것이다.

제2부
지난 30년 간의
여성 목회자들의 사역 이야기

제1장

여성 목사 안수 30년

- 통계적 현황과 사역 분석 -

김은정 목사
(예장통합 전국여교역자연합회 사무총장)

I. 시작하며: 여성안수, 여성 리더십의 시험대

여성안수 제도가 도입된 이후 지난 30년의 역사는 단순히 한 제도의 시행을 넘어, 교회와 사회가 여성 리더십을 어떻게 받아들이고 변화해 왔는지를 보여주는 중요한 지표라 할 수 있다. 특히 한국 사회는 민주화와 함께 여성의 사회 참여가 확장되었고, 교회 역시 이러한 흐름 속에서 여성의 목회적 리더십을 제도적으로 인정하는 과정을 거쳤다. 그러나 여전히 교회 현장에서 여성 목회자의 사역은 다양한 제약과 도전에 직면해 있다. 30주년을 맞이한 지금, 과거의 출발점을 되짚어보고, 현재 여성목회자의 사역 통계를 분석하며 앞으로의 전망을 모색하는 작업은 교단의 역사와 미래를 함께 바라보기 위해 반드시 필요하다.

II. 여성 목사 안수의 30년: 역사·현황·과제

1. 여성안수의 등장 배경과 초기 상황

1990년대 초반 한국 사회는 민주화의 물결 속에서 여성의 사회적 지위 향상과 참여 확대를 경험하고 있었다. 그러나 교회 안에서 여성은 여전히 교육, 봉사, 돌봄의 영역에 주로 배치되었고, 공식적인 목회적 권위는 남성 중심으로 유지되었다. 이러한 현실 속에서 1995년 여성안수 제도의 도입은 단순한 제도적 조치가 아니라 교회의 구조적, 문화적 전환을 상징하는 사건이었다. 이는 복음이 말하는 "남자나 여자나 다 그리스도 예수 안에서 하나"라는 선언을 교단 공동체 안에서 구체화하려는 시도로 이해할 수 있다.

최초의 정주(定住) 선교사 알렌(Horace. N. Allen)의 내한을 기점으로 하여 2025년, 개신교 선교 140주년을 기념하는 크고 작은 행사들이 곳곳에서 열렸다. 140년간 개신교가 우리 사회에 공헌한 바를 꼽으라면 주저없이 여성교육과 여성 지도자 배출이라고 말할 수 있다. 우리나라 근현대사에서 최초의 영역을 일군 여성들은 대부분 기독교 여학교에서 교육받았다. 여성을 위한 기독교 교육은 교사, 의사, 소설가, 음악가, 화가, 신문기자 등 여성이 전문직업을 갖고 사회활동을 할 수 있는 발판을 마련했다. 그뿐만이 아니라 근현대 시민사회 형성기에 여성이 참여할 수 있는 길을 연 것도 교회였다. 교회를 통해 공동목표를 세우고 단체를 조직하고 운영하는 법을 배웠기 때문에 3.1운동과 같은 역사적 민족운동에 기독 여성들의 참여가 두드러졌다. 안방과 부엌을 오가던 여성들이 사회문제에 눈뜨고 가정이 아닌 다른 공동체에서 역할이 주어졌을 때 책임감과 능력을 갖추고 참여하게 된 것은 기독교의 영향이 컸다.

여성도 남성과 같이 교회에서 치리권을 행사할 수 있도록 해달라는 청원은 1933년부터 있었지만, 여성을 목사로 안수해달라는 청원은 어렵게 공론화되고 다루어졌다. 한국교회는 여성이 설교단에 서거나 성직에 참여하는 것을 오랫동안 터부시해왔다. 교회에서 자란 여성들은 사회에서는 특정 분야의 뛰어난 인물로 인정을 받으면서도 교회 안에서는 수동적인 교화의 대상이자 늘 누군가의 딸, 아내, 어머니로 알려지곤 했다. 사실 기독 여성들은 여전도회나 권사회, 여사역자회 등의 이름으로 여성들만의 신앙 단체를 조직하여 여성과 어린이들에게 복음을 선포하고, 말씀을 가르치며, 기도하고 축복하는 목회를 해왔다. 이런 현실이 엄연히 있었지만 여성이 성직에 적합한가, 여성이 목사가 될 수 있는가 라는 질문에 여전도사들마저도 답하기를 주저 했다. 1988년, 여신학생들이 여성안수를 위해 피켓을 들고 총회가 열리는 교회 마당에 섰을 때 이들이 주장하는 바는 분명했다. 이들은 부활의 증인이라는 의미의 사도직에 여성도 초대받았다는 신학을 주장하고 있었다. 여전도사를 항존직으로 인정해달라거나 당회에 언권위원으로 참여하게 해달라는 이전 세대의 청원과는 또 다른 차원의 운동이 시작되었다. 여전도회와 여교역자회, 여신학생연합회 등 우리 교단 여성 단체들은 성경적, 신학적, 역사적, 문화적, 사회적으로 여성이 목사나 장로가 될 수 없다는 주장에 근거가 없다는 점을 널리 알리고 설득하는 데 힘썼다.

2. 예장통합 여성사역의 지형 변화

1996년 가을 노회에서 19명의 여성이 목사로 안수받은 이후 우리 교단 여성들은 전도사나 선교사를 소명의 차선책으로 택하지 않고도 목사의 길을 갈 수 있게 되었다. 제 손으로 교인들에게 성찬을 베풀 수 없고, 마음대로 안수할 수 없고, 축복기도할 수 없었던 담임 전도사의 서러움은 차차 씻겨져 나갔다. 안수 제도의 도입에도 불구하고, 첫 세대 여성목회자들은 수많은 어려움에 직면했다. 교회 담임 목회자로 청빙되는 경우는 드물었고, 교회를 떠난다는 조건으로 목사안수를 받는 경우가 비일비재했다. 그러나 30년 동안 여성 목회자가 스스로 교회를 개척하여 기도처에서 조직교회로 성장하는 사례가 증가했다. 초기 여성 목사들은 제도적 벽을 뚫고 교회의 울타리를 넓힌 '신앙의 개척자'였다.

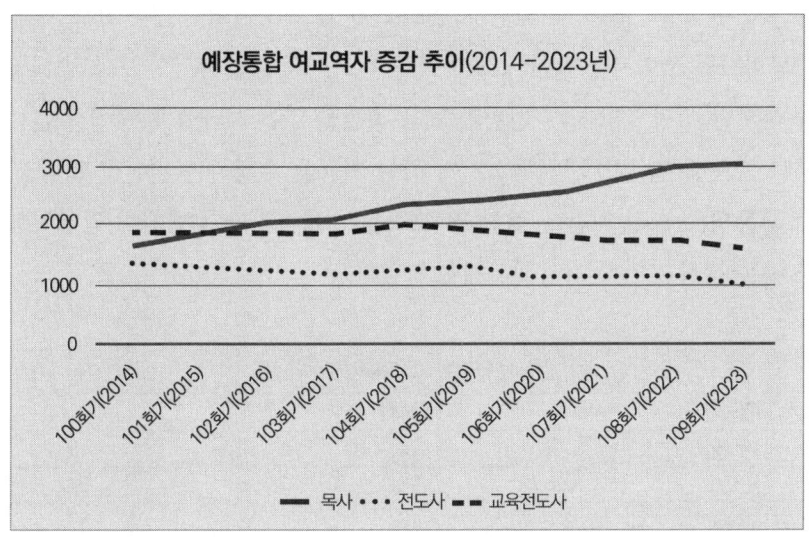

예전에는 여교역자라 하면 여전도사와 동일어로 취급했으나 여성안수 시행 30년 후 현재는 여교역자의 절반 이상이 안수받은 목사이다. 위의 그래프에서 지난 10년간 교육전도사와 전임전도사의 숫자가 꾸준히 감소하고 있는 것을 보면, 전도사 직분은 여성에게도 목사가 되기 위한 수련 과정으로 정착했음을 알 수 있다. 또한 우리 교단만큼 많은 여성 목사들이 활동하고 있는 단일 교단은 없을 것이다. 여성안수제를 실시하는 이웃 교단들의 예를 보면, 성공회는 10명 남짓한 여성 사제들이 활동하고 있으며, 여성안수를 실시한 지 올해 70주년이나 된 기독교감리회나, 2024년 여성

안수 50주년을 기념했던 기독교장로회 안에는 각각 400여 명의 여성 목사가 시무하고 있다. 우리 교단 여성 목회자들은 풍부한 인력만큼 다양한 현장에서 사역하고 있는데, 교육, 선교, 사회, 문화, 돌봄 등 자신의 목회 영역을 개척하고 있다. 만약 여성안수를 시행하지 않았더라면 여전도사라는 직분으로서 이렇게 많은 목회 영역에 여성들이 진출하기는 어려웠을 것이다. 여전도사의 주된 역할은 심방에 집중되어 있었고, 여전도회를 통해 여성들의 신앙을 지도하다 보니 자연스럽게 설교의 기회가 주어졌으나, 담임목회자의 조력자라는 한계가 있었다. 부목사도 담임목사의 보조적 역할을 하지만 여성 부목사가 행정과 교육 총괄을 맡는 사례를 주변에서 흔히 본다. 교구를 맡으면 담임목회자가 하는 기능을 수행하는 셈이라 일정 기간 부목사로 훈련 기간을 거친 후 교회를 개척하거나 청빙되어 담임목회를 하는 경력 코스가 여성들에게도 열렸다.

표1. 연도별 여성목사 안수자

연도	봄노회	가을노회	합계	누계
1996	0	19	19	19
1997	9	26	35	54
1998	20	13	33	87
1999	32	24	56	143
2000	45	12	57	200
2001	43	60	103	303
2002	31	28	59	362
2003	37	23	60	422
2004	33	23	56	478
2005	41	26	67	545
2006	58	45	103	648
2007	69	35	104	752
2008	80	53	133	885
2009	75	73	148	1,033
2010	102	49	151	1,184
2011	105	55	160	1,344

표1. 연도별 여성목사 안수자				
2012	88	73	161	1,505
2013	87	67	154	1,659
2014	96	71	167	1,826
2015	119	60	179	2,005
2016	89	72	161	2,166
2017	91	60	151	2,317
2018	102	94	196	2,513
2019	109	85	194	2,707
2020	93	60	153	2,860
2021	99	44	143	3,003
2022	59	72	131	3,134
2023	95	68	163	3,297
2024	90	70	160	3,457

[전국여교역자연합회가 각 노회에서 취합한 안수받은 여성목사 수]

3. 여성 목사의 직분별 증감 추이

우리 교단 통계위원회의 보고에 따르면, 교회를 담임하는 여성 목사의 숫자는 꾸준히 증가하고 있는 추세이다. 2005년만 해도 교회를 담임하는 여성 목사의 수는 103명이었으나 2015년에는 367명으로 3배 이상 증가했다. 유일하게 숫자가 감소하는 직분은 기관목사이며, 2021년 새로 도입된 교육목사로 안수받는 여성이 급격히 증가한 점이 눈에 띈다. 부목사의 수가 증가했다가 2020년부터 감소하는 것으로 보아 코로나19 팬데믹의 영향을 받은 일부 교회들이 전임 부교역자의 숫자를 줄이고, 구조조정으로 해임된 부목사들이 임시직에 가까운 교육목사로 이동하는 것으로 짐작된다. 교육목사는 노회 정회원이 아니기 때문에 노회 활동에서 배제된다. 부목사들도 마찬가지로 노회 활동에 적극적으로 참여할 수 없는 위치이기 때문에 여성들이 교육목사와 부목사 직분에 오래 머물게 되면 노회원들과 관계를 형성하기 어려우며, 이로 인해 목회자 정체성이 상당히 위축될 수 있다. 그러므로 교육목사 제도는 목사 안수의 진입 장벽을 낮추기도 하지만 목사로서 모든 권한과 권위를 행사할 수 없는 직분으로 잠시 거치는 단계로 삼아야 한다. 그리고 교회 안에서 유능함을 인정받는 부목사들이 전문적인 부교역자로 남아 있으려는 경향도 있는데 60세 전후로 찾아오는 사역 전환기를 준비하도록 해야 정년까지 건강하게 사역할 수 있다.

회기(년도)	여성목사	위임목사	담임목사(임시목사)	전도목사	부목사	선교목사	교육목사
100회(2014)	16,476명 중 1,645명(9.98%)	27	305	411	512	70	
101회(2015)	18,712명 중 1,848명(9.87%)	31	336	440	600	83	
102회(2016)	19,302명 중 2,032명(10.53%)	33	371	509	613	107	
103회(2017)	19,832명 중 2,122명(10.65%)	35	388	523	692	90	N/A
104회(2018)	20,506명 중 2,336명(11.39%)	36	422	547	783	87	
105회(2019)	20,775명 중 2,390명(11.5%)	36	461	548	752	89	
106회(2020)	21.050명 중 2,515명(11.94%)	38	497	541	681	90	
107회(2021)	21,423명 중 2,693명(12.57%)	43	525	550	672	90	296
108회(2022)	22,180명 중 2,992명(13.5%)	41	532	563	693	93	421
109회(2023)	22,510명 중 3,002명(13.34%)	45	559	568	605	98	476

표 2. 여성 목사 주요 직분별 추이(2014~2023년)

구 분	인원수(명)	분포
위임목사	45	1.5%
담임목사	559	18.6%
전도목사	568	18.9%
부목사	605	20.1%
군종목사	3	0.1%
기관목사	55	1.8%
선교목사	98	3.3%

구 분	인원수(명)	분포
원로목사	4	0.1%
공로목사	3	0.1%
은퇴목사	227	7.6%
무임목사	340	11.3%
교육목사	476	15.9%
유학목사	19	0.6%
합계	3,002	100%

표 3. 최근 여성목사 직분별 분포(2023년 말 기준, 109회기 총회 보고서)

최근 여성목사의 직분별 분포(표3)를 아래 원그래프로 시각화해서 보면, 여성 목사들이 주로 종사하는 직분은 부목사> 위임 및 담임목사> 전도목사 > 교육목사 순으로 나타났다. 그 다음이 무임목사로 여성 무임목사 비율(11.3%)은 전체 무임목사 비율인 7.4%보다 훨씬 높다. 여성들은 출산과 육아, 노부모 돌봄과 같은 역할을 감당하느라 무임목사로 있는 경우가 많다. 이런 사역 공백기를 건강하게 보내고 다시 목회현장으로 돌아올 수 있도록 제도적 도움이 필요하다.

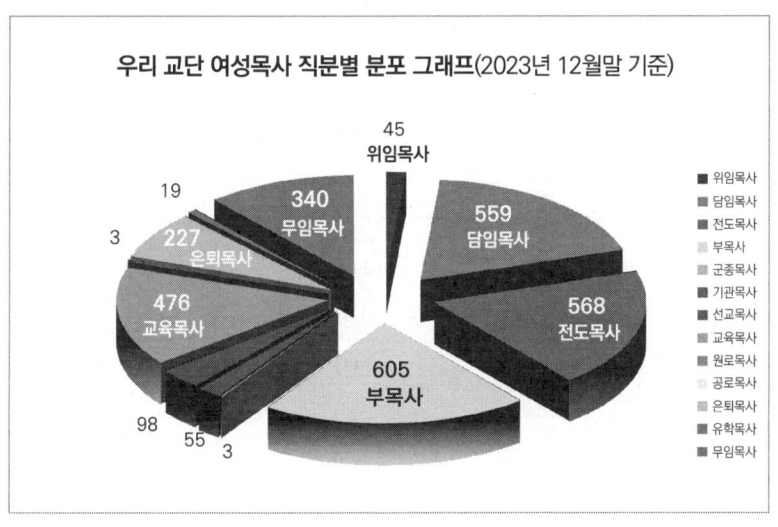

4. 노회별 여성 목사 수와 비율

노회	여성목사 수	전체목사 수	여성 비율 (%)
서울	117	739	15.83%
서울동	61	348	17.53%
서울동북	31	295	10.51%
서울북	40	301	13.29%
서울강북	54	405	13.33%
서울서	58	364	15.93%
서울서북	103	702	14.68%
제주	24	369	6.50%
영등포	100	525	19.05%
안양	50	383	13.06%
경기	39	446	8.74%
서울남	21	228	9.21%
서울관악	39	287	13.59%
서울동남	56	436	12.84%
서울강동	103	589	17.49%
서울강남	66	382	17.28%
서울서남	30	331	9.06%
서울강서	18	170	10.59%
부천	21	245	8.57%
인천	53	338	15.68%
인천동	24	208	11.54%
충북	30	323	9.29%
충청	33	322	10.25%
충주	18	163	11.04%
대전	40	261	15.33%
대전서	69	463	14.90%
충남	24	259	9.27%
천안아산	30	193	15.54%
전북	62	287	21.60%
전주	82	344	23.84%
군산	19	144	13.19%
익산	28	218	12.84%
전북동	16	111	14.41%
남원	14	147	9.52%
김제	6	71	8.45%
전서	7	156	4.49%
전남	97	569	17.05%

노회	여성목사 수	전체목사 수	여성 비율 (%)
광주	23	280	8.21%
광주동	66	460	14.35%
순천	35	415	8.43%
순천남	35	347	10.09%
순서	14	182	7.69%
여수	7	345	2.03%
목포	20	196	10.20%
땅끝	14	149	9.40%
진주	27	176	15.34%
진주남	22	174	12.64%
경남	36	371	9.71%
부산	77	432	17.82%
부산동	39	227	17.18%
부산남	31	180	17.22%
울산	36	300	12.00%
경북	67	414	16.18%
대구동	67	324	20.68%
대구동남	24	172	13.95%
대구서남	27	197	13.71%
경동	24	272	8.82%
포항	36	317	11.36%
포항남	23	223	10.31%
경서	38	295	12.88%
경안	50	338	14.79%
영주	34	260	13.08%
강원	8	146	5.48%
강원동	7	163	4.29%
평양	60	506	11.86%
평남	88	564	15.60%
평북	82	608	13.49%
용천	81	623	13.00%
함해	121	732	16.53%

표 4. 노회별 여성목사 수와 비율(109회기 총회보고서)

여성 목사의 수가 100명이 넘는 노회는 서울, 서울서북, 서울강동, 영등포, 함해 등 5개 노회가 있다. 이들 노회 중 여성위원회 또는 이에 준하는 임무를 가진 양성평등위원회가 조직된 노회는 서울서북, 서울강동, 영등포 정도이며 여성 목사의 수에 비해 응집력과 연대의식이 기대에 미치지 못한다. 그럼에도 의식있는 여성 목사들은 닫힌 문을 계속 두드리면서 노회 활동에 참여하고 있다. 부산 지역 노회와 대구동, 전북과 전주노회, 전남노회 등 여성 목사 비율이 높은 노회에서도 여교역자회나 여목사회가 활발하게 활동하고 있다. 이들은 노회 활동에 참여하면서 여성의 대표성을 높이고 장로교의 대의정치를 실현하는 데 여성들의 참여가 중요하다는 사실을 인식하고 확산하는 노력을 하고 있다. 여성총대할당제가 노회 차원에서 실현되는 데 이러한 여성 목사의 역할은 매우 중요하다.

Ⅲ. 나가는 말: 여성안수 30년의 빛과 그림자, 그리고 새로운 시작

한때 여성 목회자 후보생들 사이에서 목사 안수를 받으면 사역지를 구하기 어렵다는 말이 돌았다. 목사로 안수받아도 청빙을 해주는 교회가 없어서 난처한 경우가 많기 때문이다. 무임목사의 비율을 남성과 비교해보면 여성의 무임목사 비율이 훨씬 높은 것은 그러한 속설에 대한 방증일지도 모른다. 서울노회는 여성목사 수가 가장 많으면서 무임목사가 1/6을 차지하고 있다. 영등포노회도 100명의 여성 목사 중 21명이 무임목사이다. 여성 담임목사와 위임목사를 합한 수의 상위 3개 노회는 함해노회, 전주노회, 광주동노회 순이다. 이북노회인 함해노회는 전국에 교회가 흩어져 있는데 지역 노회가 아닌 점이 교회를 개척하는 데 이점이 될 수 있다. 청빙 기회가 적은 여성 목사들은 예전보다 더욱 과감하게 교회 개척을 선택한다. 그런데 서울 지역 노회의 여성 목사들은 시설비나 임대료가 엄두가 나지 않을 정도로 올라 교회 개척을 어렵게 생각할 수밖에 없다. 수도권에 있는 여교역자들은 교육목사나 무임으로 있으면서 학업을 이어나가는 경우가 많다. 이들이 갈 수 있는 자리는 정말 바늘구멍만큼 기회가 적기 때문에 기다리면서 학업을 계속하다 보면 고학력을 갖추었으나 적합한 사역지를 찾기가 더 어려워지는 경우가 종종 있다. 교회가 여성을 보조자로 보는 인식에서 벗어나 지도자로 인정해야 이들의 자리가 비로소 열리는 면도 있고, 여성 목사로서 자신의 현장을 찾아 거기에 필요한 공부를 하는 안목과 공동체에 대한 헌신이 필요하다.

경서, 영주, 경북, 경안, 전남노회에 여성 담임목사 수가 많은데 이런 지역은 인구 감소와 고령화를 겪으면서 남성 목사가 가족 부양이 어렵기 때문에 부임했다가도 떠나거나 오질 않는 교회에 여성 목사들이 들어가서 뿌리를 내리고 목회하는 경우가 많다. 적은 수의 교인이라도 정성스럽게 돌보는 여성 목사들의 헌신으로 마을이 활기를 띠고 새로운 바람이 일어난다. 또 지방의 중소도시를 근거지로 한 노회의 여성 목사들은 여성 특유의 따뜻함과 세심함으로 개척교회를 성공적으로 일구는 사례도 많다. 대학생과 청년들과 함께 호흡하며 한 사람씩 제자훈련을 하는 교회, 노숙자들을 먹이고 함께 예배드리는 공동체, 장애인과 비장애인이 어울려 하나되는 교회, 북한이탈주민과 남한의 기독교인들이 통일을 준비하며 함께 예배드리는 교회, 시와 예술로 심미적 하나님을 경험하게 하는 교회, 원가정에서 살지 못하게 된 아이들과 함께 살면서 하나님의 새로운 가족을 경험하게 하는 공동체, 가정폭력 피해자로 쉼터를 찾아온 여성과 어린이들에게 조건없는 하나님의 사랑을 나눠주는 공동체 등 수없이 많은 여성 목회의 현장에서 하나님 나라가 선포되고 이루어지는 것을 목격한다.

순위	노회명	여성 담임 및 위임 목사 수
1	함해노회	42명
2	전주노회	28명
3	광주동노회	22명
4	경서노회	20명
5	평북노회	19명
6	영주노회	18명
7	경북노회, 대구동노회 대전서노회	17명
8	서울동남노회, 경안노회	16명

표 5. 노회별 여성 담임 및 위임목사 수 1~8순위

여성안수 30년이 흘러 이제 한 세대가 가고 새로운 세대를 준비할 시점이라는 징조가 몇 가지 현상을 통해 보인다. 최근 몇 년간 베이비부머 세대의 은퇴와 함께 은퇴하는 여성 목사의 수도 증가하고 있는데 2022년에 200명을 넘어섰다. 1996년에 안수받은 19명의 여성 중 현직에 있는 목사는 한두 명에 불과하고 거의 은퇴했다. 이제 여성안수 원년에는 꿈만 같이 여겨지던 설교하는 여성, 세례주는 여성, 성찬을 집례하는 여성, 장례식과 혼인예식을 주례하는 여성은 너무나 당연한 일이 되었다. 그 밖에도 생각지 못한 현상이 일어나는 것도 본다. 교회 숫자가 감소하고 개척예배보다 교회 합병예배가 더 많아지는 시대가 오고 있다. 이런 시대 변화 가운데 여성 목사 3천 명은 우리 교단의 신학과 전통을 충분히 체화하여 예수 그리스도가 보낸 사도로서 마을마다 그리스도의 생명을 불어넣고, 교회의 공공성을 드러내는 상징으로서 한국교회에 공헌하도록 부름받았다.

얼마 전 부총회장 후보의 여성관련 정책에 관해 30대 여성 목사와 이야기를 나누던 60대 여성 목사가 이렇게 말했다. "우리 때는 교회에 육아휴직 달라는 얘기는 꿈에도 생각 못 했어. 그저 잘리지 않고 계속 일하고 싶었지. 그리고 여성안수만 되면 다 되는 줄 알았지." 새로운 세대의 여성 목사들은 교회가 평등하고 안전한 일터인지 묻고 있으며, 교회 지도자들은 여기에 대답할 준비를 해야 한다. 그리고 새로운 세대의 여성들은 나이와 성별, 출신 지역이나 인종에 상관없이 서로가 존중하고 존중받는 문화를 만들어가는 일이 그들에게 주어진 시대적 소명이라 여기고 이 일에 헌신하고자 한다. 안수직은 성직자와 평신도를 구분하는 기능을 가진 것이 아니라 교회의 임원과 회원을 구분하는 기능을 갖고 있을 뿐이며, 세례받은 모든 사람이 하나님의 부르심을 받았다고 믿는 장로교의 신학 안에서 여성의 참여와 헌신은 더욱 강해질 것이다.

제2장

기관에서 일하는 여성 목회자 이야기

- 목회의 꽃, 기관목회사역 -

김혜숙 목사
(한국기독교사회발전협회 사무총장)

Ⅰ. 들어가는 말

본 교단에서 여성안수가 허락되고 법제화된 지 30년이 지났다. 그동안 3천 5백 명[1]이 넘는 여성들이 안수를 받았고, 작년 109회기 총회 통계위원회 보고에 의하면 전체 목사 수 22,510명 중 여성 목사는 3,002명으로 전체의 13.3%를 차지하고 있다. 그중 기관 목사는 55명으로 여성목사 중 1.8%, 기관목사와 거의 동일한 범주로 넣어야 하는 전도목사[2]는 568명으

---

1) 여교역자회 회보 121호, 전국여교역자연합회, 2025년, 표3.
2) 본 교단 헌법에 보면 기관목사는 "총회나 노회 및 관계기관에서 교육, 문서 등 사업에 종사하는 목사. 임기는 그 기관의 정한 바에 의한다." 고 되어있고, 전도목사는 "노회의 파송을 받아 국내외에서 연합기관과 개척지 또는 군대, 병원, 학원, 교도소, 사회복지시설(양로원, 보육원, 요양원 등), 산업기관, 국내 거주 외국인 등에 전도하는 목사. 임기는 2년 이내로 하되 연임할 수 있으며 그 임기는 시무처와 노회의 정한 바에 의한다." 고 되어있어서 기관목사와 전도목사의 구분이 모호하고 별 차이가 없음을 알 수 있다. 단지

로 18.9%라서, 기관목사와 전도목사를 합치면 전체 623명으로 여성목사 중 20.8%, 전체 목회자 수 22,510명 중에서는 2.8%의 비율을 차지하고 있다.

여성들의 경우 교회에서 교육파트로 사역하다가 부교역자로 사역하는 경우는 많지만, 교회의 담임목사로 청빙을 받거나 사역하는 경우는 많지 않다. 여성담임목사[3]는 604명으로 여성목사 전체의 20.1%이고 전체 목사 중에는 2.7%이다. 이것도 도시보다는 농어촌지역이나 도서, 산간 지역 교회의 담임으로 사역하는 경우가 많다. 여성들은 남성 목회자들이 가기를 꺼려하는 지역에서 주로 담임 목회하는 경우가 많다. 물론 이마저도 최근에는 담임목회 자리가 부족하고, 총회 동반성장위원회의 최저생계비 지원 정책으로 농어촌, 산간, 도서 지역의 교회에 담임목사 자리가 비게 되면 몇 백통의 지원서가 몰려든다는 이야기도 들었다. 그러다 보니 상대적으로 여성 목회자들에게 진입장벽이 낮은 기관이나 단체에서 일하는 여성들이 많고, 기관목회에 선교비전을 가지고 사역하는 여성목회자들을 많이 만날 수 있다.

II. 기관목회 여성목회자들의 목소리

1. 여성목회자의 안수와 사명의식

본 글은 지난 30여년을 기관에서 사역해 온 필자의 경험을 토대로, 현재 기관에서 사역하는 여성목회자 6명의 설문조사를 바탕으로 기관에서

  교단 총회에서 이사를 파송하는 단체에서 일하면 기관목사이고, 파송하지 않는 단체에서 일하면 전도목사로 분류된다. (대한예수교장로회 헌법, 한국장로교출판사, 2023년, pp 244-245)
[3] 여기에서 담임 목회는 위임목사와 담임목사 둘 다를 합쳐서 말한다.

일하는 여성 목회자들의 이야기를 써보고자 한다. 6명이 일하는 기관은 교단총회, 산업선교기관, 학생선교기관, 여성초교파연합기관 등이다. 본 설문에 응한 여성목사는 6명에 불과하지만, 본 교단의 대표적인 기관목사들로서 최저 13년 일한 사람으로부터 29년 일한 사람까지 평균 21년 일한 전문가들이자 경력자들로 기관목회에 대한 이야기를 전하는데 부족함이 없다고 본다. 설문문항으로는 1) 처음 안수 받을 때의 나이와 마음가짐에 대해서 2) 기관목회를 한 기간과 기관목회를 선택한 이유가 있는지 3) 기관목회와 교회목회와의 차이점은 무엇이고 장, 단점은 무엇이라고 생각하는지 4) 기관목회를 하면서 성차별적인 목회 현장이라고 느낀 적이 있는지, 있다면 어떤 것이었는지 5) 기관목회를 하면서 가장 보람된 일은 무엇이었는지 6) 후배 여성목회자들에게 기관목회사역을 추천하고 싶은지, 추천한다면 그 이유가 무엇인지 7) 기관목회자로서 노회나 총회에 바라고 싶은 것이 있다면 무엇인지 8) 그 외에 하고 싶은 말을 하도록 물었다.

여성안수 법제화가 30년, 실제 안수는 1996년부터 시작되었으니 아직 30년을 한 해 앞두고 있다. 30년의 여정가운데 어떤 마음으로 안수를 받았는지 물었더니, 자연스럽게 물 흐르듯이 받았다는 사람도 있었지만 대부분은 여성안수의 감격 속에 목사로서의 책임감과 사명감, 정체성을 확고히 하는 가운데 안수를 받았다. 평균 34.5세의 나이에 안수를 받아서 대부분 13년에서 30년 가까이 기관목회자로서 사역할 수 있었고, 안수 받을 때의 감격으로 처음 그 정신을 잃어버리지 않고 사역하려고 노력하고 있었다. "부름 받아 나선 이 몸 어디든지 가오리다"는 고백과 함께 주님께서 가신 길을 걸어가겠다는 각오와 부족한 사람을 안수 받아 목사가 되게 하셨으니 감사하다는 고백이 있었다. 너무 준비 없이 안수 받아 죄송한 마음을 평생 기억하겠다고 다짐했다는 고백, 부족한 사람을 목사로 세우셨으니 하나님께서 다듬어서 더욱 성장시키실 것이라고 생각한 이도 있었다. 남성목회자들이 주저 없이 안수 받는 데 너무 고민하면 안 되겠다는 생각을 했다는 사람도 있어서, 목사안수를 받는 데도 여성으로서 부족함을 보이지 말아야겠다는 여성주의적인 사고도 엿볼 수 있었다. 필자의 경우에도 만 33세에, 여성안수가 통과되고 초창기에 안수 받은 목사로서 남성들도 받는데 우리 여성들도 의당 받아야지 하는 마음으로 안수를 받았다. 그런데 안수 받은 날 밤, 목사로서의 정체성을 평생 간직하며 살아야한다는, 하나님 앞에 목회자로 선 모습을 두려움 속에 확인하는 경험을 했었다. 말하자면 기관목회를 하는 여성들이 목사로서의 정체성과 사명감이 분명하고 아주 순수한 마음을 가지고 있는 것을 발견하였다.

2. 기관목회를 선택한 이유와 배경

두 번째로 기관목회를 선택한 이유가 궁금했다. 한 응답자는 기관은 교회가 할 수 있는 모델을 세워 하나님의 선교를 잘 할 수 있도록 하는 것이 사명이라는 인식하에 사역하고 있었다. 선교에 대한 관심으로 선교업무를 하는 기관에 교수님의 추천으로 일하게 된 경우도 있었다. 우연한 기회에 기관에서 알바를 하면서 인정을 받게 되어 임시직으로, 정직으로 일하게 되면서 기관의 최고 책임자까지 오른 사례도 있었다. 신대원 재학시절부터 기관에서 사역하기를 희망하여 기관을 선택한 경우도 있었으나 많은 경우에는 우연한 기회에 기관에서 일하게 되면서 기관목회의 길을 간 경우가 많았다. 그러나 기관에서 일하면서 교회와 사회를 보는 시야가 넓어지고 깊어져서 사역에 대한 만족도가 높았다. 그래서 모두 오랫동안 사역할 수 있었던 것으로 보인다. 이처럼 기관사역자들은 교회의 사역자들보다 교회와 사회를 보는 눈이 확 넓어지는 경험을 하게 된다.

필자의 경우에도 교회에서의 여교역자들의 존재는 목회의 중심사역보다는 심방이나 행정업무를 하는 보조적인 위치에 있다는 인식이 있어서 신대원을 졸업하면서 기관에서 사역하기를 희망했었다. 그리고 교육전도사를 하는 교회에서 전임전도사로 사역하기를 권했지만 보다 의미 있고 주체적으로 일할 수 있다고 판단한 총회 사회봉사부에서 사역을 시작하였다. 그리고 교회현실에서의 여성의 지위와 역할에 대한 관심이 많은 터에 여전도회연합기관인 한국교회여성연합회(이하 한교여연)에서 간사로 일할 기회가 있어 총회 사회봉사부를 사임하고, 한교여연 간사로 수년간 일하였다. 총회에서 일하면서 지 교회에만 머물던 시야가 노회로 전국교회로 넓어지고 관심영역도 우리 사회가 안고 있는 여러 가지 사회문제와 불평등문제, 환경문제, 사회적 약자들에 대한 폭넓은 이해를 가지게 되었다. 이런 시야의 증폭은 초교파기관인 한교여연으로 이직하면서 다른 교단에 대한 이해, 서로 다름에 대한 이해도 하게 되고 내 교단만의 원칙이 모든 교단에 통용되는 것은 아님을 알게 되었다. 예를 들어 감리교의 경우에는 남성도 권사가 될 수 있다던가, 평신도들이 설교하는 것을 이상하게 생각하지 않는다던가 하는 일이 있었다. 그리고 세계기도일과 적은 돈 운동을 담당하면서 세계적인 여성들의 조직과도 연대하는 일이 생기고 세계 속의 한국교회의 위상과 역할을 생각하기도 하였다. 그러면서 국제 언어인 영어의 원활한 사용능력이 절실하게 필요했고, 그래서 WCC 장학생에 지원하여 네덜란드로 유학을 떠나게 되었다.

3. 기관목회와 교회목회의 차이점

1) 기관목회의 장점

세 번째로 기관목회의 장단점에 대한 질문의 대답은 다음과 같았다. 위의 두 번째 질문에 이어지는 데 기관에서 사역하면서 교회와 세상을 보는 시야가 넓어지는 경험을 대부분 이야기했다. 틀림이 다름이 아니라 다양성속의 일치를 이야기하며 주안에서 하나임을 고백하는 멋진 하모니라서 기관사역이 좋다고 말했다. 서로의 삶의 세계를 이해하는 포용력이 생겼다고도 고백했다. 그래서 기관목회는 하나님 나라를 위해 가는 길에서 개인보다는 삶의 현실과 구체적인 사회경제적 환경을 돌보고 변화시키는 일이라 좋다고 말했다. 교회목회는 예배와 교인 성도들의 삶에 초점을 맞추는 것이라면 기관목회는 사업 중심으로 사역하게 된다는 점이 다르다고 했다. 그러면서 교회는 출퇴근 시간이나 휴가, 사역자의 복지 등이 교회에 따라 매우 다르지만 기관은 정부의 관할 하에 기본적인 처우가 이루어지는 경우가 많아서 특별히 여성의 경우에 결혼, 임신, 출산, 육아를 위해 법적인 보장을 받을 수 있는 장점이 있다고 했다.

그리고 기관목회의 경우 기관의 설립목적에 따라 사업을 하고 프로그램을 만드는데 그에 따라 그 사업의 성과가 가시화될 때 사역의 기쁨을 누리는 장점이 있다고 한다. 예를 들어 청소년 사역의 경우 그 대상의 변화가 눈에 보이고 사업의 성과도 분명한 경우가 많아서 일하면서 사역의 보람을 느낀다고 이야기했다.

2) 기관목회의 단점

반면에 단점이라고 한다면 교회생활에서 얻게 되는 정서적인 교류와 교감, 교인들과의 사랑의 관계 같은 것을 기관에서는 느끼기 어려워서 정서적으로 번 아웃이 많이 오고 정서적 건조함을 느끼게 된다고 했다. 그리고 기관목회는 주일개념의 사이클이 아니기 때문에 스스로 영적으로 무장하지 않으면 직장인이 될 위험이 있다고 했다. 이런 단점들을 말하는 응답자가 많다는 것은 여성목회자들이 기관목회를 하면서 놓치기 쉬운 하나님과의 영적인 관계에 대한 예민한 민감성을 가지고 있다고 본다. 그래서 자신이 하나님 나라를 위한 하나님의 사역자라는 정체성을 잃지 않으려는 정신을 엿볼 수 있는 대목이었다. 필자의 경우에도 기관사역을 하면서 늘 그룹을 만들어서 성경공부를 하는 모임을 지속적으로 하고 있다. 이는 단순한 직장인으로 되는 위험성을 경계하면서 하나님의 말씀에 늘 귀 기울이는 노력이라고 볼 수 있다. 그래야 기관사역의 동기와 열매가 일반 사회의 민간단체들과 다를 것이기 때문이다. 그 점을 여목회자들이 놓치지 않고 있다는 점이 반가웠다.

또 다른 단점이라면 이 또한 여러 명이 지적했는데 기관의 장으로 일할 경우에 재정적인 어려움에 봉착한다는 점이다. 총회와 같은 조직은 모르겠지만 보통 기관의 장은 그 기관의 운영책임자이다. 그리고 기관은 보통 교회와 개인의 후원을 받아서 운영된다. 그러다보니 늘 기관장들은 직원의 월급과 사업을 위해 동분서주하며 후원처를 구하러 다닌다. 현실은 그렇지만 보통 노회나 총회에서는 그런 기관의 운영에 관심이 없으며 교회목회보다 한수 아래로 보는 경향이 있다. 그래서 응답자들은 노회나 총회가 기관들의 사역에 관심을 가지고 배려해 줄 것을 요청하고 있다. 교단 소속의 기관보다 이러한 재정적인 어려움은 초교파기관인 경우에 더 심하다. 교단들이 서로 책임지려고 하지 않기 때문이다. 그러다 보니 열악한 월급에 직원들이 자주 바뀌고 능력 있는 인재를 영입하기도 어려운 것이 기관의 현실이다.

필자의 경우에도 유학을 다녀와서 처음 월간 새가정사 발행인 겸 한국기독교가정생활협회 총무로 일하게 되었는데, 초교파기관이다 보니 재정적인 어려움이 많았다. 매달 월간 잡지를 만들어 배포하는 문서선교기관이었는데 SNS 문화가 가속화되면서 종이잡지를 발간하고 배포하는 일이 녹록치 않았고, 늘 운영을 위한 후원자를 찾아다니는 일이 가장 중요한 일 중 하나였다. 늘 기도로 하나님이 앞길을 열어주시길 기도하는 세월이었다. 물론 그 속에서 하나님이 주시는 기쁨과 보람이 있었다. 사람이 말로 전달하기 어려운 복음의 메시지를 잡지에 담아서 우리가 못 들어가는 군대, 병원, 교도소, 해외 선교지에 보냈고, 그 일로 인해 복음의 능력이 나타날 때는 한없이 감격스러웠다. 끊임없이 후원을 요청하며 다녔는데 내가 요청한 곳에서 후원이 오기보다는 내가 생각하지도 못한 곳에서 후원의 손길이 올 때는 하나님의 역사하심을 느끼는 은혜의 시간이기도 했다. 이러한 기관의 사역이 교회사역에 비해 열등한 곳이 아님을 모두가 알았으면 좋겠다는 생각을 하곤 한다.

4. 기관목회 현장에서의 성차별 경험

넷째로 기관목회를 하면서 성차별을 당한 경험이 있는지 물어보았다. 여성기관에서 일한 경우에 성차별적인 경험이 별로 없었다고 말한 응답자도 있었으나 여성상급자의 경우 아래 직원들이 남성상급자보다 좀 쉽게 대한다는 느낌을 받았다고 했다. 어느 기관이나 실무직원에는 여성들이 많으나 기관장의 경우에는 남성들이 거의 차지하고 있어서 높은 직급으로 여성이 올라가기가 어렵다는 유리천정이 있고, 지위 사다리는 없다고 응답하였다. 필자의 경험으로도 연합기관의 장을 선임할 때에 대부분의 기관의 장은 남성들이 차지하고 있어서 여성에게는 기회를 주지 않는 경우가 많았다. 여성기관장이 가는 자리는 여성들의 조직이거나 중심부의 자리가 아니라 주변부 기관, 즉 재정이 열악하고 어려운 기관의 경우이지 않았나 생각된다. 더욱이 여성들이 기관장으로 사역하기 어려운 점은, 기관은 주로 교회의 후원을 받아 운영되는 경우가 많은데 교회 담임목사가 거의 대부분 남성이다 보니 여성기관장이 남성 담임목사들에게 정서적인 공감대를 얻기도 어렵고 후원을 받기도 어려운 현실이다. 그래서 여성으로 기관장이 되기도 어렵지만, 되었다고 하더라도 교회의 후원을 받기가 쉽지 않아서 재정적인 어려움에 봉착하는 경우가 많다. 따라서 여성으로 기관장이 되더라도, 스스로 연임을 거부하고 단임으로 그만두는 사례들을 많이 볼 수 있었다.

필자의 경험으로도 여성기관들에서 일하면서 직접 성차별을 경험하지는 않았지만 교계전반적인 현실을 볼 수 있었고, 교단 총회 시 연합기관대표로 보고를 다닐 때 10여 명의 연합기관대표들이 총회 총대들에게 인사하는데 여성은 필자 혼자인 경우가 많았다. 이는 연합기관장이 대부분 남성이고, 본 교단의 경우 109회 총회 시, 1,500명 총대 중에 여성은 43명으로 2.8%에 불과하여 아직도 성차별적인 현실이 지속되고 있음을 보여주고 있다.

5. 기관목회의 보람과 성취

다섯째 기관목회를 하면서 가장 보람되고 뿌듯한 경험이 있었다면 어떤 일이였냐고 물었다. 기관사역은 내 능력을 충분히 발휘할 수 있고 일한 만큼 그 결과를 얻을 수 있을 때 보람 있다고 말했다. 한 교회만이 아니라 전국 교회에서 할 수 있는 일을 기획해서 전국교회가 하도록 추동할 때 보람되었다고 말했다. 교회를 위해 큰 역할을 하고 있다고 느끼는 것이 기쁘고, 세계교회와 연대해서 일을 하는 경우에는 한국 내에서 만이 아니라 세계의 그리스도인들과 삶의 문제와 신학과 신앙을 나누고 소통하는 가운데 큰 기쁨과 보람을 느낀다는 이야기도 있었다.

또한 사회선교를 하는 경우에 사회적 약자인 노동자들의 친구가 되어 산재승인과 기업의 사과를 받아내고 재발방지책을 받아내게 된 일이 가장 보람되고 가슴 벅찬 일이라고 고백했다. 교회는 주로 개인의 신앙과 삶의 자리가 목회의 중심이 되지만 기관목회는 개인의 삶의 자리를 넘어 우리 사회의 불평등하고 부조리한 현실을 직시하고 그 문제를 드러낸다. 그리고 예수님이라면 이럴 때 어떻게 하셨을까를 생각하면서 함께 그 해결책을 찾아나가고 문제를 풀어나간다. 그래서 하나님 나라의 모습을 이 땅에 구현하는 현장이라는 점이 기관목회자들에게 큰 보람을 주었다.

필자의 경우에도 한교여연에서 일하면서 세계기도일 예배를 주관했었다. 세계기도일은 연 1회, 3월 첫 금요일 오전 11시에 전 세계그리스도인들이 함께 한 나라를 위해서 그 나라의 기도제목을 놓고 기도하고 헌금을 모아 보내고 하면서 민족과 나라는 달라도 그리스도 안에서 한 자매라는 연대의식을 느낄 수 있는 예배이다. 1997년에는 "씨가 자라서 나무가 되듯이"란 주제로 한국을 위해 전 세계인이 기도해주는 세계계도일 예배를 드렸고, 당시 담당간사인 필자는 이 일을 너무 소중하게 생각하여 그 기간에는 일에 지장을 줄까봐 임신도 하지 않으려했고, 최선을 다했던 기억이 있다. 이때 우리 교회여성들은 함께 예배문을 만들고 한국을 소개하는 글을 써서 전 세계인이 우리나라를 위해 기도해주었다. 그 일을 담당했다는 사실만으로도 감격스러운 날들이었다.

이런 일은 그 이후에도 있었는데 2013년 부산에서 제10차 WCC 총회가 열릴 때도 그랬다. 1년이 넘는 긴 준비과정이 있었고, 교단이 서로 다른 사람들이 모여 의견을 맞추어나가는 과정이 너무 힘들기도 했지만, 우리 여성사역자들은 당시 부산총회의 여성사전대회 때 한국여성의 정의, 평화, 생명운동을 보여주는 마당워크숍을 선보였다. 이때 15개 단체 38명의 여성들이 모여서 영상과 드라마 등을 준비했고, 그 총감독을 맡아 1시간 30분의 마당워크숍을 잘 마칠 수 있었던 것도 개인적으로는 큰 보람이었다. 우리 교회여성들의 현실을 전 세계인들에게 영상으로, 드라마로, 토론으로 나눌 수 있는 자리였다. 이러한 일들은 기관사역자들만이 할 수 있는 값진 일이다.

또한 전국여교여자연합회에서 일하면서 큰 보람을 느꼈다. 8년 사무총장으로 재직하면서 본 교단에 속한 여교역자들을 위해 일했는데 여교역자들은 목회자 중에서도 약자였다. 교회규모나 재정이나 인력 면에서 늘 열악한 상황에서 목회를 하고 있다. 필자의 경우 기관에서 일하기 시작할 때는 우선 그 단체의 정체성이 무엇인지를 고민한다. 그 기관이 이 땅에 있어야 하는 이유는 무엇인지를 고민하고 생각한다. 그러면서 전여교연의 경우 그 정체성을 개혁과 교육과 목회지원에서 찾았다. 여성의 목소리가 잘 들리지 않는 교단현실에서 여성의 목소리를 내게 하는 일, 그것은 교단 내에 여성위원회의 발족으로 이어졌고, 여성총대할당제 요구로 이어졌다. 그리고 여성목회자들의 교육을 통해 보다 성숙한 목회자가 되도록 교육하는 일, 그리고 목회하면서 만나는 여러 어려움들을 함께 고민하고 격려하고 힘을 내도록 목회를 지원하는 일이 내가 찾은 전여교연의 정체성과 방향이었다. 그렇게 8년을 열심히 일하고 많은 보람과 행복을 느낀 기관사역이였다. 내가 바로 여교역자이기에 동일한 정체성을 가진 여교역자들과의 교제는 내게도 큰 힘이 되었고 은혜의 시간들이였다.

그리고 한 응답자는 기관운영과 관련하여 축적된 재정적자 상황을 해소해내는 과정에서 큰 갈등도 있었지만 진심어린 협력과 응원을 받은 것을 말했다. 이 과정에서 응답자는 대속의 뜻을 이해했고, 하나님이 선교의 주체임을 깨닫게 되었다고 말했다. 필자의 경우에도 기관을 운영하다보면 재정은 부족하고 운영비는 들어가야 하고 앞길이 막막할 때가 많았다. 그러나 그럴 때마다 생각하지 못한 방법으로 도우시는 하나님이 계시기에 기관을 운영할 수 있었다. 어려울 때마다 선교의 주체이신 하나님을 기억하고 도우심에 감사하고 그 뜻을 구하는 여성사역자들의 모습은 교회를 목회하는 목회자들의 모습과 크게 다르지 않음을 인정할 수 있을 것이다.

6. 후배 여성목회자들에게 기관목회 추천

여섯째, 기관목회를 후배들에게도 추천하고 싶은지 물었다. 추천하고 싶다면 그 이유는 무엇인지도 물었다. 설문에 응한 목사들은 모두 기관목회를 추천하고 싶다고 말했다. 그 이유는 다양했는데 우선 여성이 결혼하고 임신, 출산, 육아를 할 경우에, 교회목회보다 훨씬 유리하다는 의견이 있었다. 교회는 교회마다의 규정에 따라 휴가를 잘 받기 어려운 경우가 많지만 기관은 사회법에 따르기에 오히려 여성들에게 유리하다는 이야기였다. 그리고 비교적 자신의 능력을 잘 발휘하기만 하면 승진이나 사례에 있어서 남녀의 차별이 적고 안정적이라는 응답이었다. 다만 위에서도 언급했듯이 기관의 대표가 되기는 남성에 비해 기회가 적어서 상급자로 올라가는 지위사다리가 없음을 이야기했다. 그리고 교회에서는 부교역자 사역을 하다가 담임목사가 은퇴하거나 바뀌는 경우에 부교역자도 사임해야하는 경우가 많지만 기관의 경우 정년이 보장된다는 이점이 있다고 말했다. 그 외에도 기관에서는 교회보다 다양한 경험을 할 수 있어서 개인의 발전에 도움이 된다는 이유를 들기도 했다. 그리고 처음에는 일하는 것이 서툴고 버겁더라도 꾸준히 자기 자리를 지키며 열심히 하다 보면 점점 시야가 넓어지고 관계망이 넓어지고 깊어진다. 그래서 겨자씨가 자라서 다른 존재가 깃들일 수 있는 나무가 되는 것처럼 처음에는 작지만 점점 다른 존재를 품을 수 있는 존재로 성장하는 기쁨이 기관사역 속에 있다고 고백하였다.

필자의 경우에도 신대원을 졸업하면서부터 지금까지 30년 넘게 기관목회를 하다 보니 본 교단 뿐만아니라 타 교단의 목회자들과의 만남과 교류 속에 관계망이 넓어졌다. 그리고 서로 연대하여 사회 속에서 교회가 해야 할 역할들을 함께 감당하는 가운데 보람 있는 일들을 많이 해올 수 있었다. 예를 들어 일본군위안부 문제해결을 위해 수요시위를 한다거나 성매매 여성들의 문제를 함께 고민한다거나 세계인들이 한국을 위해 기도하도록 세계기도일 예배를 드렸다. 분단된 우리나라의 현실에 마음아파하며 한반도 평화를 위한 기도와 세미나, 평화기행을 다니기도 했다. 세월호 사건이 났을 때 함께 도보순례도 하고 기도회도 하고 세월호 유가족들을 위한 일들을 할 수 있었다. 2013년 WCC 부산 총회에서도 여성들이 함께 마당극을 준비하여 여성들의 현실을 전 세계인들에게 알릴 수 있었다. 이런 일들은 개 교회 차원에서는 하기 힘든 일이고 경험하기 힘든 일이다. 기관에서 일하면서 개 교회를 넘어 전국교회가 보이고 다양한 교회의 모습을 보면서 바람직한 교회의 모델들을 그릴 수 있는 눈이 생겼다.

또한 전 세계의 그리스도인들과 교류하면서 다른 신학과 신앙의 전통들을 거부감 없이 수용하고 서로 포용할 수 있는, 보다 큰 그릇의 신앙인으로 성장할 수 있었다. 기관에서 일하면서 교단의 대표로 국제회의에 참여할 경우도 많아서 2004년에는 가나에서 열린 세계개혁교회연맹 총회에 참여하여 아프리카인들이 찬양할 때마다 그렇게 춤을 추며 예배드리는 모습을 보며 큰 은혜를 받았다. 2008년에는 미국개혁교회 여성대회에 참여하여 미국인 여신도들과 함께 당시 미국교회가 당면한 교회문제들에 관해 그들의 의견과 형편을 직접 듣고 경험하는 일도 있었다. 그 외에도 2019년에 대만에서 열렸던 아시아여성대회에서는 아시아 여성들과 함께 예배드리고 우리와 동일한 여성 문제들을 토로하는 기회도 있었다. 실로 기관목회는 교회사역이 줄 수 없는 다양한 경험들을 하도록 하는 기회의 장임에 틀림없다. 그런 경험들로 인해 한국교회는 가부장적인 모습을 탈피하도록 요구받고, 다른 문제에 있어서도 잘못된 고정 관념들을 수정할 수 있는 기회를 제공받는 것이라 생각된다. 그리고 무엇보다는 필자의 경우에는 기관에서 일한 사역을 토대로 WCC 장학생으로 선발되어 1999년 하반기부터 2000년 말까지 네덜란드에서 여성학 석사과정을 공부할 수 있었다. 네덜란드에서의 공부는 그 이후 한국에 돌아와 에큐메니칼 운동을 하는 밑거름이 되었다. 따라서 교회목회만이 전부라고 생각하는 문화 속에서 기관목회도 소중한 사역의 장임을 알리고 후배들에게도 적극 추천하는 바이다.

7. 교단과 노회에 바라는 점

일곱째, 기관목회자로서 교단이나 노회, 교회에 바라는 것이 있는지 물었다. 그 질문에 대해 모두들 간단하게 응답했는데 우선 직급이 올라갈수록 여전히 남아있는 성차별적인 문제를 이야기했다. 남자나 여자가 아니라 그 사람의 일하는 능력이나 인성으로 그 사람을 평가하고 일할 수 있는 사역지가 되기를 원했다. 여전히 우리 사회에 도사리고 있는 성차별문제가 기관사역에서도 교회현장에서도 아직 팽배해있는 것이다. 오래전이긴 하지만 선배 여성목사님이 본인의 경험을 이야기해주신 적이 있다. 교회에서 사역할 때 병원심방을 갔는데 심방을 받은 교우의 첫 마디가 목사님은 왜 안오셨냐고 묻더란다. 그 성도에게 목사는 남성이여야만 했던 것이다. 필자도 그런 경험이 있다. 다른 남성부목사랑 병원심방을 갔는데 우리를 맞이하는 환우가 필자에게 남성목사에게 음료수를 꺼내 접대하라고 요청하는 것이었다. 그 성도에게 나는 심방 온 목사가 아니라 다른 남성목사를 대접해주는, 성도의 심부름꾼이라고 생각하는 듯했다. 사람들의 의식은 아직도 그렇다는 것을 알고 있다. 그래서 기관장이나 교회의 담임목사는 여성은 안 되고 꼭 남성이기를 바라는 것이다. 이는 항상 남성을 공동체의 장으로 생각하고 여성은 그를 보조하는 위치에 있다는 남존여비의 사고가 우리 의식 속에 아직도 자리 잡고 있는 까닭이다. 대표적인 개신교 교단에서 최초의 여성 노회장을 하신 분조차도 "내가 보수적이라고 반대하는 후배들도 있지만 나는 남자가 에덴동산의 책임자이고 여자는 조력자라고 생각한다" 고 말씀하실 정도이니 말이다. 언제쯤 남성을 주된 사역자로 여성은 남성을 보조하는 조력자로 생각하는 사고가 바꾸어 질 수 있을까? 아마도 여성들이 담임목회자나 기관장으로 세워지고 목회사역을 잘 하는 여성들이 많이 나와서, 여성들도 조력자만이 아니라 얼마든지 교회의 장이 되고 기관의 장이 될 수 있다는 사례를 많이 보여주어야 사고전환이 이루어지리라 생각된다. 이런 사고전환의 장이 교회보다는 기관에서 보다 용이하게 실현되리라 생각된다.

다른 응답으로는 기관목회사역을 목회경력으로 잘 인정하지 않는 교회의 현실을 말한 응답자가 있었다. 교회는 성도의 일생과 신앙을 돌보는 일을 하지만 기관은 교회들의 힘을 모아 개 교회가 하지 못하는 사회선교적인 일들을 하고, 사회전반의 문화를 기독교적으로 만들어가는 사역을 하는 차이가 있을 뿐이다. 따라서 기관목회자들의 사역이 교회사역보다 못하거나 무시해도 좋은 것은 아니라는 말이다. 오히려 기관목회자들은 사회속의 문제를 기독교적인 시각으로 해석하고, 그 문제해결을 위해 일해 나가면서 세상 사람들의 기독교에 대한 이미지를 개선하고 믿지 않는 사람들이 믿음의 길로 들어서는 통로의 역할을 하는 경우가 많다. 그래서 기관목회자들의 전문적인 사역을 교회나 노회, 총회에서도 함께 나누고 이를 적극적으로 지지해주는 일이 필요하다. 다양성 속의 일치라는 말처럼 목회사역에 있어서도 교회라는 고유한 형태의 목회 외에도 다양한 영역에서의 전문적인 사역을 하는 기관사역자들의 목회영역을 존중하고 지원해야한다. 이는 하나님 나라를 이 땅에 만들어가는 일이고 믿지 않는 사람들에게 전도하는 일이 된다. 기관사역자들을 지원하는 방법으로 한 응답자는 업무에 지친 사역자들에게 쉼과 회복의 피정기회를 제도적으로 마련해주었으면 한다는 의견을 제시하기도 했다. 그리고 기관사역자들도 노회 임원이나 총회의 총대로 나갈 수 있는 길도 열어서 다양한 현장의 목소리를 들을 수 있는 총회가 되기를 바란다는 응답도 나왔다.

8. 여성 기관목회자들의 당부와 제안

여덟째, 그 외에 하고 싶은 말을 물었더니 여성기관사역자들도 교회공동체를 세워가는 동일한 동역자들이요, 오히려 특별한 동역자들이라고 말하는 분이 있었다. 여성이라고, 기관사역자라고 은근히 무시하고 은근히 왕따 당하는 목회현장의 느낌을 이렇게 표현한 것이 아닌가 한다. "우리도 있어요." "우리도 하나님 나라를 위해 일하는 일꾼들이예요." 이렇게 외치는 소리로 들렸다.

그리고 현실적인 문제를 두 가지 제안하는 분들이 있었다. 하나는 기관은 주로 임기제로 사역하다보니 임기가 끝났을 경우에 갈 곳이 막막한 현실을 말했다. 지금 총회 부서총무는 4년 임기제로 하더라도 정년까지 임기가 보장되어 계속 일할 수 있는 길이 열렸지만, 다른 기관들은 아직도 4년 임기면서 중임까지만 보장하는 경우가 많아서 8년 일하고 나면 당장 어디로 갈까 막막한 경우가 많다. 그동안 일한 경력과 재능으로 얼마든지 다른 일을 잘 할 수 있는 형편이지만 딱히 적절한 목회처를 찾지 못하는 경우가 많다. 나이도 어중간한 경우에 교회로도 다른 기관으로도 가지 못하는 경우가 있다 보니 그러한 어려움을 토로하면서 임기마치고의 사역을 연계해주면 좋겠다는 의견이 있었다.

다른 하나는 여성목회자의 경우 결혼, 임신, 출산, 육아의 부담으로 스스로 아무 것도 할 수 없다는 패배감이 있을 수 있는데 이를 극복했으면 한다는 조언을 했다. 일반 사회에서 임신과 출산, 육아를 위해 전적인 지원을 하는 것처럼 교계에서도 여성사역자들이 결혼, 임신, 출산, 육아로 인해 사역단절을 하지 않고 계속 사역할 수 있도록 교회가 이를 이해하고 노회, 총회가 여성 목회자들을 위한 탁아, 양육을 위한 지원시스템을 마련해 주었으면 한다는 의견제시가 있었다.

요즘 우리 사회의 최대의 화두 중 하나는 저출산과 초고령사회의 문제이다. 과학기술과 의학의 발달로 인간수명은 늘어났지만 건강하게 오래살기 보다는 병약한 상태로 오래 사는 경우가 많아서 집집마다 노인돌봄문제가 심각하다. 대부분의 노인들이 집에서 생을 마치고 싶어하지만 가족의 돌봄이 여의치 않아서 원치 않는 요양원에 보내지는 것이 현실이다 보니 심각한 문제이다. 이를 교회가 어떻게든 대응해야하는 것이 현실인데 사회복지를 전공한 여성목회자들이 이 분야에도 뛰어 들어서 사회복지사 겸 기관목회자로 사역하고 있는 현장이기도 하다. 많은 사회복지시설의 여성목회자들이 사회복지시설에서도 목회자로서 2중의 정체성을 가지고 잘 사역할 수 있도록 뒷받침하는 것도 노회나 총회가 할 일이 아닌가 한다.

그리고 저출산 문제를 해결하기 위해 교회도 여러 가지 각도로 노력해야 할 것인데 그중 하나가 여성목회자들에게 임신, 출산, 육아에 친숙한 교회문화를 만들어주는 일이다. 임신했으니 사임하라거나 양육의 어려움을 모른 척 하는 교회가 되어서는 안 되겠다. 이를 위해 여성사역자들이 임신과 출산이후에도 목회사역을 계속 할 수 있도록 제도마련이 시급하다. 출산 휴가 시 대리 사역자로 대치하는 제도나 근무시간의 유연화 제도, 육아휴직 제도를 도입하는 등 여성들에게 친화적인 교회제도를 마련해나가는 일이 시급하다. 이는 기관목회자들에게도 꼭 필요한 일이고 교회보다도 기관에서 그러한 제도가 잘 되어있다고 이야기한바 있다.

Ⅲ. 맺는 말: 기관목회의 의미와 전망

이렇게 6명의 기관사역자들에게 설문조사를 하고, 필자의 기관사역경험을 바탕으로 기관에서 일하는 여성들의 이야기를 적어보았다. 글을 마무리하면서 위의 설문 외에 기관목회에 대한 전반적인 의견을 말하면서 글을 마치려고 한다.

이렇게 기관목회는 교회목회와는 다른 점이 있다. 목회라는 점에서 하나님의 일꾼으로 하나님 나라를 건설하고 복음을 전파하며 생명을 살리는 목회라는 공통점이 있지만, 그 복음을 전하는데 있어서 방법론적으로 차이점이 있다. 즉 교회목회는 주로 교회에 오던지 안 오던지 사람을 중심으로 목회사역을 펼쳐나간다면, 기관목회는 사람을 중심에 놓기보다 그 사람들이 살고 있는 이 땅의 모든 문제들에 관심한다. 즉 경제적이거나 사회적이거나 문화적이거나 어떤 부문이던지 그 속에서 일어나는 현상과 문제에 집중하여 복음전파자로서 어떻게 그 일을 해결하고, 보다 좋은 세상을 만들어나갈 것인가에 중점을 둔다고 생각된다. 그러다보니 성경말씀에 천착하는 것도 필요하지만 마찬가지로 사회를 정확하게 읽는 눈이 필요하고 세상을 객관적으로 바로 보는 안목이 중요하다. 따라서 사회과학, 인문학적인 공부가 필요하다고 하겠다. 이런 점은 기관목회의 장점과도 연결된다.

여기에서 기관목회의 장점을 정리하자면 첫째, 기관목회는 보다 넓은 안목을 갖게 한다. 개인의 삶보다 사회문제에 천착하다보니 사회를 읽는 눈도 커지고 사회속의 다양한 사람들을 만나다보니 다양성에 대한 이해의 폭이 깊고 넓어지는 장점이 있다. 이는 두 번째 장점으로 이어져서 보다 넓은 신학을 가지게 된다. 내 교단의 신학이나 교리뿐만 아니라 다른 교단의 신학과 교리를 접하면서, 타 종교인들과의 만남을 통해서도 보다 넓은 이해력이 생기게 된다. 세 번째로, 개 교회주의나 개인주의에서 벗어나 이웃을 돌아보며 전체 한국교회, 세계교회의 상황과 문제를 생각하고 그 해결책을 생각하는 목회자로 성장하는 장점이 있다.

이러한 기관목회자로서 일하기 위해서는 다음과 같은 자질 및 능력이 요구된다고 생각한다. 첫째로 열린 사고와 마음이 요구된다. 새로운 신학이나 사고를 무조건 나와 다르다고 거부하는 것이 아니라 폭넓게 수용하려는 개방적인 자세가 요구된다고 하겠다. 즉 다른 신학이나 사고를 폭넓게 이해하는 포용성이 요구된다.

둘째로 창의성이 요구된다. 갑자기 일어난 자연재해에 대해서, 갑자기 터진 사회적인 이슈나 교회 안밖의 문제들에 대해서 정해진 길이나 답은 없다. 그런 문제들이 일어났을 때 어떻게 대응할지는 그 문제를 접한 신앙인들의 선택이 된다. 이럴 경우에 기관목회자는 그 단체나 신앙인들이 해야 할 방향과 대응방법들을 숙고하여 우리가 나아가야 할 길을 열어주는 사람들이라고 생각한다. 따라서 어떤 문제에 대해서도 창의적인 대안모색을 할 줄 아는 창의성이 요구된다.

셋째로 행정적인 업무능력이 필요하다. 기관사역은 주로 많은 회의들을 통해서 결정하고 그 결정에 따라서 일을 해나가는 구조이다. 그러다보니 많은 회의를 주관하는 능력, 회의에서 나온 의견들을 통합하여 실천으로 나아가는 과정에서 행정적인 업무능력이 필요하다. 이를 잘 수행하지 못하면 일도 잘 안되고 많은 사람들의 동의와 협조를 받아내기 힘들다.

넷째로 국제적 언어(영어)를 능통하게 할수록 보다 넓게 일할 수 있다. 국제무대에서 다른 나라 기독교인들과 함께 공통의 문제를 함께 해결해나가는 일에 있어서, 서로 다른 나라의 상황들을 위해 기도하고 함께 협력해나가기 위해서 국제적인 언어사용능력이 필요하다 하겠다. 물론 요즘에는 통번역기의 발달로 예전 같지는 않지만 그래도 여전히 국제적인 문화에 익숙하고 세계 공통 언어를 잘 사용한다면 더욱 효과적으로 일할 수 있을 것이다.

마지막으로 기관목회를 하는 사람은 우선 그 기관의 정체성의 확인과 목표설정이 우선되어야 한다. 이 기관이 이 땅에 존재해야하는 이유가 무엇인지 그 정체성을 확고히 한 연후에 그 단체의 비전과 방향을 수립하고, 사역의 목표를 설정하는 것이 맨 처음 기관사역자로서 해야 할 일이다. 목적 없이 맹목적으로 달리기만 할 수 없기 때문이다. '복음전파를 위해서', '하나님 나라 건설을 위해서' 라는 큰 방향아래 자신이 사역하는 기관은 어떤 목표를 향해 나아 갈 것인지 그래서 어떤 유익을 사회에 또는 교회에, 회원들에게 줄 수 있을지를 명확히 하는 것이 무엇보다도 중요하다.

일할 때 사람들은 더러 회의를 가지기도 한다. 이 조그만 기관에서 하는 사역이 과연 전체 교회와 사회에 어떤 유익을 줄 수 있을지 의문을 가지기도 한다. 필자도 그런 경험이 있다. 한국교회여성연합회에서 일할 때 우리는 열심히 성매매근절운동을 하고 환경운동을 전개했지만 그것이 전체적인 운동으로 확산되지 못할 때 그런 회의가 들기도 했다. 그러나 부분

부분이 모여서 전체가 되는 것처럼 그 부분의 활동은 분명히 의미가 있고, 선한 영향력을 사회에 펼치게 된다. 예를 들어 세계교회협의회(WCC)에서 2001년부터 2010년까지 폭력극복10년 운동을 시작했을 때 그 운동은 지구촌의 일부분인 우리나라의 한 교단에 영향력을 미쳤다. 즉 한국기독교장로회 여성들은 여성에 대한 성차별적인 폭력을 이제 그만해야한다는 목소리를 높였고, 이는 기장교단의 여성총대할당제로 결실을 맺었다. 이로 인해 그 뒤에 기장에서는 여성부총회장, 여성총회장이 나오고 여성총대들이 8%내외가 되었던 것을 기억한다. 필자가 있었던 한국기독교가정생활협회에서도 이 WCC의 폭력극복 10년 운동에 발맞추어 폭력을 극복하고 평화를 적극적으로 전개하자는 의미로 가정평화캠페인을 2002년도부터 시작하여 지금까지 이어오고 있다.

이처럼 기관의 일들은 교회와 사회에, 모든 신앙인들에게 하나님 나라가 이 땅에 도래하길 바라며 우리가 나아갈 방향을 제시하고 함께 그 길에 동참하도록 요청하는 귀한 사역들이다. 지 교회의 모든 사역들이 모여 기관목회사역은 목회의 꽃을 피우는 일이라 해도 무방하리라 생각된다. 이를 위해 여성안수를 받고 30년 동안 기관사역자로 열심을 다해 달려온 모든 여성 기관사역자들의 기도와 헌신에 힘찬 박수와 지지를 보낸다. 앞으로 어려운 환경 속에서도 열심을 다해 생명의 복음을 전하는 자들이 될 것을 기대하며 글을 맺는다.

제3장

선교사로 파송 받아 일하시는 여성 선교사 이야기

- "주가 쓰시겠다 하라" -

선교사 문정은 목사[1]
(아시아기독교협의회[CCA] 국장)

I. 들어가는 말

요즈음 치앙마이의 하늘은 유난히 맑고 아름다운 구름들이 낮게 내려와 내 머리 위에 앉은 듯 가까이 내 눈 가득 들어온다. 원고 요청을 받고, 필자는 선교사로서 나의 이야기를 어떻게 풀어가야 할까 고민하다, 사무실 창문에 비쳐진 붉은 저녁 노을에 눈길이 갔다. 주홍빛 노을 사이로 살짝기 비친 달빛이 흘러 내려오는 하늘은 내가 이곳에서 제일 좋아하는 풍경 중 하나이다. 해야 할 일에 대한 마음의 부담을 잊고, 한참이나 창가에 서서 하늘을 바라보았다.

---

[1] 문정은 목사(서울노회 소속)는 대한예수교장로회 에큐메니칼 선교사로 파송 받아, 아시아 교회들의 연합기구인 아시아기독교협의회(Christian Conference of Asia (CCA)/ 태국 치앙마이에 본부 소재)에서 2012년부터 현재까지 사역하고 있다.

"하늘에 계신 우리 아버지!" 가슴 한 켠이 먹먹해진다. 지난 해, 하늘나라로 떠나신 친정 아버지 생각에... 주님이 가르쳐 주신 기도의 시작이 이렇게 애처로운 탄식이었나, 사뭇 새삼스럽다.

II. 주가 쓰시겠다 하라 - 아시아 선교사의 여정

1. 선교사 가정에서 자라며 - 부모님의 신앙 유산

필자의 고향은 경기도 오산이다. 아버지는 성화학교 교사로 봉직하시다, 결혼 후 시내에 작은 체육사를 개업하셨고, 어머니는 아버지 사업을 도우시며, 저녁에는 가게에 딸린 셋방에 방과 후 교습소를 열어 동네 아이들을 대상으로 한 과외 수업으로 가계를 보태셨다. 아버지는 30대 초반에 장로 임직을 받으실 정도로 신앙생활에 열심이셨고, 공석인 담임 목회자를 대신하여 교인 심방과 교회 내 여러 업무를 도맡아 하셨다. 워낙 이재에 어둡고 사업 경험이 없으신데다, 교회 일로 자주 사업장을 비우시니, 체육사는 매달 적자를 면하기 어려웠다.

필자가 초등학교 2학년 1학기를 마쳐갈 즈음, 아버지는 체육사 사업을 정리하시고 우리 가족을 데리고 서울 독산동으로 이사를 하셨다. 군 입대 후 중단했던 신학 공부를 다시 시작해 목회자가 되어야겠다는 생각을 하시던 중, 마침 새로운 아파트 단지 건축이 한창이던 이 동네에서 교회를 개척하는데 처음 시작을 도와 달라는 선배 목사님의 제안에 아버지는 망설임 없이 서울로의 이주를 결정하셨다. 아버지는 동네의 작은 상가 2층의 홀을 교회 자리로 빌려, 중고 가구 가게에서 사온 접이식 의자를 리어카로 나르고, 교회 문패도 나무 판자를 구입해 손수 서각해 달으시고, 교회를 시작하셨다. 낮에는 전도지를 들고 동네 상가들과 시장, 가정집들을 찾아 다니며 전도하셨고, 저녁에는 서울장로회신학교의 야간 수업에 참석하셨다. 모든 생계는 어머니의 몫이 되었다. 어머니는 방과 후 과외 수업을 다시 시작하셨고, 봉투 만들기, 인형 눈 붙이기, 가방 부품 만드는 부업을 얻어와 밤 늦게까지 일하시기도 했다. 철없던 우리 세 자매는 놀이하듯 봉투를 접고, 곰 인형에 눈알 붙이는 일에 경쟁하듯 몰입했다. 이후 7년여 간 아버지가 목사 안수를 받으실 때까지, 그리고 평생을 가난한 목회자의 아내로서 어머니는 고된 삶을 외로이 감내하셔야 했다.

아버지는 평생 목회자로 정말 한결같은 삶을 사셨다. 교인들을 정말 사랑하셨고, 바쁜 목회 일정 중에도 설교 준비에 상당한 정성을 쏟으셨고, 강단에서는 누구보다도 열정적으로 말씀을 전하셨다. 손글씨로 남기신 수십 권의 설교원고 속에는 아버지의 신앙고백, 헌신, 고단함이 그대로 녹아져 있고, 이제는 아버지의 소중한 신앙의 유산으로 남아있다. 그러나 아직 나는 책장에 올려놓은 아버지의 설교 노트들을 열어보지 못한다. 나의 애가(哀歌)가 아직 끝나지 않아서일까!

2. 소명을 향한 여정 – 거룩한 이끄심

1984년 아버지는 총회 선교사로 파송받아, 아랍 에미레이트 두바이한인교회 제1대 담임목사로 부임하시게 되었다. 간단한 영어 인사에도 부끄러워하고, 해외여행 한 번 경험해 보지 못했던 어머니는 고등학교 진학을 앞둔 큰 딸, 연년생 초등학생 두 딸, 세 자매를 데리고 다시 한번 큰 용기를 내어 이민길에 올라야 했다.

부모님은 두바이한인교회의 목회만이 아니라, 아부다비, 알아인, 두바이 외곽에 위치한 한국기업들의 건설현장 노동자들을 위한 순회 예배도 집례하셔야 했고, 한인 목회자가 없던 주변국 카타르와 쿠웨이트의 한인 교인들을 위해 정례 부흥회도 이끄셨다. 주말 휴일 건설현장 교회들을 방문하실 때는 큰 딸인 필자도 동행하여, 휴대용 전자피아노를 들고 다니며 예배의 반주를 도왔다. 새벽에 집을 나서서 건설현장 교회 예배를 위해 여러 도시를 순회하고 집에 오면 한밤중이었다. 낯선 언어로 학교 수업 따라가기도 힘들고, 몸도 피곤하여, 짜증도 많이 내고, 불만과 원망의 볼멘 소리도 많이 냈다. 그럴 때마다 어머니는 아무 말 없이 나를 다독여 주셨다. 그래도 건설 현장 교회의 예배는 언제나 뜨거웠고, 은혜로웠다. 어린 마음이었지만, 뜨겁게 기도하고 찬양하시는 교인분들에게서 나는 많은 위로와 감동을 받았다.

대학 진학 준비를 위해 나는 1987년 홀로 한국으로 귀국하였다. 나는 가난한 목회자로, 목회자 자녀로 사는 게 정말 싫었다. 그래서 대학 1차 지원 때도 고민 없이 신학과는 거리가 먼 경제학과를 지원했다. 그러나 1차 입시에 낙방했고, 갑작스런 맹장염으로 수술을 받게 되었다. 병상에 누워 있는 나에게, 아버지는 '하나님의 뜻이다' 하시며 장로회신학대학교에 원서를 필자 대신 제출하셨다. 학부 4년 내내 나는 전공 수업에 적응하지 못했다. 졸업 후에도 전공과 전혀 관련 없는 곳에 취업하고자 여러 곳에 원서를 냈다. 그러나 내 바램대로 길이 열리지는 않았다. 학교 선배의 소개로 경신고등학교 종교과 시간 강사로 두 학기 일하게 되었다. 학생들에게 성경을 가르쳐야 하는데, 나 자신의 부족함을 절실히 느낀 시간이었다. 그 다음으로 인도차이나 지역 선교사역을 후원하는 한아봉사회에서 시간제 직원으로 일할 수 있는 기회가 이어졌다. 더욱 더 나의 지식의 한계와 부족함을 깨닫게 되었다. 벗어나고자 하면 할수록 더욱더 가까이 나를 끌어 당기시는 (보이지 않는) 거룩한 이끄심을 더 이상 부정할 수 없었다.

큰 아이가 아직 유치원생일 때 필자의 장로회신학대학교 신학대학원에 지원, 합격 소식을 들으신 부모님은 평택에서 서울로 한걸음에 달려오셔서 감사와 축복의 기도를 해 주셨다. 그럼에도 딸이 당신처럼 쉽지 않은 목회의 길에 들어서는 것이 안타까우셨을까, 아버지는 기도 중에 눈물을 펑펑 쏟으셨다. 나의 목사 안수식에도 아버지는 나의 안수자로 딸의 머리 위에 당신의 손을 올려 기도해 주시며, 또 한번 뜨거운 눈물을 흘리셨다. 새로운 사역지, 아시아기독교협의회(Christian Conference of Asia)로 선교사 파송을 받아 출국하는 딸을 위해 공항까지 나오셔서, 선교사였던 아버지를 이어 MK(Missionary Kid, 선교사 자녀)에서 선교사로 먼 길 떠나는 큰딸이 대견하다 하시며, 아버지는 촉촉한 눈빛으로 나를 배웅해 주셨다.

나를 위한 부모님의 뜨거운 사랑과 기도가 지금의 나를 있게 한 힘의 근원이었음을, 그리고 나를 위한 주님의 거룩한 이끄심이 있었음을 필자는 믿는다.

"……귀를 기울여라. 주님께서 이미 모태에서부터 나를 부르셨고,
네 어머니의 태 속에서부터 네 이름을 기억하셨다." (이사야 49장 1절)

"우리가 다른 가까운 마을들로 가자. 거기서도 전도하리니 내가 이를 위해 왔노라"
(마가복음 1장 38절)

필자의 신학대학원 3년의 훈련과정에서 얻은 세 가지 큰 배움이 있다. 첫째, '나는 (주님이 아니면) 아무런 존재의 의미가 없다'는 깨달음을 준 훈련 과정이었다. 목회자 양성을 위한 훈련 과정인 만큼, 새로운 학기가 거듭될수록, 학생들 스스로 겸손해 질 수 밖에 없도록 훈련 시키는 고도의 커리큘럼 전략이 있다고 해야 할까. 둘째, 책을 읽는 바른 방법을 터득하고 훈련하는 귀한 배움의 과정이었다. 마지막으로 기도의 힘을 길러준 소중한 시간이었다.

신학대학원 첫 학기에 모든 신입생들은 영성훈련을 필수로 수강해야 하는데, 훈련 내용 중의 하나가, 관상기도 훈련이었다. 기도 훈련이 중간

즈음 들어섰을 때, 선생님께서는 각자에게 주어진 복음서의 말씀을 읽고 어떤 의미가 새로이 인식되는지 묵상해 보라 하셨다.

"우리가 다른 가까운 마을들로 가자." 그날 아침, 마가복음의 이 말씀은 나 자신에게 끊임없이 질문을 던졌다. 나에게 '다른 마을'은 어디일까?

갈릴리 가버나움에서 큰 소동이 일어났다. 예수님이 가시는 곳마다 예수님을 만나려는 사람들이 몰려들었다. 온 도시 사람들이 예수님의 말씀과 행동을 주시하게 되었다. 어느 날 예수님은 홀로 조용한 곳으로 몸을 숨기시고 기도하셨고, 예수님이 사라진 걸 알게 된 제자들은 예수를 찾기 시작했다. 예수님을 찾은 제자들은 "모두 주님을 찾고 있다"며 예수님과 함께 가버나움으로 돌아가려 하였다. 아마도 제자들은 병든 자를 고치고, 귀신도 쫓아내며 사람들의 관심을 한 몸에 받는 예수님의 인기에 영합하려 하지 않았을까? 그러나 예수님은 제자들의 바람과는 반대로 "우리가 다른 마을들로 가자. 거기서도 하나님의 나라를 선포하리니 내가 이를 위해 왔노라"고 말씀하신다.

예수님은 많은 인기와 명성, 영광을 누릴 수 있는 '지금 여기'의 삶을 정리하고, 복음 전도의 모든 기반이 완벽하게 갖춰진 '여기 이 곳'을 떠나, 새롭고 낯선 선교지인 '다른 마을'로 제자들을 이끄셨다. "우리가 다른 마을들로 가자. 거기서도 하나님의 나라를 선포하리니 내가 이를 위해 왔노라"

주님이 내게 가라고 하시는 '다른 마을'은 어디일까?
이제 다시 그날의 묵상을 되짚어 보니, 주님은 이미 오래 전 (모태에서부터) 나를 위한 큰 그림을 그리고 계셨음을 깨닫는다. 나의 안전지대, '여기 이 곳' 고국을 떠나, 더 큰 마을, '아시아'를 섬기도록 하기 위한 주님의 큰 계획!

3. "주가 쓰시겠다 하라"(마가복음 11장 3절) – 아시아기독교협의회 사역

아시아기독교협의회(Christian Conference of Asia, CCA)는 아시아 지역을 대표하는 교회들의 연합기구로서, 아시아의 상황 속에서 새롭게 해석되는 아시아 신학적 논제들을 함께 논의하고, 사회, 정치, 경제, 문화적 다양성 속에서 제기되는 여러 현실 문제에 대한 아시아 교회들의 참여와 협력, 공동의 디아코니아 협력을 이끌어 오는 아시아 교회들의 친교 협력체이다. 1970-80년대 CCA의 도시산업선교(Urban Rural Mission)는 아시아의 가난하고 소외된 도시 농촌 지역 기독인들을 위한 지역개발 지도력 훈련을 활발히 전개하면서, 'Theology in Action'(행동신학)의 사회선교의 좋은 모델을 아시아 교회들과 나누었다. 이를 위해 조성된 아시아 농촌 청년 프로젝트 기금, 인도차이나 기금은 아시아 교회들이 스스로 지역 개발, 봉사를 위한 프로그램을 시작할 수 있는 소중한 종자돈이 되었다. 그리고 1970-80년대 한국의 민주화와 인권 신장을 위한 CCA의 지원과 후원은 한국교회에 큰 힘과 용기를 주었고, 한국 내 여러 교회 지도자들이 CCA 장학금 혜택을 받기도 하였다.

CCA 총무를 역임한 안재웅 박사는 CCA가 "교회론적으로는 교회의 일치와 갱신을, 신학적으로는 정의, 평화 그리고 인권이 존중되는 사회를 만드는 일을, 윤리학적으로는 하나님의 창조질서 보존을 토대로 환경문제를 포함한 통전적인 지구공동체를 만드는 일'에 헌신하는 교회들의 연대 협력체"라고 설명하신다.

아시아 20개국의 17개 기독교협의회/교회협의회와 99개 교단이 CCA의 회원으로 가입하여 활동하고 있으며, 한국에서는 한국기독교교회협의회, 구세군대한본영, 기독교대한감리회, 기독교대한복음교회, 대한성공회, 대한예수교장로회, 한국기독교장로회가 회원으로 가입되어 있다.

교단 총회 기획국에서 해외 협력 교회/기구들과의 협력 관계 개발과 교제, 이들과의 커뮤니케이션을 담당하는 간사로 근무하던 필자에게, CCA는 기라성같은 국내외 교계 인사들이 봉직한 연합기구이고, 아시아 교회 역사에서 큰 축을 담당한 역사적 기관으로써, 정말 우러러 숭앙할 존재였다. 그러기에 CCA에서 상근직 프로그램 국장을 구한다는 공고는 내 삶의 큰 패러다임 전환의 단초였다.

필자가 CCA에 지원서를 낸다고 했을 때, 많은 이들의 반응은 무척 부정적이었다. '바라는 결과대로 안 되도 너무 실망마라!', '지원 자체로도 좋은 경험이 될거야'.

그러나 많은 이들의 부정적인 바램과는 반대로, 필자는 CCA의 최종 면접을 통과하였고, 2012년 1월 CCA의 새로운 스텝 구성원으로 합류하게 되었다. 그러나 '경험없는, 부족한 내가 여기서 뭘 할 수 있겠나'하는 불안감에 나의 자존감은 낮아질 대로 낮아져, 도무지 업무에 집중할 수 없었다. 이렇게는 안되겠다 싶어, 어느 날인가부터 아침에 출근하면 제일 먼저 성경을 읽자 다짐하고, 복음서를 읽기 시작했다.

> "그들이 예루살렘 가까이에…… 이르렀을 때에 예수께서 제자 둘을 보내시며..말씀하셨다. 너희는 맞은 편 마을로 가거라. 거기에 들어가서 보면 아직 아무도 탄 적이 없는 새끼 나귀 한 마리가 매여 있을 것이다. 그것을 풀어서 끌고 오너라... 어느 누가 왜 이러는 거요 하고 물으면 주님께서 쓰시려고 하십니다 하고 말하여라" (막11장 1-3절, 새번역)

"주가 쓰시겠다 하라!"(개역개정)는 말씀은 기적처럼 나의 자존감을 회복시켜 주었다. 다른 이들에게는 훈련도 부족하고 경험도 없는 새끼 나귀같이 보이는 '나'이지만, 주님께서 쓰시려고 여기까지 '나'를 이끄셨으니, 도전해 보자 라는 오기와 용기가 생겼다.

그러나 소몰이하듯 어렵게 나를 끌고가는 날이 더 많았다. 오늘도, 어제도, 그제도 나는 소몰이하듯 힘겹게 나를 몰아왔다. 유난히 지치는 날, 외로운 날, 몸이 아픈 날, 한번 견뎌보자, 힘을 내보자, 조금만 버텨보자 하는 날들이 겹겹이 쌓여, 선교사 15년차가 되었다.

"그러나 나는 하나님의 은혜로 오늘의 내가 되었습니다. 나에게 베풀어주신 하나님의 은혜는 헛되지 않았습니다. 나는 사도들 가운데 어느 누구보다도 더 열심히 일하였습니다. 그러나 이렇게 한 것은 내가 아니라, 나와 함께 하신 하나님의 은혜입니다"(고린도전서 15장 10절, 새번역)

"내가 하나님의 자녀로 살며, 오늘 찬양하고 예배하는 삶, 복음을 전할 수 있는 축복이 당연한 것 아니라 은혜였고, 모든 것이 은혜"('은혜', 손경민)였음을 주님이 보내신 '다른 마을', 아시아 선교의 중심, CCA에서 나는 매일 경험하고 있다.

4. 아시아 선교 현장에서의 깨달음

"마음이 가난한 사람은 복이 있다. 하늘 나라가 그들의 것이다" (마태복음 5장 3절)

동티모르개혁교회와 함께 목회자 계속 교육프로그램을 진행할 때였다. 교회의 섬김과 나눔을 주제로 토론을 하는 중에, 한 동티모르 교회 목사가 이런 질문을 하였다. '복음서의 오병이어의 기적 이야기에서 이 어린아이가 바친 도시락을 어떻게 해석하는가' 라는 질문이었다. 이어 동티모르 목사는, "그 아이는 참 부잣집 아이인 듯 하다, 도시락으로 생선을 싸 갈 정도이면... 여기 동티모르에서 생선은 아주 비싸고, 특별한 식사를 의미한다. 그런데 도시락으로 생선을 싸 올 정도로 부잣집 아이니까 선뜻 자기 도시락을 내 준거다. 우리는 도시락으로 싸갈 생선, 남은 음식도 없다. 우리는 누굴 도와 줄래도 가진 게 없어 못하는데….." 동티모르 목사님의 이 한마디는 나에게 큰 깨달음을 주었다. 주님의 '마음이 가난한 자는 복이 있다, 하늘나라가 그들의 것이다'라는 말씀이 어떤 의미인지를 그제서야 깨닫게 되었다. 내가 무슨 자격으로 '목회자 훈련'을 진행한다고 이 자리에 서 있는가! 나 스스로에게 너무나 부끄러운 경험이었다. '이웃에 대한 나의 마음이 가난하지 못하고, 너무 부유한 마음이어서, 다른 이의 마음이, 아픔이, 고통이 스며들 여지가 내게 없었구나'라는 소중한 깨달음과 교훈을 얻게 되었다. 아시아를 새로운 시각에서 관찰하고 공부하게 되었다.

아시아의 다양한 문화, 종교, 사회, 정치 상황 속에서 복음의 말씀은 너무나 새로운 해석과 깨달음을 우리에게 주며, 아시아의 상황에서 제기되는 현장의 다양한 신학적 담론들에 민감하도록 우리를 이끈다. 이를 위해 우리는 우리 자신을 비우고, 더욱 '가난한' 마음으로 선교 현장으로 스며들어야 한다. 선교 현장에 대한 부단한 공부와 성숙한 영성의 훈련 또한 필요하다.

우리의 '가까운 다른 마을', 아시아는 모든 문명과 역사, 종교가 유래된 지역이면서, 동시에 잦은 자연재해와 환경오염, 종교·문화·종족 간 갈등과 내전, 빈부 격차, 이주민과 난민 문제, 여성과 어린이들의 열악한 인권 등 온 인류가 당면한 여러 이슈의 근원지이기도 하다. 또한 여전히 기독교가 탄압받고 전도가 금지되는 국가들도 많고, 아시아에서 기독교는 아직까지 소수종교 (minor religion)이다. 그러기에 아시아는 하나님의 임재와 역사가 강하게 요구되는, 기독교 선교가 절실히 요구되는 선교 현장이며, 우리가 찾아가야 할 '다른 마을'이다.

필자가 CCA에서 일한 지난 십수년의 기간 동안 하나님께서는 다양하게 나를 연단하셨고, 변화시키시고 훈련시키셨다. CCA 직원 내규는 직원의 연(年)출장 일수를 70일 이내로 규정하고 있다. 하지만 필자의 연 평균

출장 일수는 100일을 항상 넘겨 왔다. 아시아 전역에 흩어진 작은 교회 공동체들을 만나, 함께 예배하고, 각각의 특수한 상황 속에서 고백되는 성서의 묵상과 지역 교회들의 선교 현장들을 방문하고 배우면서, 현장에서 생동력있게 역사하는 '하나님의 선교'(missio dei)를 목격할 수 있었다. 아시아와 CCA는 나의 선교학 교실이었다. 선교학 교과서의 실재를 현장에서 체득하는 훈련의 과정이었기에, 어렵고 힘든 과정이었지만, 감사할 뿐이다.

> 선교는 증거, 봉사, 정의, 치료, 화해, 해방, 평화, 복음, 교제, 교회건설, 상황화와 그 이상의 것들과 관계된 다면적인 사역이다.
>
> 선교를 "수행하는" 것은 교회가 아니다. 교회를 구성하는 것은 미시오 데이(*missio dei*)[2]이다. ... 선교는 아주 간단하게 미래를 걸고 예수님의 해방하는 선교에 그리스도인들이 참여함이다. 그것은 공동체의 증거 속에서 육화된, 세상을 향한 하나님의 사랑의 복음이다.[3]

우리가 살고 있는 이 세계를 하나님이 '보시기에 참 좋았던' 오이쿠메네(Oikoumene)[4]로 회복시키시고, 하나님의 사랑으로 새로운 생령을 불어

---

[2] '하나님의 선교'(missio dei)는 선교의 주체가 하나님이시고, 하나님이 구원 사역을 위해서 역사하시고, 파송하심을 의미한다.
[3] 데이비드 J 보쉬, 『변화하고 있는 선교』, 김병길, 장훈태 공역 (기독교문서선교회, 2000), 752, 763
[4] 집을 뜻하는 oikos, 경제를 뜻하는 economy, 생태학을 의미하는 ecology도 모두 같은 어원 '오이쿠메네'(Oikoumene)에서 파생하였다. 인류 공동체가 함께 상생하는 데에 가장 기본적으로 필요한 집, 경제, 환경을 뜻하는 언어가 모두 'Oikoumene'에서 파생되었다. 오이쿠메네는 창조세계를 포함한 모든 인류가 질서와 조화를 이루며 상생(living together)하도록 운명지워진 공동체를 의미한다. 그리고 에큐메니칼 운동(ecumenical movement)은 하나님이 보시기에 좋았던 '오이쿠메네'의 창조질서를 회복하고 보전하기 위한 우리 모두의 헌신과 참여를 뜻한다.
필자는 '오이쿠메네'라는 단어를 고등학교 3학년 사회 시간에 처음 배웠다. 사회 교과서 책 마지막 장에서 선생님은 헬라어 두 단어를 설명해 주셨다. '사람이 살 수 있는 땅은 오이쿠메네(*Oikoumene*), 그리고 사람이 살 수 없는 지역, 즉 극지, 고산지대, 사막 등을 안 오이쿠메네 (*an Oikoumene*)라고 부른다'. 헬라어에서 파생된 단어라는 설명도 덧붙여 주셨는데, 그 사회 과목 시간에 배운 이 헬라어 단어는 지금까지 필자의 기억에서 잊혀지지 않는다. 운명인지, 숙명인지 필자는 평생을 '오이쿠메네'의 참 의미를 탐구하고, 나의 삶으로, 몸으로, 마음으로 경험하고 있다.,

넣으시는 하나님의 선교(missio dei)는 이 곳, '가까운 다른 마을'에서 아직도 활력있게 진행 중에 있다.

5. 여성 선교사의 현실과 과제

"그가 나를 단련하신 후에는 내가 순금 같이 되어 나오리라" (욥기 23장 10절)

지난 2024년 영국 경제지 '이코노미스트'는 세계여성의 날을 앞두고, 일하는 여성에 대한 사회 환경 지수, 유리천장지수(glass-ceiling index)를 발표했다. 그리고 한국이 선진국 29개국 가운데 일하는 여성에게 환경이 가장 가혹한 국가로 12년 연속 선정되는 불명예를 안게 되었다. 보도에 따르면, 이 발표 이후, 한국 내 많은 여성, 노동단체들이 돌봄의 공공성과 육아에 대한 폭넓은 법, 제도적 보장이 필요하고 성평등 정책 추진체계가 더욱 강화돼야 한다고 주장했다고 한다.

한국교회 내 여성 지도력에 대한 '유리천장'은 아직 두텁기만 하다.
1933년 첫 여성 안수 청원이 올려진 지 62년 만인 1994년 예장(통합)의 여성안수 법제화가 이뤄졌다. 여성 리더쉽에 대한 국제 사회의 요구와 사회 인식의 변화에 교회가 언제까지 외면할 수는 없었으리라고 본다. 그러나 아직 갈 길이 멀다.

남성 중심의 교회 구조는 여성들을 주변화하고, 교회 내 여성들의 소외, 차별, 불평등은 여전히 존재한다. 특별히 성직에서 여성 목회자들은 구조적, 문화적인 심각한 차별과 배제를 경험하고 있으며, 교단의 최고 의결기구라 할 수 있는 총회에 여성들의 참여는 아직 미미하다.

"남자도 총리 할 수 있나요?" 2021년 총선이 치러진 독일의 10대 청소년들은 이같이 질문했다고 한다. 2005년부터 16년간 독일을 이끈 메르켈 총리를 어릴 때부터 줄곧 보아 온 독일의 10대 청소년들에게 남성 총리는 오히려 생소하게 보인 듯하다. 고착화된 성역할에 대한 인식이 사회 구성원에게 어떤 영향을 미치는지를 잘 설명해 주는 사례라 하겠다.

그러나 해외선교 현장에서 여성 선교사들의 리더쉽과 역할은 남성 선교사들 못지않게 활발히 발휘되고 있으며, 인정받고 있다. 2017년 말레이시아 쿠알라룸푸르에서 개최된 PCK 세계여성선교사회[5] 제5차 총회에 필자가 참석할 기회가 있었다. 타 문화권에서 오랜 기간 나그네의 외로움에 젖어 있던 선교사들의 모임인지라, 처음 만나는 이들이어도 애틋한 마음으로 서로를 품어 주고, 서로를 위해 기도해 주고, 격려하는 아름다운 모임이었다. 필자의 소개를 들은 다른 참석자들은 '이렇게 나이 많은 MK(선교사 자녀)는 처음 본다'며, 자연스레 선교사 자녀들의 교육 문제에 대한 고민을 털어놓으며, 서로의 조언을 구하는 시간도 가졌다.

여성 선교사들은 선교지에서 여성으로서, 아내, 엄마, 선교사, 조력자, 교육자, 상담자, 요리사, 운전사 등등, 다기능 역할을 동시에 담당해야 하는 부담을 안고 있다. 과로와 번아웃(Burn-out)의 위험에 쉽게 노출되어 있기도 하다. 심신이 약해져 있는 상황에서 여성 선교사는 우울증, 선교지의 풍토병에도 쉽게 노출될 수 있다.

한국교회는 해외선교에서 여성 선교사들의 잠재력과 기여에 대한 중요성을 인식하고, 여성 선교사들을 위한 후원과 목회적 케어, 계속교육에 대한 관리와 제도적 장치를 마련할 필요가 있다.

"한 아이를 키우려면 온 마을이 필요하다"(It takes a village to raise a

---

5) 2007년 한국교회 선교사 파송 100주년이던 해에, 송광옥(인도네시아 파송 선교사) 선교사의 발의로 인도네시아 발리에서 세계선교사회 주관으로 PCK세계여성선교사대회 설립 총회가 개최되었다. 여성 선교사들의 자발적인 의지로 시작된 모임은, 여성 선교사로서 정체성을 확립하고 전문성을 키워 하나님 나라에 크게 이바지하고자 한다'는 목적 아래, 여성 선교사들의 지도력 강화를 위한 교육, 교제, 협력, 봉사 활동들을 함께 진행해 오고 있다. 매 2년마다 총회로 모이고 있다. 2012년에는 20년 차 이상의 여성 선교사들의 신앙간증집도 출간하였다.

child.)라는 아프리카 속담이 있다고 한다. 이는 단지 한 생명의 성장에만 적용되는 통찰이 아닌, 모든 조직 구성과 모든 리더쉽 양육에 적용될 수 있다. 한 명의 선교사/ 선교사 가정의 선교 활동을 위해서는, 모든 가족, 교회, 교단, 전 공동체가 한마음으로 기도하고, 지원하고, 돌보는 연대가 필요하다. 선교지의 삶은 쉼 없는 단련의 시간이다. 그 단련의 시간에도 그와 함께하시는 하나님의 임재를 확신하고, 지치지 않도록 우리 모두의 관심과 기도가 필요하다.

> "그러나 내가 가는 길을 그가 아시나니 그가 나를 단련하신 후에는 내가 정금 같이 나오리라" (욥기 23장 10절)

Ⅲ. 맺는말

글을 끝맺으며, 필자가 선교사로서의 직을 잘 수행하도록 도움을 준 소중한 이들에게 진심으로 감사의 말을 전하고 싶다.

"하늘나라에 계신 아버지, 어머니! 당신의 사랑과 기도로 제가 여기 있습니다. 감사합니다!

15년의 긴 시간을 기러기 아비로 지내며 모든 불편함과 외로움을 참고, 나를 응원해 준 남편, 윤신영 목사님! 고맙습니다.

낯선 선교지에 따라와 잘 적응해 주고, 잦은 엄마의 부재를 너그러이 이해해 준 사랑하는 여훈, 여민! 정말 고마워.

언니의 선교지까지 함께 자원하여 동행해 주고, 바쁜 언니 대신 두 조카의 부모 역할을 묵묵히 담당해 준 사랑하는 동생 정연이! 정말 미안하다, 그리고 정말 고마워!

두 언니의 부재 속에서 집안의 대소사를 챙기며, 물심양면 도움을 준 막내동생 정윤이! 정말 고마워!

선교사 파송 때부터 후원해 주신 여전도회전국연합회와 서울노회연합회, 김순미 장로님, 그리고 이우주 목사님, 진심으로 감사인사 드립니다!

교단 총회와 모든 총회 관계자 분들께 감사 드립니다.

그리고 저를 위해 기도해 주시는 모든 분들께 감사 드립니다."

제3부
여성 장로 안수 이후 30년 활동에 대한 고찰

제1장

여성 장로 안수 이후 30년 동안의
여성 리더십 향상에 대한 고찰

이은혜 목사
(영남신학대학교 특임교수)

I. 들어가는 말: 교단 여성 리더십 현실의 한 단편

0.2%에서 1%로 증가하는데 20년, 1%에서 3.8%로 증가하는데 10년! 너무나도 더딘 이 증가 수치는 총회 여성 총대 수치이다! 1933년 제22회 총회에서 여성안수 헌의가 처음 이루어진 후, 61년만인 1994년 제79회 총회에서 여성안수가 결의되었다. 1995년 여성안수 법제화가 되었고 1996년 4월 28일 서울노회 안동교회 박순란이 여성 처음으로 장로 안수를 받고 1996년 10월 8일 울산노회 박진숙이 첫 여성 목사 안수를 받았다. 1997년 최초로 세명의 여성 총대가 탄생했다. 그리고 여성안수 이후 30년 동안 얻어진 이 수치는 우리 교단의 여성 리더십 향상의 한 단면을 보여주는 중요한 수치이다.

1997년 제82회 총회에 정인화(서울) 안정옥(안양) 정희경(서울강남) 3명의 여성 장로가 총대로 참여하면서 본 교단 여성 총대 30년의 역사가 시작되었다. 이후 끊임없이 본 교단 여성들은 총회의 문을 두드려왔다. 1998년 3명, 1999년 1명, 2000년 4명, 2001년 3명, 2002년 9명, 2003년 4명, 2004년 8명 2005년 9명, 2009년 12명으로 그 수에 있어서 오랜 기간 10명 내외를 유지하며 1%의 장법에 부딪혔다. 2014년 제99회 총회에서 16명의 총대가 선출되면서 처음 1% 장벽을 넘어섰다. 아마 2015년이 여성안수 법제화 20주년임으로 기념하고자 여러 움직임 속에서 이런 결과를 가져온 것이 아닐까? 여성안수 법제화 20주년을 맞이하는 것은 물론 제100회기 총회를 기념하는 때이기도 했는데 발전된 모습을 보이지 못했다. 그러나 정작 2015년 총회는 1,500명의 총대 중 여성 총대의 숫자는 17명으로, 너무나 기대가 컷던 만큼 초라함을 넘어 참혹한 시산으로 기억된다.

102회는 17명, 103회는 30명으로 배가 증가하였다. 제108회 총회에는 처음으로 42명 이상의 여성 총대가 참석했으며, 법제화 30주년에 열리는 이번 제110회 총회에는 여성 총대는 목사 19명 장로 38명 합 57명으로 역대 최다를 기록했지만, 전체 1500여 명 중 3.8%에 불과해 4%에도 미치지 못했다. 상승세를 이어가고 있다는 점에서는 고무적이지만 1%에 도달하는 것에는 20년 1%에서 3.8%로 상승하는 것에 10년이 걸렸다.

II. 여성 장로 안수 이후 30년 동안의 여성 리더십 향상에 대한 고찰

너무나 미약하게 보이는 이 증가 수치를 위해 얼마나 많은 수고가 있었는지! 값으로 매길 수 없는 어마어마한 눈물, 땀방울 그리고 기도가 있었는지 모른다. 이 30년의 세월을 "봉산개도 우수가교(逢山開道 遇水架橋) 산을 만나면 길을 내고 물을 만나면 다리를 놓는다"라는 옛말로 표현하고 싶다. 여성안수 법제화 30주년의 세월은 가부장적 사유에 근거한 여러 가지 차별에 맞서며 절망하거나 포기하지 않고 힘써 길을 내고 다리를 놓으며 여기까지 온 것이다. 여성안수 법제화 30주년을 맞이하는 뜻깊은 해에 여성 장로들을 통해 안수 이후 30년 동안 여성 리더십이 얼마나 향상 되었는지에 대해 고찰하는 것은 현재 우리에게 주어진 이 권한이 얼마나 소중한 것이며 앞으로 나아갈 길을 위해 의미 있고 마땅히 해야 하는 과제이다.

여성 장로 안수 이후의 30년의 리더십 향상을 위한 여정을 볼 수 있는 가장 좋은 방법은 여전도회전국연합회 내의 여장로회(1998년 7월 6일 창립)의 활동과 총회 여교역자회, 총회 평신도위원회, 총회 여성위원회 등 폭넓게 협력하고 있는 단체들을 살펴보는 것이다. 이들은 각자 주어진 자신의 일에 전념했으며 때때로 안수받은 여성의 리더십 향상을 위해 서로 협력하고 도왔다.

1. 여전도회전국연합회 여장로회의 여성 리더십 향상

예장 여장로회는 '1995년 여성안수 법제화 이후 1998년 여전도회전국연합회 산하부서로 설립되었다. 여장로회의 목적은 다음과 같다. "여전도회 역사의식과 목적의식을 강하는 지도력을 발휘하여 여전도회 인재를 육성한다. 여전도회와 당회, 노회, 교단 총회와의 유대관계를 돈독하게 한다. 여성의 선구자적 지도력을 발휘하여 교회 민주화를 이룩하는데 힘쓴다. 세계화 시대에 영적 분별력을 가지고 사회와 교회에서 여성의 제반 문제를 논의 검토히여 해결 방안을 모색한다. 성서 연구를 통해 여성장로의 자질 향상과 회원 간의 친교를 통한 연합정신을 증진하며 여장로로서의 비전을 가지고 본회 산하 연합회와 초교파 여성단체와의 유대관계를 강화한다.[1] 여장로회는 산하에 여장로회 발전위원회와 연합기관 협력사업위원회 두 부서를 두고 사업을 진행해나가고 있다.

여장로회의 활동 상황과 방향을 파악할 수 있는 것은 총회 기록과 세미나 자료를 통해서이다. 여장로회는 1998년 7월 6일 창립총회를 시작한 이래 2025년 8월 26일 28회 정기총회를 개최하였으며, 한편 1998년 12월 9일 제1회 회원 영성훈련을 시작으로 여성안수 법제화 30주년 기념 여장로회 제 26회 세미나를 개최하였다.

여성 리더십 향상은 양적인 향상과 질적인 향상 두 차원에서 고찰되어야 한다. 그러나 양적인 즉 숫적인 것이 확보되지 않은 상태에서 질적인 것을 논할 수 없다. 사실 여성안수 법제화 이후 30년은 숫적인 것을 확보하고자 수고한 시간들이라 할 수 있다. 여장로회 총회가 왜 그렇게도 여장로 수 배가에 그리고 총회 총대 수에 관심을 두고 집중하였는지 충분히 이해할 수 있다.

1) 여전도회전국연합회 여장로회의 여성 리더십 향상을 위한 핵심 정책

여장로회 총회의 역사를 통해 볼 수 있는 핵심적인 사안은 여장로 인원과 여성 장로 총대 수를 증진하는 것이다. 이것은 당연한 것이다. 기본적으로 필요한 여성 장로들이 확보되지 않는다면 다음 단계로 나아갈 수 없기 때문이다.

여전도회 여장로회 제10회 정기총회(2007년 8월27일)는 '여장로 1세가 계승할 신앙의 유산'을 주제로 장로 1세대로서 역할과 사명을 감당키 위해 회원간의 영성 훈련과 여장로 1천명 배출 등을 안건으로 발표하였다.

---

1) 여장로회 제28회 정기총회 자료집, 76.

여장로수는 1998년 37명에서 2000년 94명, 2005년 233명으로 증가하였다. 여장로회 제11회 정기총회(2008년 08월 25일)에서는 여장로 배출은 물론 총대 증원을 위해서도 역량을 모으기로 하였다. 이를 위한 구체적인 방안으로 기독교 언론 매체들을 통한 홍보 활동과 여성지도자 개발을 위한 장학금 지원 사업을 지속적으로 전개해 나가기로 했다.

제15회 여장로회 총회(2012년 08월 20일)부터 '여성 장로 1천명 증가'란 구호가 나왔다. 제15회 여장로회 총회는 2013년까지 여성 장로의 수를 1천 명까지 늘리기로 하였다. 2012년 7월 현재 본교단 소속 여성장로들이 6백22명(여장로회 추산)인 점을 고려하면 1년 안에 여성 장로의 수를 배가 시키겠다는 목표를 설정한 셈이다. 이를 위해 구체적인 방안을 제시하였다. 이 방안들은 2008년 제11회 정기총회에서 제시했던 것과 비교했을 때 좀 더 구체적이고 실천적인 방안으로 발전한 것을 볼 수 있다. 기존의 11회 정기총회가 제시한 방안과 함께 다음의 사항이 보완되었다. 여장로회는 각 연합회와 지교회마다 여장로 배출에 힘쓰기로 했으며, 지연합회 내 여전도회와 협력해 여성장로를 세울만한 교회를 선별해 담임목사와 협조해 여장로 장립을 권장하기로 했다. 적극적으로 여장로회가 개교회와 직접적인 관계를 가지겠다는 정책으로 보여진다. 제16회 여장로회 총회(2013년 08월 19일)는 2014년까지 여장로 1000명을 목표로 배가 운동을 펼치기로 했다. 당시 여장로회에 기록된 여장로회원은 671명이었다. 방안은 제15회 총회에서 제시되었던 것과 동일하였다. 여장로회는 노회 총대 증원 및 교단총회 총대 증원에도 힘을 모으기로 했다.

제17회 여장로회 총회(2014년 8월 18일)는 본교단 여성안수 허락 20주년을 기념하는 뜻 깊은 자리였다. 여장로회는 '2017년까지 1200명의 여장로를 세우자'는 비전을 제시하고, 교회 여성들에 대한 시대적 요청에 적극 부응하기로 했다 이에 대한 방안은 15, 16회와 동일하며 또한 동일하게 총회와 노회 총대 선출에도 힘써 교단 내 여성 리더들의 기여도를 높이기로 했다. 여장로회는 그 동안 여장로 1000명을 목표로 배가운동을 전개해 왔는데 이번 총회에서는 1200명을 목표로 한 것은 2004년 당시 여장로 숫자가 730여명이었기 때문일 것이다.

제21회 여장로회 총회(2018년 08월 27일)는 현재 1039명인 여장로 수를 2020년까지 1500명으로 늘리는 여장로 배가운동을 발표하였다. 이에 대한 진행은 발전위원회가 주관하며 여장로 배가 운동, 여장로 장립 축하 및 회원 관리, 매뉴얼 발간 등을 진행하기로 하였다. 여장로회 제83회 실행위원회(2020년 5월 6일)는 여장로 배가 운동을 계속 전개해 나가기로 했다. 여장로회는 2021년까지 시무 여장로 1500명을 목표로 여장로 배출과 노회·총회 총대 증원에 힘쓰기로 했다. 한편 2019년 9월 제103회 총회에서 받은 통계위원회 보고서에 따르면, 2017년 12월 31일 기준 3만 1279명의 장로 중 여장로는 1370명이며, 시무 장로는 총 1만 8306명, 시무 여장로는 944명이다.

제24회 총회(2021년 8월 23일) 신년도 사업으로 세계 기후 변화 대책을 위한 간담회를 갖기로 했다. "교회 여성 장로 지도자로서 세계 기후 변화에 따른 환경 문제에 기독교적인 안목으로 대책을 마련하고 실천하기 위한" 목적으로 전문가를 초청해 간담회를 갖기로 했다. 여장로회는 세계 기후 변화 대책을 위한 간담회를 차기 회기부터 격년 실시할 계획이다.

여장로회 제25회 총회(2022년 8월 22일)는 여성안수 법제화 27주년을 맞이한 지금도 여전히 여장로 수가 부족함을 토로하였다.

제27회 총회(2024 8월 19일)는 더 많은 여장로들의 장립을 위한 운동을 지속적으로 전개해나가기로 했다. 여장로회는 2028년까지 교단 내 시무 여장로 1500명 장립을 목표로 '여장로 배가 운동'을 펼쳐 오고 있다. 2024년 8월 기준 여전도회전국연합회에 보고된 바에 따르면 여성시무장로는 973명으로 전체의 약 5.3%다. 또한 여성 리더십 강화를 위해 여장로를 위한 세미나와 영성훈련을 진행하기로 하였다. 제28회 총회(2025년 8월

26일)는 여전도회전국연합회 여장로회가 자체적으로 파악한 교단의 여성장로 수가 피택자 포함 1022명인 것을 확인하고, 전국연합회 창립 100주년인 2028년까지 시무 여장로가 1500명이 되도록 배가운동에도 힘쓰기로 했다. 구체적인 방법으로는 지연합회와 지교회의 여장로 배출 독려, 전국연합회 여장로회 가입 안내, 지연합회 내 여장로회 조직 권장, 노회 여성총대 증원 노력 등을 논의됐다.

2) 여전도회전국연합회 여장로회 세미나를 통한 리더십 향상

여장로회 세미나는 질적으로 즉 지덕체를 갖춘 여장로들의 리더십을 향상 시키고자 기획된 것이다. 1998년 여장로회가 창립된 이래 1998년 12월 9일 제1회 회원영성훈련을 시작으로 최근 2025년 6월 10일 여성안수 법제화 30주년 기념 여장로회 제26회 세미나에 이르기까지 회원들의 영성과 단합을 증진시키고 있다. 세미나의 강사는 목회자들뿐 아니라 다양한 분야의 저명한 강사들을 초대하고 있음을 볼 수 있다. 여장로들을 말씀으로 영성을 훈련시키고 사회 전반에 대해 깊은 이해를 가지고 리더로서 올바른 지도력을 가질 수 있도록 교육하고 있다.

2. 여성총대 할당제를 위한 협력

사실 여성총대 할당제는 오래전부터 대두되었던 쟁점이었다. 여성안수 법제화 이후 30주년을 맞이하여 지난 30년을 돌아보니 천천히 가더라도 언제가 여성총대의 참여도가 정상궤도에 오를거라는 희망이 망상이라는 것을 깨닫게 되었다. 구조상 도달 할 수 있는 것이 아니었다.

제107회 총회 통계위원회가 발표한 교세 통계에 따르면 전체 교인수 230만 1,153명 중에 여성은 132만1,657명으로 전체 교인의 60%를 차지한다. 그럼에도 교회의 정책과 방향성을 결정하는 교단총회에 여성 대표

는 3%에 불과하다. 이 얼마나 불합리한 수치인가? 여성이 총대가 되는 길이 지나치게 '좁은' 이유가 있다. 교세통계를 보면 위임목사 가운데 남성이 69명인 반면 여성은 단 3명이다. 담임목사는 남성이 317명, 여성은 63명으로 2%에도 미치지 못했다. 장로(시무)도 상황은 다르지 않다. 총 1만 8,185명의 시무장로 가운데 남성은 1만 7,006명인데 반해 여성은 1,179명에 그쳤다. 여성이 총대가 되려면 우선 지교회 당회원이어야 하고 노회의 파송을 받아야 하는데 남성 리더십이 우세한 교회에서 여성은 당회에 속할 수 없고 당연히 총대가 될 수 없다.[2]

더욱이 "총회가 90회를 이어오면서 굳어진 뿌리깊은 가부장적 문화와 정치를 남성의 영역이라고 생각하는 통념의 벽은 여성들만의 힘으로는 넘기 힘들만큼 높다"며 "오랜 기간 기득권을 지켜오던 남성들이 자신들의 입지가 좁아질 수 있는 사항에 대해서는 관대하지 못하기 때문에 여성의 총대 진입은 난항을 겪고 있다"[3]고 주장하는 여전도회전국연합회 회장 이명원 장로의 말은 충분히 합리적이다. 교회여성들이 '여성총대할당제'가 반드시 필요한 제도적 장치라고 주장하는 이유다. 의도하지 않아도 남성 중심적인 의결구조 속에서 여성들의 발언은 소외되고 배제될 수 밖에 없는데 또 다른 무슨 방도가 있을 수 있겠는가?

109회 총회 때 총회 여성위원회(위원장:김순미)가 청원한 '총대를 10인 이상 파송하는 노회는 여성 총대 1인 이상을 파송하도록 헌법을 개정' 해 달라는 청원과 여전도회전국연합회(회장:으정화)가 평신도위원회를 통해 청원한 '지교회 장로 피택 시 여성 할당제'를 헌법위원회로 이첩하였다. 해당 청원들은 헌법위에서 심의하여 헌법개정(안) 필요 유무에 따라 추후

---

2) 김동규, 박윤서, "예장통합 女총대 역대 최다지만 3.8%… 확대될까," 『국민일보』, 2025년 8월 19일, https://www.kmib.co.kr/article/view.asp?arcid=1755588828 (2025년 9월 5일 접속).

3) 김동규, 박윤서, "예장통합 女총대 역대 최다지만 3.8%… 확대될까," 『국민일보』, 2025년 8월 19일.

헌법개정(안) 조문을 마련해 총회에 상정하는 절차를 밟게 된다.[4]

장로 중 여성 비율이 6% 수준이기 때문에 향후 여성 총대 할당제가 실효를 거두려면, 교회들이 여성 장로를 세우는 일에 책임감을 가져야 한다는 주장이다.[5]

III. 나아가는 글

0.2%에서 1%로 증가하는데 20년, 1%에서 3.8%로 증가하는데 10년! 너무나도 더딘 이 증가 수치는 세상 기업이라면 아주 오래전 마땅히 문을 닫았어야 한다. 이 수치는 하나님이 우리 여성 그리스도인들에게 주신 영원하신 기업이다. 중단도 포기도 있을 수 없고 계속 나아가야 한다.

여성안수 법제화 이후 30년을 돌아보니 예장 통합 여성들과 그들과 뜻을 같이하는 많은 분들이 참 포기하지않고 수고 했다는 생각이 든다. "수고 많았어요" 서로에게 따뜻한 인사를 건네고 마땅히 가야할 길을 힘써서 가기를 바란다. 여성안수 법제화 30주년에 열리는 이번 제110회 교단 총회에서 의미 있는 결정이 이뤄지기를 기대해본다.

---

4) 김동규, "[예장통합 14신] 여성총대·항존직 할당제 제도화 연구키로," 『국민일보』, 2024년 9월 25일, https://www.kmib.co.kr/article/view.asp?arcid=0020563016 (2025년 9월 5일 접속).

5) 김동규, 박윤서, "예장통합 女총대 역대 최다지만 3.8%… 확대될까," 『국민일보』, 2025년 8월 19일, https://www.kmib.co.kr/article/view.asp?arcid=1755588828 (2025년 9월 5일 접속).

제2장

여성 장로들을 세운 교회들의 강점

- 예장통합 교단 성공 사례 중심 -

총회한국교회연구원 정리

I. 들어가는 말: 예장통합 교단 여성 리더십의 현주소와 연구 의의

대한예수교장로회 통합교단은 1995년 여성 안수를 법제화한 이래 30년 동안 꾸준히 여성 장로를 배출해왔다. 2024년 봄 노회 기준으로 여성 목사 3,387명, 여성 장로 1,633명이 안수받았으며,[1] 여성 총대 역시 2025년 제110회 총회에서 57명을 기록해 역대 최고치인 3.8%를 달성했다,[2] 이는 단순한 양적 성장에 머무르지 않고 질적 변화로 이어지고 있다.

특히 주목할 만한 것은 김순미 장로가 예장통합 최초로 총회 서기(2014)와 부총회장(2019)을 역임하며 교단 최고위직에 진출한 것이다.[3] 이

---
1) CBS 뉴스, "통합 여성 안수 30년..갈 길 멀어" (2024.04.07).
2) 네이트 뉴스, "예장통합 女총대 역대 최다지만 3.8%…확대될까" (2025.08.19).
3) 뉴스파워, "예장통합 첫 여성 총회서기 김순미 장로" (2014.09.22).

는 개별 교회에서 여성 장로를 세우고 육성하는 것이 단순히 교회 내부의 변화에 그치지 않고, 교단 전체의 리더십 지형을 바꾸는 파급효과를 가져올 수 있음을 보여주는 상징적 사건이었다. 또한 서울노회가 2024년 역대 최다인 4명의 여성 총대를 선출하고, 영등포노회가 최초로 당연직 여성 총대 2명을 파송하는 등[4] 노회 차원에서도 여성 리더십 확산이 제도적으로 뒷받침되고 있다.

그러나 이러한 긍정적 변화에도 불구하고, 여전히 도전 과제들이 남아 있다. 목회데이터연구소의 2025년 조사에 따르면, 목회자 10명 중 8명(80%)이 "한국교회 내 여성 차별이 존재한다"고 인식하고 있으며,[5] 이는 제도적 변화와 문화적 수용 사이에 여전히 간극이 있음을 시사한다. 또한 69개 노회 중 30개 노회(43%)만이 여성 총대를 파송하고 있어, 지역별·교회별로 여성 리더십에 대한 인식과 실천에 상당한 차이가 있다는 것도 확인된다.

이러한 현실 속에서 본 연구는 예장통합 교단 소속 교회들 중에서 여성 장로를 적극적으로 세우고 핵심 리더로 활용한 교회들의 사례를 중심으로, 그들이 경험한 구체적인 강점과 성공 요인을 실증적으로 분석하고자 한다. 특히 영락교회의 김순미·김명옥 장로 사례, 영은교회의 지속가능한 여성 장로 양성 모델, 새문안교회의 전통과 혁신의 조화, 그리고 서울·영등포노회의 제도적 지원 사례 등을 통해 여성 장로 세우기의 전략적 가치와 교회에 미치는 긍정적 영향을 구체적으로 입증해보고자 한다.

---

4) 다음, "예장통합 女총대 역대 최다지만 3.8%…확대될까" (2025.08.19).
5) 가스펠투데이, "한국교회 안에 여성 차별이 존재한다" (2025.03.09).

II. 예장통합 교단 여성 장로 현황과 특징

1. 양적 성장의 성과와 현실적 제약

예장통합 교단의 30년간 여성 장로 배출 실적은 분명한 성과를 보여준다. 1995년 법제화 이후 현재까지 1,633명의 여성 장로가 안수받아 전체 시무장로의 6.48%를 차지하고 있다.[6] 절대적 수치로는 상당한 진전이지만, 여성이 교회 구성원의 60% 이상을 차지하는 현실을 고려할 때 여전히 과소 대표되고 있는 것이 사실이다.

더욱 구체적으로 살펴보면, 지역별·노회별 편차가 상당히 크다는 점이 주목된다. 69개 노회 중 여성 총대를 파송한 노회는 30개(43%)에 불과하며, 이는 수도권과 대도시 지역 노회들이 상대적으로 적극적인 모습을 보이는 반면, 농어촌 지역은 여전히 보수적 경향을 나타내고 있음을 보여준다. 이러한 지역별 차이는 단순히 문화적 차이를 넘어, 교회의 규모와 교육 수준, 경제적 여건 등 복합적 요인들이 작용한 결과로 분석된다.

2. 질적 변화: 역할 확대와 리더십 다변화

양적 성장보다 더욱 주목할 만한 것은 여성 장로들의 역할과 영향력이 질적으로 확대되고 있다는 점이다. 한국장로신문사와 목회데이터연구소의 2023년 조사에 따르면, 장로들이 중요하게 생각하는 역할로 '당회원으로서 교회 정책 결정(92%)', '부서장으로서 각 부서 사역 책임(87%)'이 상위를 차지했는데,[7] 여성 장로들도 이러한 핵심 역할을 남성 장로들과 동등하게 감당하고 있다는 것이 확인되었다.

---

6) CBS 뉴스, 앞의 기사.
7) 크리스천투데이, "장로는 명예·권력의 상징?… '섬기며 희생하는 자리'" (2023.08.22).

특히 전통적으로 여성의 영역으로 여겨졌던 교육과 돌봄 사역을 넘어, 재정 관리, 행정 업무, 대외 협력 등 교회 운영의 핵심 영역에서 여성 장로들의 참여가 눈에 띄게 확대되고 있다. 김순미 장로의 경우처럼 교단 최고 지도부에서 활동하며 한국교회 전체의 미래 비전 수립에 참여하는 사례도 나타나고 있다. 현재 그녀는 예장통합 여성위원회 위원장과 총회한국교회연구원 이사장을 맡고 있으며, 영락교회 창립 80주년 기념사업회 위원장으로도 활동하고 있다.[8]

이러한 변화는 개별 교회 차원에서도 다양하게 나타나고 있다. 여성 장로들이 혁신적인 사역 모델 개발에서 주도적 역할을 담당하는 사례가 증가하고 있으며, 특히 디지털 시대에 적응하는 새로운 목양과 선교 방법론을 개척하는 데 앞장서고 있다.

3. 한국 교단별 여성 리더십 현황 비교분석

예장통합 교단의 여성 장로 현황을 보다 객관적으로 평가하기 위해서는 한국의 주요 개신교 교단들과의 비교 분석이 필요하다. 다음은 6개 주요 교단의 여성 리더십 현황을 정리한 것이다.

교단명	교단구분	여성안수 허용연도	여성 목사수(명)	여성 목사비율(%)	여성 장로수(명)	최고위직 여성 진출	특징
예장통합	장로교	1995년	3,387	약 13.5%	1,633	부총회장 (김순미)	여성 총대 3.8% 달성
예장 합동	장로교	불허(2024년 강도권만)	0	0%	미확인	없음	2024년 강도권 허용
기독교 장로회	장로교	1974년	499	15.4%	다수	총회장 배출	첫 여성 총회장 배출
예장 고신	장로교	불허	0	0%	0	없음	전면 불허
예장 합신	장로교	불허	0	0%	0	없음	전면 불허
기독교 감리회	감리교	1930년 창립 초기	약 800	약 18%	다수	없음 (감독 미진출)	최초 여성 목사(전밀라, 1955년)

〈한국 주요 개신교 교단 여성 리더십 현황 비교〉

---

8) 가스펠투데이, "김순미 장로, '서서평 선교사님 정신 이어 나가겠다'".

이 비교 분석을 통해 몇 가지 중요한 발견점을 확인할 수 있다. 첫째, 예장통합 교단은 1995년 여성 안수 허용으로 기장(1974년)이나 기감(1930년)보다 늦었음에도 불구하고, 현재 가장 많은 여성 장로(1,633명)를 배출했다는 점이다. 둘째, 여성 안수 허용 시기와 최고위직 진출은 별개의 문제라는 점이다. 기감의 경우 95년간의 여성 안수 역사에도 불구하고 감독직 진출은 아직 없는 반면, 예장통합은 30년 만에 부총회장 배출을 이뤘다.

특히 주목할 점은 예장통합 교단이 보여주는 제도적 안정성과 지속적 확산이다. 단순히 여성 안수를 허용하는 것을 넘어, 체계적인 여성 장로 양성과 교단 차원의 지원 체계를 구축했다는 점에서 다른 교단들과 차별화된다. 이는 다음 장에서 살펴볼 성공 교회 사례들의 배경이 되는 중요한 맥락이다.

III. 예장통합 교단 여성 장로 성공 교회 사례 심층 분석

1. 영락교회 사례: 교단 대표교회의 여성 리더십 모델

영락교회는 예장통합 교단을 대표하는 교회 중 하나로, 2025년 9월 제110회 총회 개최교회로 선정될 만큼 교단 내에서 중요한 위치를 차지하고 있다. 이러한 영락교회에서 김순미 장로가 당회 서기를 거쳐 선임장로로 시무장로로 활동하며 여성 리더십의 모범적 사례를 보여주고 있다는 것은 매우 상징적인 의미를 갖는다.[9]

김순미 장로는 예장통합 역사상 최초의 장로로서 총회서기(2014년, 99회기)와 최초의 여성 부총회장(2019년, 104회기)을 역임하며 교단 여성 리

---

9) 영락교회 공식 홈페이지, "시무장로"; 국민일보, "조화로운 신앙 공동체 되려면 여성 리더십 제대로 자리잡아야" (2024.08.12).

더십의 새로운 장을 열었다. 현재 영락교회 시무장로 66명 중 대형교회에서도 여성 장로가 충분히 핵심적 역할을 감당할 수 있음을 보여주는 사례이다. 김순미 장로의 리더십 철학은 "드보라와 같은 성경적 여성 리더십"으로 요약할 수 있다. 그녀는 "여성 리더십의 특징인 포용성과 협력적 의사결정이 교회 공동체를 더욱 건강하게 만든다"고 강조하며,[10] 실제로 그러한 철학을 바탕으로 다양한 사역을 전개해왔다.

영락교회는 1945년 한경직 목사에 의해 설립된 이래 80년의 역사를 자랑하는 전통교회이다. 이러한 전통교회에서 여성 장로가 핵심적 역할을 감당한다는 것은 전통과 혁신이 조화롭게 공존할 수 있음을 보여주는 중요한 사례이다. 한경직 목사의 "선한 영향력" 전통이 여성 리더십 수용에도 긍정적 영향을 미쳤다고 평가할 수 있으며, 김순미 장로가 현재 영락교회 창립 80주년 기념사업회 위원장을 맡고 있는 것은 교회의 미래 비전 수립에서 여성 리더가 중요한 역할을 담당하고 있음을 보여준다.

김순미 장로는 CBS 파워인터뷰에서 자신의 리더십 철학을 "손수건 리더십"으로 설명했다. 그녀는 "가정에 어려움이 많을 때에는 어머니의 눈물로 기도하면서 가정을 어머니가 또 끌어가지 않습니까? 이러한 어머니의 마음과 자세로 총회에서 최선을 다하고자 섬기고자 하는 마음을 가지고 있습니다"라고 말했다.[11]

또한 양성평등에 대한 질문에는 "우리나라는 뿌리 깊은 유교 사상과 또 남존여비 사상으로 여성들은 이름도 없었지만, 이 땅에 복음이 들어오면서 여성들의 사회적 지위도 향상됐고, 인격적 대우도 받게 됐습니다. 모든 것이 예수님의 덕분입니다"라며 복음이 가져온 여성 지위 변화를 강조했다.[12]

---

10) 노컷뉴스, "한국교회 발전 위해 여성리더십에 더 많은 헌신 기회줘야" (2025.08.21).
11) CBS 뉴스, "파워인터뷰- 교단 최초 여성장로부총회장 김순미 장로" (2019.10.29).
12) CBS 뉴스, "파워인터뷰- 교단 최초 여성장로부총회장 김순미 장로" (2019.10.29).

2. 영은교회 사례: 지속가능한 여성 장로 양성 모델

영은교회는 63년간 2명의 여성 장로를 배출했지만, 이들이 보여준 지속가능한 리더십 모델은 매우 주목할 만하다. 송리복 장로(2000-2001년)와 명정옥 장로(2015-2019년)는 각각 시대의 요구에 맞는 여성 리더십을 발휘하며 교회 발전에 크게 기여했다.[13]

영은교회의 가장 독특한 특징은 부부 장로 시스템이다. 1대 김창경·송리복 장로 부부에 이어 2대 문규칠·명정옥 장로 부부가 그 뒤를 이었다. 이는 단순히 우연의 일치가 아니라, 가정에서부터 시작된 신앙적 파트너십이 교회공동체로 확장된 모델로 볼 수 있다. 명정옥 장로는 "남편과 함께 장로직을 감당하면서 서로 보완하고 협력하는 아름다운 모습을 보여줄 수 있었다"고 회고하며, 이러한 부부 장로 시스템이 교회 내 성별 갈등을 최소화하고 조화로운 리더십을 구현하는 데 효과적이었다고 평가했다.

영은교회 여성 장로들의 또 다른 특징은 기도와 돌봄을 중심으로 한 사역 모델이다. 송리복 장로는 중보기도팀을 조직하여 체계적인 기도 사역을 전개했으며, 명정옥 장로는 여전도회를 활성화하여 교회 내 여성들의 신앙 성장과 상호 돌봄을 촉진했다. 이러한 접근은 전통적인 여성의 영역으로 여겨질 수 있지만, 이들은 이를 단순한 보조 역할이 아닌 교회의 핵심 사역으로 발전시켰다. 특히 명정옥 장로가 조직한 "1대2 맞춤형 양육 시스템"은 20-30년 교회를 다녔지만 구원의 확신이 없던 성도들이 확실한 신앙 기반을 갖도록 돕는 혁신적 모델로 평가받고 있다.[14]

영은교회 여성 장로들의 또 다른 특징은 70세 정년제를 통한 체계적인 사역 전수이다. 명정옥 장로는 70세가 되는 2019년 은퇴하면서 자신이 개발한 사역 모델과 노하우를 후배들에게 체계적으로 전수했다. 이는 개

---

13) 영은교회, "영은교회 제2대 여성장로가 된 명정옥 은퇴장로" (2024.02.29).
14) TV기독일보, "평신도사역의 모델" (2025.07.28).

인의 카리스마에 의존하는 리더십이 아닌, 지속가능하고 발전 가능한 리더십 모델을 구축했다는 점에서 중요한 의미를 갖는다.

명정옥 장로는 부부 장로 시스템의 의미에 대해 "남편과 함께 장로직을 감당하면서 서로 보완하고 협력하는 아름다운 모습을 보여줄 수 있었다"고 회고했다. 그녀는 또한 "특별히 교회발전을 위해 한 일이 없습니다"라며 겸손히 말했지만, 실제로는 "누구보다도 교회를 위해 기도하며 헌신했던 장로님"으로 평가받고 있다.[15]

현재 그녀의 바람은 "영은교회가 기도하는 교회가 되는 것"이며, "중보기도팀이 더욱 활성화되길" 원한다고 밝혔다. 특히 "사랑이 많은 교회가 되어 모든 이를 품을 수 있는 교회"가 되기를 소망한다고 말했다.[16]

3. 새문안교회 사례: 어머니교회의 전통과 현대적 적용

새문안교회는 1887년 설립된 한국 최초의 장로교회로서 "어머니교회"라는 상징적 지위를 갖고 있다.[17] 이러한 역사적 교회에서의 여성 리더십은 전통의 계승과 현대적 적용이라는 이중적 의미를 갖는다. 새문안교회가 한국 장로교회의 어머니교회라는 지위를 갖는다는 것은 여성 리더십 관점에서도 중요한 의미를 갖는다. 교회의 '어머니'적 특성과 여성적 돌봄의 특성이 만나는 지점에서, 새문안교회의 여성 리더십은 단순한 성별 균형을 넘어 교회의 본질적 사명과 연결되는 상징성을 갖는다.

새문안교회는 예장통합 총회 개최 후보교회 7곳 중 하나로 거론될 만큼 교단 내에서 중요한 위치를 차지하고 있다. 이러한 영향력 있는 교회에서 여성 리더십이 어떻게 발휘되고 있는지는 교단 전체의 여성 리더십 발

---

15) 영은교회, "영은교회 제2대 여성장로가 된 명정옥 은퇴장로" (2024.02.29).
16) 영은교회, "영은교회 제2대 여성장로가 된 명정옥 은퇴장로" (2024.02.29).
17) 새문안교회 공식 홈페이지.

전 방향을 가늠하는 중요한 지표가 된다.

4. 노회 차원의 제도적 지원 사례

개별 교회의 노력과 함께 노회 차원의 제도적 지원도 중요한 성공 요인으로 작용하고 있다. 특히 서울노회와 영등포노회의 사례는 주목할 만하다.

서울노회는 2024년 역대 최다인 4명의 여성 총대를 선출하여 화제가 되었다. 이는 권혁성 노회장을 비롯한 노회 지도부의 적극적인 의지와 함께, 임원회 추천 시스템을 통해 여성과 차세대를 위한 제도적 배려가 이루어진 결과이다. 권혁성 노회장은 "여성과 차세대가 교회의 미래"라며 "앞으로도 이러한 변화를 지속적으로 확대해나가겠다"고 밝혔다. 이는 단순한 일회성 이벤트가 아닌 지속적인 정책 방향임을 시사한다.

영등포노회는 2024년 최초로 당연직 여성 총대 2명을 파송했다. 배종님 진명교회 목사와 여혜숙 성문밖교회 장로가 그 주인공이다.[18] 이는 단순히 총대 수의 증가를 넘어, 여성이 노회의 당연직 임원으로 인정받았다는 점에서 더욱 의미가 크다. 영등포노회는 또한 여성위원회를 구성하여 체계적인 여성 리더십 확산 운동을 전개하고 있으며, 노회 규칙 확정을 위한 지속적 노력을 기울이고 있다. 이는 일시적 변화가 아닌 제도적 정착을 위한 장기적 비전을 보여준다.

---

18) 다음, 앞의 기사.

IV. 이론적 배경: 여성 리더십이 교회에 미치는 긍정적 효과

여성 장로를 적극적으로 세운 예장통합 교회들이 공통적으로 경험한 강점을 이해하기 위해서는, 먼저 여성 리더십이 조직에 미치는 긍정적 효과에 대한 이론적 토대를 살펴볼 필요가 있다.

1. 한국교회 성장동력으로서의 여성 리더십 연구

김진이는 『한국교회의 성장동력으로서 기독교 여성 리더십』 연구에서 126년 한국교회 역사를 분석하여 여성 리더십의 3단계 발전 모델을 제시했다. 초기(1885-1945년)의 변혁적 리더십, 중기(1945-1995년)의 섬김의 리더십, 후기(1995년-현재)의 공감적 리더십으로 구분되는 이 모델은 각 시대별로 여성 리더십이 한국교회 성장에 미친 독특한 기여를 보여준다.[19]

초기 변혁적 리더십 단계에서는 여성들이 전통적 남성 목회 구조를 대체하거나 보완하는 혁신적 역할을 수행했다. 선교사들과 함께 들어온 서구의 여성 리더십 모델이 조선 사회의 가부장적 구조와 충돌하면서 오히려 새로운 형태의 리더십을 창출해낸 것이다. 중기 섬김적 리더십 단계에서는 여성만의 돌봄과 중보 기도 사역이 공동체 결속과 성도 돌봄을 강화했다. 특히 일제강점기와 한국전쟁 등 격변기를 거치면서 여성들의 '어머니적' 돌봄 리더십이 교회 공동체의 생존과 성장에 결정적 역할을 했다는 분석이다.

후기 공감적 리더십 단계에서는 여성의 타인에 대한 깊은 공감 능력이 세대 통합과 갈등 해결에 크게 기여했다고 평가했다. 특히 그는 "여성 리더십의 고유한 특성인 관계 중심적 접근, 협력적 의사결정, 포용적 태도가

---

19) 김진이, "한국교회의 성장동력으로서 기독교 여성 리더십", 『신학과 실천』 제32권 (2012), 125-152.

교회 공동체의 건강성과 지속가능성을 높이는 핵심 요소"라고 분석했다. 이는 현재 예장통합 교단에서 나타나고 있는 여성 장로들의 활동 양상과도 일치하는 분석이다.

2. 소그룹 여성 리더십 효과 실증 연구

조혜란은 『소그룹 공동체를 통한 여성 리더십이 한국교회성장에 미치는 영향』 연구에서 여성 평신도 102명을 대상으로 한 실증 연구를 통해 소그룹 내 여성 리더십이 교회 성장에 미치는 긍정적 영향을 입증했다.[20] 그녀의 연구에 따르면, 여성이 리더로 활동하는 소그룹이 남성 리더 중심의 소그룹보다 구성원들의 만족도와 참여도에서 평균 15% 높은 수치를 기록했다고 보고했다.

그 배경에는 여성 리더들이 대화와 경청을 중시하는 의사소통 방식이 있었고, 이는 소그룹 내 신뢰와 소속감을 강화한 것으로 분석되었다. 특히 갈등 상황이 발생했을 때 여성 리더들이 보여준 조정과 중재 능력이 남성 리더들보다 우수했으며, 이로 인해 소그룹의 지속성과 안정성이 크게 향상되었다는 것이다.

이러한 연구 결과는 소그룹 차원을 넘어 교회 전체 리더십에도 적용될 수 있는 중요한 시사점을 제공한다. 교회 전체 조직에 이 이론을 적용하면, 여성 장로들이 당회와 각 부서에서 협력적 의사결정을 주도할 때 갈등이 줄고 의사결정 과정의 투명성과 공정성이 높아지는 경향을 기대할 수 있다. 특히 "여성의 공감 능력과 소통 기술이 공동체 결속력 강화에 크게 기여한다"는 분석은 여성 장로들의 활동에서도 확인되고 있다.

---

20) 조혜란, "소그룹 공동체를 통한 여성 리더십이 한국교회성장에 미치는 영향", 실용신학박사학위논문 (2013).

3. 다양성과 포용성의 조직 이론

조직 경영학 분야의 연구들은 일관되게 조직 다양성(Diversity)과 성과 간의 정적 상관관계를 보여주고 있다. 특히 성별 다양성은 의사결정의 질을 높이고, 창의성을 증진시키며, 조직의 적응력을 강화하는 효과가 있다고 입증되고 있다.[21] 여러 연구들은 성별 다양성이 높을수록 혁신성과 적응력이 향상되고, 의사결정의 질이 전반적으로 개선된다는 상관관계를 밝혀냈다.

교회 조직에 이러한 이론을 적용하면, 여성 장로의 참여 확대는 단순히 성별 균형의 문제가 아니라 교회 조직의 효과성과 건강성을 높이는 전략적 선택임을 알 수 있다. 이 이론에 따르면, 여성 장로를 균형 있게 포함한 당회나 교역회는 남성만으로 구성된 조직에 비해 다양한 관점을 포용하고 보다 창의적인 해결책을 도출할 가능성이 크다. 실제로 여성 장로 비율이 높은 교회들에서 나타나는 다양한 강점들은 이러한 이론적 배경과 일치하는 현상으로 해석할 수 있다.

V. 여성 장로를 세운 예장통합교회들의 8가지 핵심 강점

앞서 분석한 사례들과 이론적 배경을 종합하여, 여성 장로를 적극적으로 세운 예장통합교회들이 보여주는 핵심 강점들을 도출할 수 있다. 물론 이러한 특성들이 모든 여성 장로에게 동일하게 나타나는 것은 아니며, 개인의 은사와 배경에 따른 다양성이 존재함을 인정해야 한다. 이러한 전제 하에 8가지 핵심 강점을 다음과 같이 제시할 수 있다.

---

21) 아이굿뉴스, "여성 리더십 확대, 교회 창의성·다양성 증대로 이어질 것" (2025.02.19).

1. 교단 차원의 리더십과 영향력 확대

김순미 장로의 사례에서 보듯이, 여성 장로를 적극 활용하는 교회들은 교단 차원의 리더십과 영향력 확대라는 강점을 보여준다. 영락교회에서 배출된 김순미 장로가 교단 최초의 여성 부총회장과 총회서기를 역임했다는 것은, 개별 교회가 여성 리더십을 통해 그 효과가 교단 전체로 확산될 수 있음을 보여주는 사례이다. 이는 교회의 대외적 위상과 영향력 증대로도 연결된다. 김순미 장로가 현재 총회한국교회연구원 이사장으로 활동하며 한국교회 전체의 미래 비전 수립에 참여하고 있는 것처럼, 여성 장로들의 활동은 개별 교회를 넘어 한국교회 전체에 긍정적 영향을 미치고 있다.

2. 포용적 공동체 문화와 갈등 해결 역량

여성 장로들이 활동하는 교회들에서 공통적으로 나타나는 특징은 "엄마와 같은 친근함"과 포용적 공동체 문화이다.[22] 이는 여성 리더십의 고유한 특성인 관계 중심적 접근과 공감 능력이 교회 문화 전반에 긍정적 영향을 미치고 있음을 보여준다. 특히 갈등 해결 과정에서 여성 장로들은 대화와 조정을 통한 해결을 추구하는 경향이 강하다. 영은교회의 부부 장로 시스템이 교회 내 성별 갈등을 최소화하고 조화로운 리더십을 구현했다는 사례는 이러한 강점을 잘 보여준다.

3. 세대 통합과 차세대 유입 효과

여성 장로들의 뛰어난 소통 능력과 공감 능력은 세대 간 소통을 원활

---

22) 국민일보, "[한국교회 세상속으로…] 여성 장로 많아지니 남성 중심 가부장 분위기 바꿔어" (2022.11.29).

하게 하고, 특히 젊은 세대의 교회 유입에 긍정적 효과를 보여주고 있다. 좋은교회에서 20-40대 교인이 80%를 차지하는 젊은 교회로 성장한 것과 여성 장로 비율 67% 사이의 연관성은 주목할 만하다. 이는 여성 장로들이 가진 자연스러운 가족적 분위기 조성 능력과 관련이 있다. 전통적인 위계적 교회 문화에 익숙하지 않은 젊은 세대들에게 여성 장로들의 수평적이고 친근한 접근 방식이 더욱 매력적으로 다가가고 있는 것으로 분석된다.

4. 체계적 리더십 양성과 지속가능성

영은교회의 부부 장로제와 70세 정년제 사례에서 보듯이, 여성 장로를 적극 활용하는 교회들은 체계적인 리더십 양성과 지속가능한 사역 모델을 구축하는 데 뛰어난 능력을 보여준다. 이는 여성의 세심함과 계획성이 리더십 개발에 긍정적 영향을 미치고 있음을 시사한다. 명정옥 장로가 개발한 "1대2 맞춤형 양육 시스템"처럼, 여성 장로들은 개인의 특성과 필요에 맞춘 세밀한 접근을 통해 효과적인 리더십 양성 프로그램을 개발하고 있다. 또한 이러한 노하우를 후배들에게 체계적으로 전수하여 지속가능한 발전을 도모하고 있다.

5. 혁신적 사역 모델과 창의성

여성 장로들은 전통적인 사역 방식에 안주하지 않고 끊임없이 새로운 사역 모델을 개발하는 창의성을 보여주고 있다. 영은교회의 중보기도팀 체계화, 1대2 맞춤형 양육 시스템 등은 모두 여성 장로들이 개발한 혁신적 모델들이다. 또한 디지털 시대에 대한 적응력도 뛰어나다. 여성들의 상대적으로 우수한 소통 능력과 공감 능력이 SNS를 통한 개인 목양, 온라인 소그룹 운영, 디지털 컨텐츠 제작 등의 영역에서 효과적으로 발휘되고 있다.

6. 사회적 책임과 지역사회 참여 확대

여성 장로들의 돌봄 중심적 사고는 교회 내부에 머물지 않고 지역사회와 사회적 약자에 대한 관심으로 확장되고 있다. 여성, 아동, 고령자, 장애인, 이주민 등 사회적 약자를 위한 옹호 활동과 지원 사업에서 여성 장로들이 주도적 역할을 담당하는 사례가 증가하고 있다. 특히 환경 보호와 기후 변화 대응 영역에서 여성 장로들의 "생태적 교회 만들기" 프로젝트는 돌봄의 신학이 피조세계 전체로 확장된 모습을 보여준다. 이는 교회의 사회적 책임 이행과 지역사회 내 위상 제고에 크게 기여하고 있다.

7. 재정 건전성과 투명한 운영

여성 장로들의 세심하고 책임감 있는 성향은 교회 재정 관리에서도 긍정적 효과를 보여주고 있다. 가계 경영 경험을 바탕으로 한 합리적이고 효율적인 재정 운영, 투명한 의사결정 과정 등은 교회의 재정 건전성과 신뢰도 향상에 기여하고 있다. 또한 여성 장로들이 참여하는 당회에서는 민주적이고 참여적인 의사결정 문화가 조성되어, 독단적이거나 일방적인 결정이 줄어들고 있다는 평가가 일반적이다.

8. 국제적 네트워크와 글로벌 역량

김순미 장로가 세계개혁교회협의회(WCRC) 등 국제기구와의 연계 활동을 통해 한국교회의 글로벌 역량 강화에 기여하고 있는 것처럼, 여성 장로들의 활동은 점차 국제적 차원으로 확장되고 있다. 여성들의 우수한 언어 능력과 문화적 감수성은 해외 교회들과의 교류와 협력에서 중요한 자산이 되고 있으며, 이는 한국교회의 글로벌 리더십 강화에도 기여하고 있다.

VI. 성공 요인과 활성화 전략

앞서 분석한 성공 사례들을 통해 여성 장로 활성화를 위한 핵심 성공 요인들을 도출할 수 있다.

1. 제도적 지원 체계의 중요성

서울노회와 영등포노회의 사례에서 보듯이, 개별 교회의 노력만으로는 한계가 있으며 노회 차원의 제도적 지원이 매우 중요하다. 특히 여성위원회의 지속적 활동과 상설화, 여성 총대 할당제의 법제화 추진, 임신·출산·육아 지원 정책 확립 등이 핵심적 요소로 작용한다. 김순미 장로가 현재 예장통합 여성위원회 위원장으로 활동하며 이러한 제도적 개선을 추진하고 있는 것은 매우 의미 있는 변화이다. 그녀는 "여성 총대 할당제 법제화가 단순한 수치 달성이 아니라 교회의 건강한 발전을 위한 필수적 조치"라고 강조하고 있다.[23]

2. 문화적 변화의 동력

제도적 변화와 함께 문화적 변화도 중요하다. 영락교회의 김순미 장로나 영은교회의 부부 장로 사례에서 보듯이, 급진적 변화보다는 점진적이고 합의 기반의 접근이 더욱 효과적이다. 특히 남성 리더들의 인식 변화와 협력이 핵심적 요소이다. 권혁성 서울노회장의 적극적 지원이나 영은교회 남성 장로들의 협력적 태도는 이러한 문화적 변화의 중요성을 보여준다.

---

23) 크리스천투데이, "예장통합 여성 총대들, '리더십 확산' 노력 다짐" (2023.07.26).

3. 역량 강화와 전문성 개발

여성 장로들의 활동 확대를 위해서는 체계적인 교육과 훈련이 필요하다. 김순미 장로가 총회한국교회연구원 이사장으로 활동하며 교단의 미래 비전 수립에 참여할 수 있는 것도 그녀의 전문성과 역량이 뒷받침되었기 때문이다. 각 노회별로 여성 장로 교육과정을 운영하고, 리더십 훈련과 전문 분야 역량 개발 프로그램을 제공하는 것이 필요하다. 또한 국제 교류를 통한 글로벌 역량 강화도 중요한 과제이다.

VII. 제약 요인과 극복 방안

1. 구조적 제약과 문화적 저항

목회데이터연구소 조사에서 여성 목회자의 70%가 "목사 안수를 받으면 전도사 때보다 사역의 기회가 줄어든다"고 응답한 것에서 알 수 있듯이,[24] 여전히 구조적 제약과 문화적 저항이 존재한다. 전통적 가부장제 문화의 잔존, 기존 남성 리더들의 우려와 저항, 급격한 변화에 대한 보수적 반발 등이 주요 제약 요인으로 작용하고 있다. 이러한 저항을 극복하기 위해서는 점진적이고 설득력 있는 접근이 필요하다.

2. 실질적 장애 요인들

여성의 생애주기적 제약(임신, 출산, 육아), 일과 가정의 양립 어려움, 리

---

[24] 목회데이터연구소·문화선교연구원, "한국교회 여교역자 현실", 『넘버즈』 제276호 (2024).

더십 기회의 제한적 제공 등도 중요한 장애 요인이다. 여성 목회자의 39%가 "목회자가 된 것을 후회한 경험이 있다"고 답한 것은 이러한 현실적 어려움을 반영한다.

3. 단계적 극복 전략

이러한 제약 요인들을 극복하기 위해서는 단계적이고 체계적인 접근이 필요하다. 먼저 성공 사례의 확산과 모델링을 통해 여성 장로 활용의 효과를 실증적으로 보여주는 것이 중요하다. 또한 교육과 의식 개선을 통한 문화 변화를 지속적으로 추진하되, 급진적 변화보다는 점진적이고 합의 기반의 접근을 통해 저항을 최소화해야 한다. 김순미 장로의 리더십 스타일이 좋은 모델이 될 수 있다.

VIII. 결론: 생태적 전환을 이끄는 여성 장로 리더십의 비전

본 연구를 통해 여성 장로를 적극적으로 세운 예장통합교회들이 보여주는 8가지 핵심 강점을 실증적으로 확인할 수 있었다. 교단 차원의 리더십과 영향력 확대, 포용적 공동체 문화와 갈등 해결 역량, 세대 통합과 차세대 유입 효과, 체계적 리더십 양성과 지속가능성, 혁신적 사역 모델과 창의성, 사회적 책임과 지역사회 참여 확대, 재정 건전성과 투명한 운영, 국제적 네트워크와 글로벌 역량 등이 그것이다.

특히 김순미 장로의 교단 최고지도부 진출, 영은교회의 지속가능한 리더십 모델, 서울·영등포노회의 제도적 지원 등은 여성 장로 세우기의 전략적 가치를 명확히 입증하는 사례들이다. 예장통합 교단은 1995년 여성 안수 법제화 이후 30년간 꾸준한 발전을 보여왔으며, 현재 한국교회 여성 리더십의 선도적 역할을 담당하고 있다.

이제 우리는 단순한 '존재 인정'의 단계를 넘어서야 한다. 지난 30년이 여성 장로의 제도적 허용과 점진적 확산의 시기였다면, 앞으로는 돌봄과 포용, 혁신 모델을 통해 교회와 지역사회, 나아가 생태계 전체를 돌보는 '생태적 리더십(ecological leadership)'의 시대로 진입해야 한다.

여성 장로는 이제 교회 생태계의 건강 관리자로서 돌봄 신학을 교회 넘어 지역사회와 환경으로 확장해야 한다. 또한 디지털 전환 시대에 온라인과 오프라인을 통합하는 하이브리드 사역 모델을 선도하며, 글로벌 네트워크를 통해 한국교회의 국제적 영향력을 확대하는 것이 필요하다. 그리고 무엇보다 차세대 리더 양성의 멘토이자 인큐베이터로서, 미래 교회를 이끌어갈 리더십 생태계를 구축하는 핵심 역할을 감당해야 할 것이다.

예장통합 교단은 이러한 여성 장로 리더십을 교단 정책과 교육, 국제 협력의 중심 전략으로 삼아야 한다. 2030년까지 여성 총대 비율 15% 달성, 각 노회별 여성 장로 교육 프로그램 100% 운영, 여성 장로 주도 사회공헌 프로젝트 연간 100건 달성 등 구체적이고 측정 가능한 목표를 설정하고 이를 향해 전진하는 것이 요청된다.

그리고 이 모든 변화의 중심에는 여성 장로들의 생태적 리더십이 있다. 그들이 보여준 돌봄과 포용, 협력과 혁신의 가치는 단순히 교회의 미래뿐만 아니라, 우리 사회와 지구 생태계의 지속가능한 미래를 위한 소중한 자산이다. 예장통합 교단의 여성 장로 리더십이 한국교회 전체로, 나아가 세계교회로 확산하여 하나님 나라의 정의와 평화가 이 땅에 더욱 풍성히 실현되기를 기대한다.

제3장

교단 도약을 위한 제도적 소통

오경남 목사
(총회평신도위원장, 영광교회)

I. 들어가는 말

현대사회는 서로 다른 이해관계를 가진 다양한 집단이 함께 정보를 공유하고 협력하면서 서로 연결되어 있는 네트워크(network) 사회이다. 혼자 살아갈 수 없는 사회이다. 때문에 서로 생각이 다르고 가치관이 다르며 목표하는 바가 다른 사회가 유기적으로 원활하게 돌아가기 위해서는 "소통"(communication)이 절대적으로 필요하다. 소통이 막히면 그 사회는 이미 숨 막히는 사회로 전락되고 더 이상 생명력을 잃게 되기 때문이다. 그런데 안타깝게도 현대사회에서 가장 힘든 과제 중의 하나가 이 소통의 문제이다. 세대간, 지역간, 계층간, 가족간, 직업간에서 소통의 어려움을 겪고 있다. 코로나 시대를 지나면서 이런 문제가 더욱 심각하게 부각되었다.

지금 세계는 이미 유비쿼터스(ubiquitous) 시대에 들어와 인터넷, 핸드

폰, 다양한 SNS 등을 통해 다른 세상과 긴밀하게 연결하고 있다. 이제는 메타버스(metaverse)의 세계가 발달하면서 사이버(cyber) 상에서는 활발하게 활동하고 정보를 공유하며 다양한 역할을 감당한다. 그런데 아이러니하게도 실제 상황에서는 많은 사람들이 소외와 고독과 외로움을 경험한다는 것이다. 접속은 많으나 접촉이 없는 시대가 되었다. 단순한 정보의 교환이 아니라 인격과 인격간의 소통이 부재하다는 것이다. 이런 점에서 지금은 어느 시대보다 소통이 절실하고도 절박하다.

소통의 어려움은 교회 안에서도 나타난다. 사실 교회만큼 다양한 부류의 사람들이 모인 곳도 없을 것이다. 교회는 출신, 학력, 직업, 연령, 성별 상관없이 누구든지 들어올 수 있는 공동체이다. 교회에 들어오는 구성원의 조건이 따로 없기 때문이다. 때문에 교회는 현대사회의 모든 모습을 담고 있는 종합선물 세트 같은 존재이다. 관계도 다양하고, 서로에 대한 요구(needs)도 다르며, 추구하는 목적이나 목표도 상이하다. 그런 가운데 서로 소통한다는 것이 쉽지는 않다. 그래서 실지로 교회 안에서 목회자와 성도, 세대와 세대, 직분과 직분 사이에서 소통이 제대로 되지 못하여 고통을 호소하는 경우들이 많이 있다. 목회데이터연구소에 의하면, 교인이 제기한 문제에 대해서 담임목사의 85%는 '수용했다'고 응답한 반면, 문제를 제기한 성도들 중 48%만이 '수용됐다'고 응답하였다. 그만큼 소통에서 온도차가 있다는 것이다.

왜 이런 온도차가 발생하는 것인가? 이 온도차를 극복하는 길은 무엇인가? 오늘 우리에게 던져진 숙제이며, 반드시 해결해야 할 과제이다.

Ⅱ. 소통의 길

원래 소통은 힘들고 어려운 것이 정상이다. 각자의 개성이 다르고 삶의 방식이 다른데 서로 소통하는 것이 기적이다. 때문에 소통하려면 노력이 필요하다. 노력 없이 소통도 있을 수 없다. 가을이 다가옴을 알려주는 첫 신호는 아마 귀뚜라미의 울음소리일 것이다. 귀뚜라미는 이 소리를 통해 자신의 위치를 알리고 짝을 구하며 서로 소통한다고 한다. 그런데 귀뚜라미의 울음소리는 사실 오른쪽 날개 아래 톱날 같이 생긴 줄(file)을 왼쪽 날개 위에 있는 마찰판(scraper)으로 긁으면서 내는 소리이다. 우리가 듣기에는 가을의 세레나데처럼 아름답게 들릴지 모르나, 사실 귀뚜라미는 이 소리를 내기 위해서 밤새 날개짓을 해야 한다. 그런 수고가 있기에 소통이 가능한 것이다.

여름의 심볼(symbol)인 매미 역시 울음소리를 통해 짝을 부르고 소통을 한다고 한다. 그런데 공항 근처에 있는 매미의 울음소리는 운치가 나고 낭만이 있는 것이 아니라, 마치 통곡하듯이 울부짖으면서 우는 것 같다. 아마도 비행기가 뜨고 내릴 때 나는 그 시끄러운 소음을 이기고 소통하기 위해서 더 큰 소리로 울음소리를 내는 것이 아닌가 생각한다. 미물의 짐승도 서로 소통하기 위해서 그렇게 애를 쓰고 노력을 한다. 하물며 다른 사람과 소통하기 위해서 얼마나 많은 수고와 노력이 필요하겠는가? 소통에는 몇 가지 중요한 요소들이 있어야 한다.

1. 공감 (Empathy)

제레미 리프킨(Jeremy Rifkin)은 그의 책 「공감의 시대」에서 현시대의 위기를 극복하기 위해서는 공감이 정말 필요하고 절실하다고 하였다. 앞으로 인간의 운명을 결정하는 미래 사회는 얼마나 공감의 능력을 가지고 있느냐에 달려 있다고 할 수 있다. 교회도 마찬가지다. 서로 공감하는 마음이 없으면 그 공동체의 미래는 암울하다. 다른 사람을 얼마나 공감해 주느냐 하는 것은 한 개인의 성숙도와 성공도만이 아니라 그 공동체의 건전성에도 큰 영향을 미칠 것이다.

공감(Empathy)이란 다른 사람의 감정이나 의견, 혹은 주장에 대해서 자신도 그렇다고 함께 느끼는 기분을 의미한다. 상대방의 상황에 대해 '아, 그렇구나!'라고 응답하는 단계이다. 상대방의 의견이나 감정에 동의하거나 동조하는 것은 아니지만 상대방의 상태를 이해하는 것은 서로의 관계에 아주 중요하다. 하지만 실제 다른 사람의 감정이나 생각에 공감한다는 것이 그렇게 쉬운 일은 아니다.

> "이 세대를 무엇으로 비유할까 비유하건대 아이들이 장터에 앉아 제 동무를 불러 이르되 우리가 너희를 향하여 피리를 불어도 너희가 춤추지 않고 우리가 슬피 울어도 너희가 가슴을 치지 아니하였다 함과 같도다" (마 11:16-17)

현대 사회의 모습을 그대로 보는 것 같다. 다른 사람이 무엇을 생각하고 있는지, 어떤 감정 상태에 있는지 전혀 관심도 없고 이해도 못한다. 그런데 사람은 자신의 생각이나 감정에 공감해 주는 것만으로도 행복해하고 감사하게 여기며 마음의 문을 연다. 이렇게 서로 공감이 있는 공동체, 공감해 주는 관계가 건강하며 의미 있는 관계를 유지하게 한다.

2. 긍휼 (Compassion)

긍휼(Compassion)은 단순히 상대방의 감정과 생각을 공감해주고 이해해 주는 정도가 아니라, 그가 고통과 어려움을 이겨낼 때까지 그와 함께(com) 고통을 나누는 것(passion)을 의미한다. '긍휼'(ελεος, 엘레오스)이란 말은 원래 창자가 끊어진다는 뜻이다. 즉, 긍휼이란 자신의 창자가 끊어지듯 같이 아파하고 함께 하는 마음이다. 상대방의 고통을 자신에게 이전하여 함께 느끼는 상태를 말한다.

복음서에는 고통당하는 자들을 향해 늘 가지고 계신 주님의 마음이 나온다.

> "예수께서 그가 우는 것과 또 함께 온 유대인들이 우는 것을 보시고 심령에 비통히 여기시고 불쌍히 여기사" (요 11:33)

심령에 비통히 여기고 불쌍히 여기는 마음이 곧 긍휼의 마음이다. 주님은 연약한 자, 곤경에 빠진 자, 고통 속에 있는 자의 마음을 알아주시는 정도가 아니라 당신의 아픔인 것처럼 함께 아파하시고 그 고통에 함께 동참해 주셨다. 긍휼은 결코 영혼 없는 위로나 얄팍한 연민의 정 정도가 아니다. 저 멀리서 그저 불쌍히만 여기는 감정이 아니다. 상대방의 고난과 저주의 자리에 내려와 함께 해 주는 마음이다. 마치 당신의 고통인 듯, 자신의 저주인 듯 함께 아파하며 동참해 주는 것이다.

> "즐거워하는 자들과 함께 즐거워하고 우는 자들과 함께 울라"(롬 12:15)

힘들 때 누군가 그저 내 옆에 같이 있어주는 것만으로도 위로가 되고 힘이 될 때가 있다. 멋있는 말을 해 주거나 문제를 해결해 주어서가 아니다. 옆에 있는 것만으로도, 같이 눈물을 흘려주는 것만으로도 위로를 받고 용기를 얻으며 소망이 생기기도 한다. 이것이 긍휼의 능력이며, 긍휼의 생명이다. 사람들이 공동체를 떠나는 이유는 경제적인 이유나 지리적인 이유 때문이 아니라, 사실은 그 안에서 긍휼을 경험해 보지 못했기 때문이다.

3. 동정 (Sympathy)

상대방의 감정과 마음을 이해하고 알아주는 것이 공감이라면, 고통을 같이 나누고 그 고통에 함께 동참하는 것이 긍휼이다. 그렇다면 동정(Sympathy)은 한 걸음 더 나아가 정신적으로나 물질적으로 도움을 베풀어 주는 단계까지 나가는 것을 의미한다. 단순히 상대방을 불쌍히 여기는 싸구려 애틋함이 아니다. 상대방의 어려운 처지를 마치 자기 일처럼 받아들여 실질적으로 정신적, 물질적 도움을 주는 것이 동정이다.

우리의 연약함을 대하시는 주님의 자세를 보라.

> "우리에게 있는 대제사장은 우리의 연약함을 동정하지 못하실 이가 아니요 모든 일에 우리와 똑같이 시험을 받으신 이로되 죄는 없으시니라" (히 4:15)

우리의 연약함을 동정하시는 예수님은 일차적으로는 우리의 아픔과 외로움, 고생과 수고, 눈물과 탄식을 다 알아주신다. 왜냐하면 그는 하나님의 아들로서 우리와 다른 천상에 머물러 계신 분이 아니라, 우리와 똑같이 멸시와 버림받음, 간고와 질고, 외면과 수치를 당하셨기 때문이다(사 53:2-3). 그래서 뭇 사람의 마음을 누구보다 잘 아신다(행 1:24). 그저 우리의 처지를 잘 아실 뿐만 아니라 그는 우리의 눈물에 함께 해 주신다. 가장 힘든 순간에는 우리를 업고서라도 가시는 긍휼의 주님이시다.

우리의 연약함을 동정하시는 주님은 우리의 고통스러운 마음과 현실을 이해해 주거나 같이 아파해 주시는 것으로 끝나지 않으신다. 실질적인 도움의 손길을 베풀어 주시는 데까지 나아가신다. 계속해서 성경은 동정하시는 주님의 모습을 이렇게 소개한다.

> "그러므로 우리는 긍휼하심을 받고 때를 따라 돕는 은혜를 얻기 위하여 은혜의 보좌 앞에 담대히 나아갈 것이니라" (히 4:16)

때를 따라 돕는 은혜를 베풀어 주시는 주님, 은혜의 보좌 앞에 담대히 나아갈 길을 열어주시는 주님, 이것이 우리의 연약함을 동정하시는 주님의 모습이다. 그래서 주님은 "날마다 우리 짐을 지시는 주"(시 68:19)이시다. 동정은 공허한 위로나 감상적인 공감, 무력한 애절함 정도가 아니다. 진정한 동정은 실질적인 도움을 주는 자리까지 나아가는 것이다.

Ⅲ. 나가는 말

현대 교회는 마치 메주콩을 모은 자루 같이 보일 때가 있다. 메주콩이 자루 안에 있으면 하나 같이 보이지만, 자루를 쏟는 순간 콩들을 다 제각기 흩어지고 만다. 교회 안에 성도는 많지만, 예배가 끝나면 메주콩처럼 쫙 흩어져 버린다. 서로에 대한 관심이나 사랑이나 섬김이 전혀 없이 다 제각기 신앙의 삶을 산다. 그래서 같은 교회를 다녀도 하나라는 공동체의식이 없다. 소통이 전혀 없다는 것이다. 교회 안에 나의 마음과 감정에 공감해 주는 사람이 있다면, 나의 아픔과 힘겨움을 함께 느껴주고 동참해 주는 사람이 있다면, 한 걸음 더 나아가 실질적인 도움과 힘이 되어주는 손길이 있다면, 그 교회는 살아있는 공동체 같이 느껴질 것이다. 현대 사회를 사는 사람들에게는 진정한 안식처 같이 느껴질 것이다.

마가의 증언에 의하면, 예수님께서 십자가에 달리실 때 멀리서 바라보던 여인들이 있었는데, "이들은 예수께서 갈릴리에 계실 때에 따르며 섬기던 자들"(막 15:41)이었다고 한다. 여기서 "따르고 섬기던 자"는 예수님을 따르던 제자들의 모습이다. 즉, 초기부터 예수님을 따르던 제자들 중에는 여성 제자들이 있었다는 것이다. 저들은 예수님의 복음 사역에 동역자이며, 조력자였고, 예수님과 제자들을 섬기는 일을 감당했던 여인들로서 중요한 역할을 감당한 자들이었다.

한국교회의 성장과 부흥은 사실 그 배후에 남선교회와 여전도회의 헌신과 봉사, 섬김과 나눔이 있었기 때문에 가능했다. 이제 21세기 이제까지 경험해 보지 못한 새로운 시대에서도 특히 여성들의 역할은 매우 중차대하다. 특별히 교회 안에서 소통의 문제는 여성들의 역할을 지대하게 클 것이다. 왜냐하면 하나님께서 여성들에게는 어머니의 마음을 주셨기 때문이다. 해산하는 수고의 마음으로 서로를 품어주고 안아줄 때, 한국교회는 다시 살아나고 일어나게 될 것이다.

작년 11월 28-29일에 여전도회와 남선교회 전국연합회 임원들과 함께 총회평신도위원회 워크숍을 가졌다. 그 때 가장 주요 내용은 '미래세대 3040세대의 활성화 방안'이었다. 잘 알겠지만, 현재 한국교회의 주요 관심은 3040세대이다. 3040세대와 어떻게 소통하고 그들을 어떻게 섬기며, 또 그들로 하여금 하나님 나라와 교회를 어떻게 참여시키고 또 섬기게 할 것인가가 큰 과제이다. 따라서 3040세대가 교회에 적극적으로 참여할 수 있도록 '제도적 소통의 장'을 마련해야 한다는 결론이었다. 한 마디로 법제화하자는 것이다. 이에 따라 몇 가지 제안하려고 한다.

1. 여전도회와 남선교회 : 3040세대 총대들을 임원 또는 주요 부서에 포함시켜야 한다.

이를 위해 지교회와 지노회연합회는 각각 상회에 3040세대를 총대로 일정 비율 파송해야 한다.

2. 지교회 : 여성 지도자(장로)를 더 세워야 한다.

우리 교단은 대의제 정치체제로서 치리회가 당회이다. 당회는 절대적 권한을 가지고 지교회를 섬기고 있다. 문제는 여성 교인에 비해 여성 장로가 턱없이 부족하다는 것이다. 따라서 법(헌법)으로 보장될 수 있도록 법제화 작업을 해야 한다.

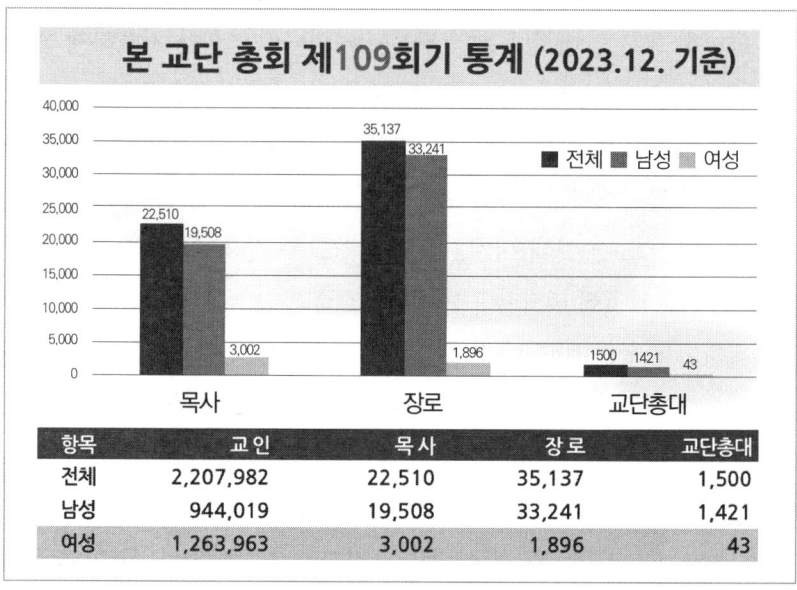

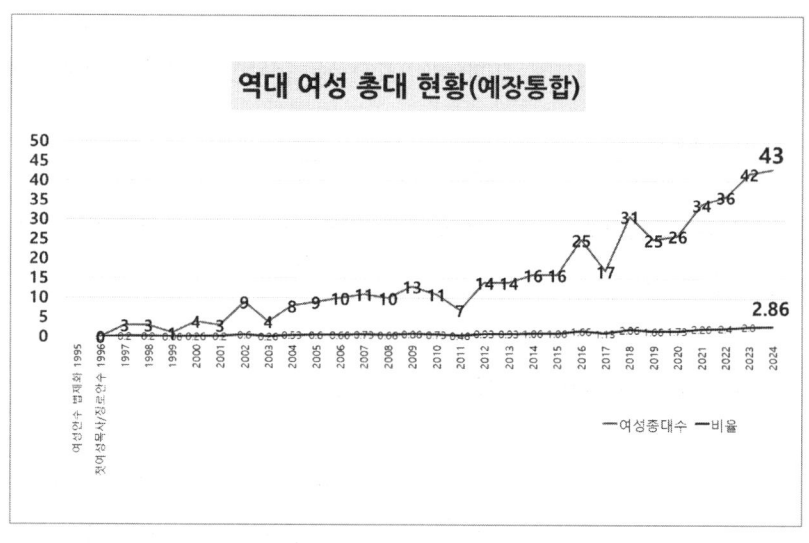

3. 교단 총회 : 직능별 총대 또는 여성 총대를 법적으로 제도화해야 한다.

2025년은 여성안수 법제화 30주년이 되는 해이다. 나름 시대에 앞서서 여성목사와 여성장로를 세웠다. 잘 한 일이다. 코로나 이후 많은 고통이 있지만, 교회가 지켜지고 특히 작은 교회가 지탱할 수 있었던 이유는 여성 성도들의 헌신이 있기에 가능했다고 본다. 그러나 현실적으로 타교단에 비해 여성 장로나 여성 총대 숫자는 턱없이 적다.

대한기독교감리회(기감) : 2015년 여성총대 15% 선출 의무화, 2016년 성별 세대별 15% 할당제 의무화를 결의하여 시행하고 있다. 2023년도에는 총회 대표 목회자 교인 각 15%를 여성 및 50세 미만으로 선출하기로 결의하였다.

교단별 여성정책 & 여성총대 파송 현황

대한기독교감리회(기감)

1955	첫 한국여성 목사 안수(전밀라, 명화용)
1981	세계감리회여성연합회 최초 한국여성회장 선출
1982	감리교 의회 평신도 대표 30% 여성할당제 규정화
2015	여성총대 15% 선출 의무화
2016	성별·세대별 15% 할당제 의무화
2023	• 총회 대표 목회자·교인 각 15%를 여성 및 50세 미만으로 선출(신설) • 감리회 본부 산하 각 위원회와 이사회에 의무적으로 여성 2명 이상 배정 • 성(性)범죄 규정 강화
2024	여교역자 지원: 월 1회의 유급 생리휴가와 출산 전후 3개월의 유급 출산휴가 관련 교리와 장정 개정안 통과

한국기독교장로회(기장) : 2010년 총대수 20인 이상(목사10, 장로10) 노회 : 여성목사 여성장로 각 1인 이상 총대 파송 의무화 규칙을 제정하였다. 2015년 총대수 10인 이상 노회 : 여성목사 여성장로 각 1인 이상 총대 파

송 의무화 규칙을 제정하였다. 2024년에는 전체 총대 614명 중 여성총대 65명(10.58%)이었다.

한국기독교장로회(기장)	
1956	'여성 장로제도' 통과
1974	'여성 목사제도' 통과(1957년 42회 총회에서부터 청원 시작)
1977	첫 여성목사 안수(양정신 목사)
1998	첫 여성부총회장 선출(손숙자 장로)
2007	'양성평등위원회' 신설
2010	총대수 20인 이상(목사10, 장로10) 노회: 여성목사, 여성장로 각 1인 이상 총대 파송 의무화 규칙 제정
2013	교단총회 상임위원회, 특별위원회에 여성 1명 이상씩 공천 의무화 규칙 제정
2015	총대수 10인 이상 노회: 여성목사, 여성장로, 각 1인 이상 총대 파송 의무화 규칙 제정
2016	① 여성교역자 출산과 양육 보장 결의 ② 여성 장로 30% 선출에 대한 의무화 헌의
2021	① 청년회, 남신도회, 여신도회 대표 각 2인 정회원 자격 허락 ② 첫 여성총회장(김은경 목사) 선출
2024	① 전체총대 614명 중 여성총대 65명(10.58%) : 목사 26인, 장로 36인, 기관 3인. ② 청년회, 남신도회, 여신도회에서 각 2명씩 총 6명 정회원 총대로 참석 ③ 목회자 출산 휴가 & 육아 휴직제도 보장을 위한 헌법개정 통과(출산휴가 3개월, 육아휴직 1년 이하 유급 휴양 제공)

대한예수교장로회(통합) : 1994년 총회에서 여성안수가 허락되었고, 1995년 여성안수가 법제화되고, 1996년 첫 여성 목사가 탄생되었다. 2024년 제109회 총회 총대 1,500명 중 남성총대 1,421명, 여성총대는 43명(2.86%)이다. 2025년인 제110회 총회 총대에서 여성총대는 57명(3.8%)으로 상향되었다. 그럼에도. 타교단에 비하면 턱없이 부족하다. 물론 노력하고 있다.

대한예수교장로회(통합)	
1933	함남노회 **함흥교회 최영혜 외 103명** 연서로 **여성의 교회치리권 청원** 조선예수교장로회 최초의 여권운동(동아일보, 1933. 7. 1일자 조간 3면)
1953	**女子의 人格宣言** 발표 (여전도회전국연합회장 김필례 외 19인) 1953년 8월 10일자 〈한국기독공보〉
1994	**여성안수 허락** (61년 만에 총투표 1321명 중 찬성 701표 반대 612표, 기권 8표, 89표차로 통과)
1995	여성안수 법제화
1996	**첫 여성장로** 박숙란(서울, 안동교회) , **첫 여성목사** 박진숙(울산, 동신교회) **임직**
2006	교단총회 **첫 여성 임원**(부회록서기) 선출 (여전도회전국연합회 제35대 회장 김희원 장로)
2016	**첫 여성목사 노회장** 선출(김예식 목사, 이상출 목사)
2017	노회별 여성총대 1인 파송 허락
2019	교단총회 **첫 여성** (장로)**부총회장** 선출 (여전도회전국연합회 제49대 회장 김순미 장로)
2024	여성안수 허락 30주년 여성대회

1) 2016년 노회별 여성총대 1인 파송 허락이 결의되었다. 그러나 권장 사항이라는 해석에 따라 실제 시행이 되지 않고 있다.
2) 노회에 따라 규칙(규정)에 반영되고 있다. (영등포노회 총회여성총대 2명)
3) 총회 차원에서 법제화 할 필요가 있다. (헌법 개정)

제4부
여성 목사와 장로들 사역의 미래

제1장

영국교회에서 여성 목사와 장로의 역할

-영국 사회 전반의 여성 리더쉽 발전과의 연관성을 중심으로-

박준수 목사
(에딘버러뉴톤교회 존로스기념, 담임)

I. 서론

2025년 4월 2일, 1747년에 세워진 에딘버러뉴톤교회(존로스기념)에서 본인의 담임목사 취임식과 헌당식을 할 때에 예장통합 부산남노회 김오룡 노회장과 여성인 스코틀랜드교회 로시안앤보더스노회 로나 소우터(Lorna Souter) 노회장에 의해서 집례가 되었고, 축사는 에딘버러대학교 신학부 학장인 제레미 카레트(Jeremy Carrrette) 교수가, 여성이자 뉴컬리지 교장인 알리슨 잭(Alison Jack) 교수가 헌당감사기도를 하였다. 며칠 후 에딘버러대학교 기포드렉쳐에 케임브리지대학교 역사학과의 여성교수인 알렉산드라 왈샴(Alexandra Walsham)이 여섯 번에 걸쳐 초기 근대 기독교에서 종교적 운동에 대해 깊이 있는 강연을 하였다. 무엇보다 본인이 영국에 살면서 거의 대부분의 시기를 엘리쟈베스 2세 여왕이 통치를 하였는데, 그녀는 재위기간이 70년이 되며 이는 영국을 가장 오랫동안 통치했던 군주이기도 하다. 최근에 첩보 영화 007 시리즈의 배경으로 유명한 영국 정보 기관 MI6가 116년 역사상 처음으로 여성인 블레이즈 메트러웰리을 수장에 임명했다. 오늘날 영국 사회에서 여성의 역할은 그 어느때 보다 중대하는 현상을 보이고 있다. 영국교회에서 여성들은 오랜 시간 동안 부차적인 역할에 제한되어 왔으며, 이는 대부분 여전도사나 선교 사역과 같은 영역에 국한된 것은 사회 전반에 걸친 성별 위계 구조의 영향이 반영된 것으로 보인다. 반면, 초기의 오순절 교회나 자유교회(Free Church) 전통에서는 때때로 여성의 더 큰 참여를 수용하기도 했다. 이에 반해, 잉글랜드 성공회나 스코틀랜드 장로교회와 같은 교단들은 보다 엄격한 기조를 유지했으며, 여성 안수나 위원회 참여와 같은 현저한 이정표에도 불구하고 여전히 완전한 참여를 제한하는 "유리 천장(stained glass ceilings)"이 존재한다는 연구 결과들이 있다.[1]

영국 여성 목사와 장로들에 대한 연구에 따르면 교단에서 이들의 역할

---

1) Alan Aldridge, "In the Absence of the Minister: Structures of Subordination in the Role of Deaconess in the Church of England," *Sociology* 21, no. 3 (1987): 441-458; Jamys J. Carter, "An Historical Overview of Women in Ministry within the Elim Pentecostal Church in the First Half of the Twentieth Century," *Journal of the European Pentecostal Theological Association* 38, no. 1 (2018): 43-53; Jamys J. Carter, "An Historical Overview of Women in Ministry within the Elim Pentecostal Church in the Second Half of the Twentieth Century (Part 2)," *Journal of the European Pentecostal Theological Association* 38, no. 2 (2018): 148-159; Diana Chapman, "The Rise and Demise of Women's Ministry in the Origins and Early Years of Pentecostalism in Britain" (PhD diss., University of Birmingham, 2004); Nancy Nason-Clark, "Are Women Changing the Image of Ministry? A Comparison of British and American Realities," *Sociology of Religion* 48, no. 3 (1987): 234-245; Helen Plant, "Patterns and Practices of Women's Leadership in the Yorkshire Quaker Community, 1760-1820," *Quaker Studies* 11, no. 2 (2006): 207-224; Mandy Robbins, *A Different Voice: A Different View* (Birmingham: Christian Education Publications, 1998); Mandy Robbins and Ceri Fowler, "Married with Children: The Experience of Women Ministers of Word and Sacrament in the United Reformed Church," *Journal of Beliefs & Values* 29, no. 3 (2008): 271-280; Mandy Robbins and Anne-Marie Greene, "Clergywomen's Experience of Ministry in the Church of England," *Gender, Work & Organization* 24, no. 4 (2017): 365-381; Ian Smith, John Sawkins, and Robert Mochrie, *Money, Sex and Religion: The Case of the Church of Scotland* (Newcastle: Cambridge Scholars Publishing, 2007).

은 기회부여와 동시에 제약이 형성되어 왔음을 보여준다. 엘림 오순절 교회(Elim Pentecostal Church)의 경우, 1915년부터 1999년까지의 기록을 통해 여성 리더십에 대한 초기 제한이 장기적인 논쟁 끝에 거의 동등한 지위를 부여하는 안수 허용과정을 보여준다. 성공회에서는 1994년 여성이 공식적으로 사제 안수를 받았으나 여성 성직자들이 사제와 주교 직임 수행에 있어서는 여전히 성별에 따른 차별적 메커니즘에 직면하고 있다. 영국 연합개혁교회는 1972년 통합 이래 공식적으로 동등한 진입을 허용하였고, 스코틀랜드교회의 경우도 공식적인 장벽은 없지만 목회적 기회에 영향을 주는 경제적 불평등이 존재한다.

이에 대한 연구들은 또한 여성 목회자들의 독특한 접근 방식을 보고하고 있다. 교단을 초월하여 여성 목회자들은 상담 기술, 관계 중심적 목회, 지역 사회 참여 측면에서 인정받고 있다. 1760-1820년 시기에 퀘이커교에서는 여성 리더십이 지배적이었고 혈연 네트워크의 지원을 받았던 반면, 초기 영국 오순절주의(1907-1914)는 처음에는 개방적이었다가 이후 여성의 역할을 제한하는 방향으로 전환되었다. 종속적 위치, 위계적 한계, 경제적 불평등에 대한 연구들은 구조적 한계가 있음을 강조한다.

영국 사회와 교회 전반에서 여성 리더십은 지난 한 세기 동안 눈에 띄게 성장해 왔다. 여성 목사와 장로들의 역할은 이제 과거에 비해 크게 확대되었으며, 이는 영국 사회의 여성 지도자들(정치, 학계 등)의 부상과 맥락을 같이 한다. 그러나 이러한 변화가 이루어진 과정과 그 영향은 복합적이다. 본 연구는 교회 내 여성 리더십이 어떻게 자리 잡아왔는가 그리고 영국의 사회적 변화(정치적·문화적 변화)와 어떤 상호작용을 이루었는가를 탐구하고자 한다. 이를 위해 역사적 배경과 구체적 사례를 살펴보고, 영국 주요 교단들에서 여성에게 목사 안수와 장로직 허용이 도입된 경위와 현재 그들이 수행하는 역할을 고찰한다. 이러한 고찰은 교회 내부의 변혁이 사회 전반의 여성 리더십 발전과 어떻게 연관되어 상호 촉진되었는지 분석하는 데 목적이 있다.

연구 방법론으로는 문헌 자료에 대한 분석과 역사적 비교 연구를 주로 활용하며, 특정 인물과 기관에 대한 사례 연구를 통해 내용을 구체화한다.[2] 예를 들어 스코틀랜드교회의 여성 총회장 선출 사례, 에딘버러대학교 신학부인 뉴컬리지에서 여성 교수들의 역할, 그리고 지역 교회에서 여성 목사와 장로들이 이끄는 사역의 실제 모습을 사례로 조사한다. 이러한 접근을 통해 교회와 사회에서의 여성 리더십 변화가 서로에게 미친 영향을 내용 중심으로 서술하고자 한다.

II. 영국 사회에서 여성 리더십 변화

영국에서 여성의 사회적 지위 향상과 리더십 증가는 서서히 그러나 꾸준히 진행되어왔다. 특히 선거권 획득과 정치 지도자들의 등장, 그리고 여성 군주의 영향력을 통해 여성에 대한 인식 변화가 촉진되었다.

1. 여성 참정권 운동

20세기 초반, 영국 여성들은 참정권(suffrage)을 쟁취하기 위해 격렬한 운동을 전개하였다. 에멀린 팽크허스트(Emmeline Pankhurst)를 비롯한 투사들은 여성도 정치에 참여할 권리가 있음을 주장하며 사회적 파장을 일

---

[2] Church of Scotland, "Ordination of Women," *Church of Scotland*, https://www.churchofscotland.org.uk; WATCH (Women and the Church), "Timeline," *Women and the Church*, https://womenandthechurch.org; Religion Media Centre, "Women and the Church in Britain," *Religion Media Centre*, https://religionmediacentre.org.uk; Historic UK, "Votes for Women," Historic UK, https://www.historic-uk.com; *Life and Work*, "Shocking Knox," https://www.lifeandwork.org; UK Parliament, "Women's Contribution to the Ordained Ministry," *Hansard*, April 19, 2023, https://hansard.parliament.uk.

으켰다. 이들의 노력 덕분에 1918년 영국 의회는 역사적인 법안을 통과시켜 30세 이상 여성에게 제한적 투표권을 부여하였다. 이는 남성에게는 21세부터 투표권을 준 것과 비교하면 아직 불평등한 조치였지만, 여성들에게 최초로 참정권을 공식 인정했다는 점에서 기념비적인 진전이었다. 이어서 1928년에는 참정권이 확대되어 21세 이상 모든 여성에게 남성과 동등한 투표권이 주어졌다. 불과 10년 만에 이루어진 이러한 법 개정은 여성의 완전한 선거권을 실현한 것이다.

에멀린 팽크허스트를 위시한 참정권 운동가들의 투쟁은 이 같은 변화를 이끌어낸 핵심 동력이었다. 팽크허스트는 1903년 여성사회정치연합(WSPU)을 결성하여 "행동이 말보다 중요하다"는 모토 아래 투쟁을 이끌었고, 투옥과 단식투쟁도 마다하지 않는 급진적인 활동으로 큰 주목을 받았다. 그녀의 이러한 노력은 20세기 들어 영국 여성 참정권을 현실화하는 데 결정적인 기여를 했으며, 타임지가 선정한 20세기 가장 영향력 있는 100인에 포함될 정도로 높은 평가를 받았다. 참정권 운동을 통해 여성들은 정치 영역에 첫 발을 내딛었고, 이는 이후 영국 사회 전반에 걸친 여성 리더십 신장의 토대가 되었다.

2. 여성 정치 리더십의 부상

참정권 획득 이후 수십 년간 여성들의 사회·정치 참여는 꾸준히 증가하여 마침내 최고위직 진출로 이어졌다. 마가렛 대처(Margaret Thatcher)는 1979년 총리에 취임하면서 영국 최초의 여성 수상이 되었다. 그녀는 1990년까지 장장 11년간 재임하여 20세기 영국 최장수 총리이자 최초의 여성 총리로서 강력한 리더십을 보여주었다. 이후 약 25년 만인 2016년 테레사 메이(Theresa May)가 영국의 두 번째 여성 총리로 임명되어 2019년까지 재임하였다. 2022년에는 리즈 트러스가 세 번째 여성 총리로 잠시 재직하기도 했다. 이처럼 영국은 세 차례에 걸쳐 여성 총리를 배출하며 최고 정치권력 위치에서도 여성이 활동할 수 있음을 세계에 보여주었다.

여성들의 정치 참여는 총리직에만 국한되지 않는다. 대처와 메이 외에도 다수의 여성들이 내각의 주요 직책을 역임했다. 예컨대 대처 내각 시절부터 여성 장관들이 배출되기 시작했고, 21세기에 들어서는 내무부, 국방부, 외무부 등 중요 부서의 장관직에도 여성들이 임명되었다. 테레사 메이 자신도 총리가 되기 전 2010년부터 6년간 내무장관을 지내며 이 자리에서 가장 오랫동안 재직한 인물이 되었다. 이러한 사례들은 정치 영역에서 여성들의 역할이 의회 진출을 넘어 정부의 핵심 의사결정자로까지 확장되었음을 보여준다. 오늘날 영국 의회에는 수백 명의 여성 의원들이 활동하고 있으며, 전체 하원의 약 3분의 1을 차지할 정도로 그 비율도 꾸준히 상승하고 있다. 이는 초기 참정권 운동 이후 한 세기가 채 지나지 않아 이루어진 커다란 변화로, 정치 분야에서의 여성 리더십 정착을 잘 나타낸다.

3. 여성 군주들의 리더십

영국 역사에서 여성의 지도력은 군주제에서도 찾아볼 수 있다. 빅토리아 여왕(Victoria)과 엘리자베스 2세 여왕(Elizabeth II)은 각기 19세기와 20-21세기에 걸쳐 장기간 통치하며 상징적인 여성 지도자의 역할을 수행하였다.

빅토리아 여왕은 1837년 즉위하여 1901년 서거하기까지 64년간 재위하며 대영제국의 전성기를 이끌었다. 그녀의 시대는 "빅토리아 시대"라고 불릴 만큼 영국 역사에서 중요한 위치를 차지하며, 빅토리아 자신은 영국 제국의 상징으로 자리매김했다. 말년에는 국민들로부터 "할머니 여왕"으로 사랑받으며 대영제국의 통합된 이미지로 존경을 받았다. 1887년과 1897년의 즉위 50주년과 60주년 기념 황금·다이아몬드 주빌리 행사는 전 세계적인 축하행사로 치러졌고, 그녀를 제국의 상징적인 존재로 더욱 부각시켰다. 빅토리아 여왕의 오랜 통치와 안정된 왕위는 영국 사회에 도덕적 권위와 가족의 가치를 심어주었고, 여성 군주도 강력한 국가 통치자가 될 수 있음을 입증하였다.[3]

엘리자베스 2세 여왕은 1952년 즉위하여 70년 이상 왕위에 있으면서 영국 역사상 최장기 재위 군주가 되었다. 그녀는 냉전, 탈식민지화, 사회문화 혁명 등 격변의 시대 속에서도 한결같은 자세로 헌신함으로써 국민들의 존경을 받았다. 특히 국가와 국민에 대한 봉사 의식과 헌신은 전 세계에 모범이 되었고, 그녀 자신이 국민 통합의 상징으로 기능하였다. 한 역사학자는 엘리자베스 2세를 가리켜 "급변하는 세계 속에서 지속성과 안정감을 제공한 불변의 존재이며, 의무와 헌신의 상징적인 인물"이라고 평하기도 했다. 그녀의 70년 통치 기간 동안 15명의 총리가 바뀌었지만 여왕은 흔들림 없이 국가를 상징하며 의례적 역할 이상으로 국민에게 정서적 안정과 연대감을 주었다. 이렇듯 여성 군주들의 존재는 비록 입헌군주제 하에서 정치 실권을 직접 행사하지는 않지만, 사회적·문화적 차원에서 강력한 여성 리더십의 본보기가 되었다.

Ⅲ. 영국교회의 여성 리더십 도입 과정

영국의 주요 기독교 교단들에서도 20세기 중후반을 거치며 여성에게 문호를 개방하는 변화가 일어났다. 오랜 기간 남성의 전유물이었던 강단과 교회 지도부에 여성들이 들어서기까지 각 교단은 저마다의 논쟁과 결단의 역사를 지니고 있다. 여기서는 영국을 대표하는 몇몇 교단—스코틀

---

3) royal.uk

랜드교회, 잉글랜드 성공회(Church of England), 영국연합개혁교회, 영국 감리교 등—의 여성 안수 허용 연혁을 중심으로 그 도입 과정을 살펴본다.

영국교회에서 여성 안수의 역사는 20세기 초까지 거슬러 올라갈 수 있다. 이미 비국교도(Nonconformist) 전통에서는 일찍부터 여성에게 문호를 연 사례가 있었다. 예를 들어, 1917년 영국 회중교회에서는 콘스탄스 콜트먼(Constance Coltman)이 영국 최초의 여성 목사로 안수를 받았다. 콜트먼은 영국의 주요 개신교 교단 가운데 한 곳에서 최초로 목사직에 오른 여성으로 기록되며, 그녀의 안수는 당시로서는 혁신적인 사건이었다. 이 전통은 후에 회중교회와 장로교 일부가 연합하여 출범한 영국연합개혁교회(URC)에까지 계승되어, 해당 교단은 1917년 이미 첫 여성 목사를 배출한 선구적 전통을 가졌다고 자부한다.

보다 전통적인 국교 혹은 장로교 교단들은 대체로 20세기 중반기 이후에 변화가 나타났다. 스코틀랜드 교회의 경우 1960년대 중반에 이르러서야 본격 논의가 결실을 맺었다. 오랜 신학적 토론 끝에, 1966년 스코틀랜드교회 총회는 여성도 장로직에 임명될 수 있음을 공식 인정하였고, 이어 1968년에는 여성에게 목사 성직을 개방하기로 결의하였다. 그 결과 스코틀랜드교회에서는 같은 해에 첫 여성 목사가 탄생하였는데, 이는 당시 페미니즘 운동이 막 태동하던 시대적 상황을 앞서간 파격적인 결정이었다. 이로써 스코틀랜드교회는 전 세계 국교회 중 비교적 이른 시기에 여성 안수를 허용한 사례가 되었다. 참고로 스코틀랜드에서 과거 분리되었던 연합자유교회(United Free Church of Scotland)는 이미 1929년에 여성 안수를 도입하여 1960년에는 첫 여성 총회장을 선출한 바 있고, 반면 보수적인 자유교회(Free Church of Scotland) 등은 현재까지도 여성 안수를 인정하지 않고 있어 교단별 차이가 남아 있다.

감리교도 여성들에게 성역을 허무는 데 중요한 역할을 했다. 영국 감리교는 1974년이 되어서야 첫 여성 목회자를 공식 안수하였지만, 그 이후 비교적 빠르게 여성 목회자들의 입지를 넓혀갔다. 사실 감리교회에서는 19세기 말부터 여성들을 집사 직분(deaconess)으로 세우고 설교 사역에 부분 참여시키고 있었으나, 완전한 목사 안수는 1970년대 중반까지 미뤄졌던 것이다. 1974년 브리스톨에서 역사적인 첫 여성 목사 안수식이 거행되어 그 해에 여러 명의 여성들이 한꺼번에 목사로 안수를 받았고, 이후 여성 목회자 수가 꾸준히 증가하였다. 영국 감리교회는 1993년에는 첫 여성으로 감리교 총회장에 선출된 캐슬린 리처드슨(Kathleen Richardson)을 배출하기도 하며 교단 내 여성 지도력 확대가 본격화되었다.

영국에서 가장 오랜 전통을 가진 성공회, 잉글랜드 국교회(Church of England)는 여성 성직 허용 문제를 두고 오랜 기간 신학적·교회법적 논쟁을 이어왔다. 여성 참정권이 논의되던 1920년 램베스 회의(전 세계 성공회 주교회의)에서도 여성 성직이 잠시 언급되었으나 "시기상조"라는 이유로 무산되었다. 이후 한동안 진전이 없다가 1970년대에 들어서 변화의 조짐이 나타났다. 1985년 잉글랜드 총회(General Synod)는 우선 여성들을 부제(집사, deacon)로 허용하기로 결의하였고, 이에 따라 1987년 영국 성공회 역사상 처음으로 여러 명의 여성이 부제 서품을 받았다. 그러나 사제(priest)직은 여전히 막혀 있어 여성 부제들은 사제로 승품되지 못한 채 사역해야 했다. 결국 지속된 교단 내 찬반 논쟁 끝에 1992년 잉글랜드국교회 총회는 성직 3직 중 사제직까지 여성에게 허용하기로 3분의 2 다수결을 확보하며 통과시켰다. 그로부터 2년 후인 1994년 봄, 오랫동안 기다려 온 첫 여성 사제 서품식이 거행되어 그 해에만 1,500명에 달하는 여성 부제들이 일제히 사제로 서품받는 역사적 사건이 일어났다. 이로써 영국 성공회에서도 본격적으로 여성 사제들이 교구에서 활동할 수 있게 되었다.

여기서 멈추지 않고, 잉글랜드 성공회는 여성들에게 주교(Bishop)의 길도 열기 위해 추가적인 노력을 계속하였다. 2012년 총회에서 한 차례 여성 주교 안건이 부결되어 사회적으로 큰 비판을 받았으나, 이에 당시 영국 총리 데이비드 캐머런은 "교회도 이제 시대에 맞게 변화할 때"라며 이례적으로 공개 압박을 가하기도 했다. 결국 2014년 재투표에서 여성 주교 허용안이 통과되어 교단 법률이 개정되었고, 이듬해인 2015년 1월에 리비 레인(Libby Lane) 목사가 잉글랜드 성공회의 첫 여성 주교로 서품되었다. 같은 해 레이첼 트리위크(Rachel Treweek)는 첫 여성 교구장 주교(diocesan bishop)로 임명되어 상원 의회에 자동 진출함으로써 영국 입법부에 참여한 최초의 여성 주교가 되었다. 이후 여러 여성들이 주교직에 올랐고, 2018년에는 사라 멀랠리(Sarah Mullally)가 런던 주교로 임명되어 캔터베리 대주교와 요크 대주교에 이어 영국성공회 서열 3위의 고위직을 여성이 맡는 데까지 이르렀다. 비록 아직 성공회 대주교직에는 여성이 없지만, 2020년대 중반 현재 잉글랜드 교구장 주교 42석 중 8석을 여성이 차지할 정도로 점차 그 수가 늘고 있다.

한편, 잉글랜드 외의 영국 지역 성공회에서도 비슷한 변화가 있었다. 웨일즈 성공회(Church in Wales)는 1997년 여성의 사제직을 허용하여 2017년에는 첫 여성 주교(조안나 펜버디 주교)를 배출했고, 아일랜드 성공회(Church of Ireland)는 북아일랜드를 포함하여 1990년에 이미 여성에게 사제 안수를 허용한 바 있다. 이처럼 현재 영국의 거의 모든 주요 개신교 교단들은 여성에게 성직과 교회직을 개방하였으며, 여성들은 목사, 주교, 장로 등 다양한 직책으로 교회를 섬기고 있다. 다만 로마 가톨릭교회와 동방정교회 등은 여전히 여성 사제 서품을 인정하지 않고 있어, 기독교 전체로 보면 교단 간 입장 차이는 남아 있다.

최근의 영국교회의 경향을 보면, 여성 안수를 허용한 영국 개신교 교단의 순서와 거의 동일하게 동성애를 허용하였으며, 여러 복합적인 요소들이 작용된 우연의 일치일수도 있겠지만 거의 이 순서대로 교인이 급감하여 소멸할 영국 교단의 순서와도 거의 일치하는 것으로 나타나고 있다.[4] 이에 반해 최근 영국의 젊은 남성들이 가톨릭으로 개종하는 사례가 증가하고 있고 18-34세 젊은 영국 남성들 중 한달에 한번 이상에 교회에 출석하는 이들 중에 무려 40% 이상이 가톨릭에 출석하는 반면, 개신교 교단에는 20% 이하로 급감하고 있다. 이는 세속적 경향에 순응한 진보적인 영국 개신교의 쇠퇴와 가톨릭의 전통성과 세속적 시류에 저항한 도전정신에 대한 매력이 복합적으로 작용한 것으로 보인다.

---

4) "Growth, Decline and Extinction of UK Churches," Anglican Ink, May 21, 2022, https://anglican.ink/2022/05/21/growth-decline-and-extinction-of-uk-churches/; The Economist, "Young British Men Are Turning to Catholicism in Surprising Numbers," May 8, 2025, https://www.economist.com/britain/2025/05/08/young-british-men-are-turning-to-catholicism-in-surprising-numbers; "The Decline and Possible Extinction of the United Reformed Church in the UK," Medium (Inspire · Believe · Grow), https://medium.com/inspire-believe-grow/the-decline-and-possible-extinction-of-the-united-reformed-church-in-the-uk-61f2a9807cd; "Liberalism within the Church Has Little to Offer That Cannot Be Found Elsewhere," Evangelical Focus, https://evangelicalfocus.com/europe/17360/liberalism-within-the-church-has-little-to-offer-that-cannot-be-found-elsewhere; "The Church of England Is Dying Out and Selling Up," The Economist, May 8, 2025, https://www.economist.com/britain/2025/05/08/the-church-of-england-is-dying-out-and-selling-up; Carol Roberts, M. Robbins, L. Francis, and P. Hills, *The Ordination of Women and the Church of England Today: Two Integrities, but One Pattern of Decline in Membership Statistics* (2006); E. Percy, *Women, Ordination and the Church of England: An Ambiguous Welcome* (2017); J. Shaw, *Conflicts Within the Anglican Communion* (2014); Karen Marie Sø Leth-Nissen, *Saints, Sinners, and Same-Sex Marriages* (2020); L. Orr, "Late Twentieth-Century Controversies in Sexual Ethics, Gender, and Ordination," in *The History of Scottish Theology*, vol. III (2019); A. Crockett and David Voas, "'A Divergence of Views: Attitude Change and the Religious Crisis over Homosexuality,'" (2003); F. Sani and S. Reicher, "Identity, Argument and Schism: Two Longitudinal Studies of the Split in the Church of England over the Ordination of Women to the Priesthood," (1999); L. Ramsay, "The Church of England, Homosexual Law Reform, and the Shaping of the Permissive Society, 1957–1979," *Journal of British Studies* (2018); R. Clucas and K. Sharpe, "Women Bishops: Equality, Rights and Disarray," *Ecclesiastical Law Journal* (2013); A. Village and L. Francis, *An Anatomy of Change: Profiling Cohort Difference in Beliefs and Attitudes among Anglicans in England* (2010).

Ⅳ. 현재 여성 목사와 장로들의 역할

　오늘날 영국교회에서 여성 목회자들과 장로들은 다양한 분야에서 중추적인 역할을 수행하고 있다. 이들은 남성 동료들과 마찬가지로 예배 인도와 설교, 성례 집례 등 기본적인 영적 사역을 담당하며, 교회 행정과 지도력 측면에서도 중요한 위치를 차지한다.

　먼저, 여성 목사들은 교구 목회자(vicar/minister)로서 지역 교회 공동체를 이끌고 있다. 주일 예배에서 설교하고 성경을 가르치며, 신자들에게 성례전을 집례하는 등 전통적으로 남성 목회자가 담당해온 모든 영적 서비스를 동일하게 제공한다. 또한 평일에는 심방, 심방, 신자 상담을 통해 신자들의 영적·정신적 필요를 돌보고 있다. 이러한 역할 수행에서 여성 목회자들은 그들만의 섬세한 돌봄과 공감 능력으로 신도들에게 다가가 큰 호응을 얻는 경우가 많다는 평가도 있다. 실제로 1994년 여성 사제 서품 이후 많은 영국 성공회 신자들이 "여성 신부들도 목회 업무를 훌륭히 해내며, 신도들의 필요에 귀 기울이고 위엄 있게 직무를 수행한다"는 인식을 갖게 되었는데, 이는 여성 사제도 충분히 "목자로서 적합하다"는 문화적 수용이 빠르게 이루어졌음을 보여준다.

　둘째, 교회 행정과 의사결정 분야에서도 여성들의 참여가 두드러진다. 스코틀랜드교회의 경우 여성 장로들이 평신도 지도자로서 교회 당회와 치리회에서 절반 이상을 차지하고 있는데, 실제 2016년 기준으로 스코틀랜드교회 전체 장로 중 과반이 여성이며 목사도 약 3분의 1이 여성으로 집계되었다. 이는 교회 정책 결정, 재정 감독, 교인 돌봄 계획 수립 등에 여성들의 의견과 리더십이 상시적으로 반영되고 있음을 의미한다. 또한 영국 성공회에서도 지역교회위원회(PCC)나 교구 시노드 등 의사결정 기구에 여성 성직자와 평신도 대표들이 활발히 참여하여 교회 운영을 이끌고 있다. 특히 여성들이 주교나 총회장에 선출됨으로써 교단 전체를 대표하는 역할을 맡는 사례도 늘었다. 예를 들어, 영국 성공회에서는 2015년 이후 여러 여성 주교들이 임명되어 교단 지도부에 합류하였고, 스코틀랜드교회도 2004년과 2007년에 각각 여성 총회장을 배출한 이후 현재까지 여러 차례 여성들이 총회장을 역임하였다.

셋째, 여성 목사와 장로들은 지역 사회 봉사와 선교 사역에서도 큰 역할을 하고 있다. 많은 여성 성직자들이 교회 울타리를 넘어 지역사회의 필요에 적극 응답하면서 사회적 지도자로 활동한다. 한 예로, 잉글랜드의 한 교구에서는 여성 사제가 1998년 "희망의 씨앗(Seeds of Hope)" 프로젝트를 설립하는 데 핵심 역할을 하였다. 이 프로젝트는 교회 마을회관을 거점으로 하여 빈곤 지역 주민들을 위한 다양한 프로그램—신용협동조합 운영, 무료 급식과 돌봄 모임 제공 등—을 펼쳐 큰 성과를 거두었다. 해당 지역 같이 사회·경제적 어려움이 큰 곳에서 여성 사제들은 이러한 네트워크 허브를 만들고 지속적으로 운영하면서 지역 주민들의 삶에 실질적인 도움을 주었다. 이 사례에서 보듯, 여성 성직자들은 지역사회의 다른 단체들과 협력망을 구축하고 복지 사역을 주도하여 공동체에 실질적 혜택을 가져오는 중추적인 역할을 감당하고 있다. 실제 영국 의회에서도 "여성 성직자들이 지역 공동체에 가져오는 긍정적 효과가 크며, 여러 믿음의 그룹을 하나로 묶어내는 데 여성들이 뛰어난 역량을 보여준다"는 평가가 나오기도 했다.

요약하면, 현대 영국교회에서 여성 목회자와 장로들은 영적 지도자, 행정가, 지역 사회 봉사자로 다방면에서 활약 중이다. 이는 단순히 여성들에게 기회가 주어졌다는 차원을 넘어, 여성 리더들이 교회의 건강한 성장과 지역 사회의 복지 향상에 독보적인 기여를 하고 있음을 시사한다. 여성들의 이런 활약은 교회 내 기존의 성별 역할 고정관념을 깨뜨렸을 뿐 아니라, 더욱 다양한 은사와 시각이 교회 사역에 접목되도록 함으로써 영국교회의 사역 영역을 풍성하게 만들고 있다.

V. 여성 리더십이 직면한 도전과 기회

영국교회에서 여성 리더십이 뿌리내렸다고는 하나, 여전히 해결해야 할 과제들과 새로운 기회가 공존한다. 먼저 도전 과제부터 살펴보면 다음과 같다.

1. 남은 문화적·제도적 장벽

일부 교회 공동체와 성도들의 인식 속에는 여전히 전통적 성 역할에 기반한 암묵적 장벽이 남아 있다. 영국성공회의 경우 비록 여성 사제와 주교를 공식적으로 인정하지만, 극보수적인 성향의 교구들은 여전히 여성 사제의 관할을 받지 않기 위해 남성 주교(이른바 "비행 주교", flying bishops)를 청하는 등의 방식을 통해 사실상 여성 성직자를 받아들이지 않는 사례가 존재한다. 또한 교회 조직 내 유리천장(glass ceiling) 문제도 완전히 해소되지 않아, 여성 성직자 비율에 비해 고위 성직에서의 여성 비율은 상대적으로 낮다. 예를 들어 2017년 잉글랜드 성공회 통계에 따르면 전체 성직자의 약 29%가 여성이지만, 교구장 주교와 같은 최고위직에서 여성 비율은 이보다 한층 적은 수준이었다. 다행히 해가 갈수록 개선되고는 있으나, 여전히 교회 지도부 핵심에서의 여성 대표성 부족은 남은 과제이다. 2019년 통계 기준 성공회 전체 성직자 중 약 32%가 여성이고, 선임 성직자의 27%가 여성으로 파악된다. 이러한 대표성 격차는 과거의 성차별적 관행이 남긴 결과로서, 점차 젊은 세대 여성 성직자들의 진출이 늘면서 자연스럽게 해소되리라는 전망이 있지만 지속적인 관심과 정책적 지원이 필요한 부분이다.

또한 교단 간 차이로 인한 제약도 존재한다. 영국 내 대다수 개신교회는 여성 안수를 시행하지만, 여전히 가톨릭교회나 동방정교 등은 여성에게 성직을 허용하지 않고 있다. 이로 인해 교단 간 협력을 할 때, 여성 성직자의 지위나 역할에 대한 이견이 생기기도 한다. 그러나 이러한 차이는 기본적으로 교단 교리의 문제이므로 단기간에 해결되긴 어렵고, 여성 리더십의 확대라는 보편 가치와 전통 교리 사이에서 긴장이 지속되는 부분으로 남아 있다.

이러한 어려움에도 불구하고, 여성 리더십 확장은 영국교회에 여러 기회와 긍정적 전망을 가져다 주고 있다.

2. 긍정적 역할 모델 제공

교회와 사회 속에서 활약하는 여성 지도자들은 다음 세대 여성들에게 강력한 롤 모델이 되고 있다. 20세기 중엽만 해도 여성 목회자를 본 적 없었던 이들이 이제는 자신들의 여성 목사, 여성 주교를 자연스레 받아들이고 존경하게 되었다. 예컨대 2000년대 들어 신학대학에 진학하는 여성들의 수가 크게 늘었고, 잉글랜드 성공회에서는 오히려 남성보다 여성 지원자가 더 많은 해가 속속 나오고 있다. 실제로 2010년대 후반부터는 성공회 성직훈련 과정 입학생 중 여성이 절반을 넘어 다수를 차지하기까지 하였다. 이는 젊은 여성 신자들이 교회 내 지도자로서의 부름을 자신 있게 받아들이는 풍토가 형성되었음을 보여준다. 과거 "여성에게는 불가능하다"고 여겨졌던 역할들을 선배 여성들이 훌륭히 수행해 보임으로써, 이제 젊은 여성 신앙인들은 자신의 은사대로 목회사역이나 교회 지도력을 꿈꾸는 일이 자연스러워진 것이다.

3. 사회 전반의 여성 리더십 성장과의 상승 효과

영국교회 내 여성 리더십 증가는 사회 전반의 성평등 문화와 맞물려 상호 상승 작용을 일으키고 있다. 교회는 더 이상 사회 변화에 뒤처진 보수적 집단이 아니라, 여성 주교와 여성 총회장을 배출함으로써 시대 변화에 부응하는 열린 공동체로서의 이미지를 강화하였다. 특히 2010년대 중반 성공회에서 여성 주교를 허용한 결정은 영국 사회에 큰 반향을 일으켰고, 이는 교회에 대한 일반 대중의 관심과 호감을 높이는 효과도 일부 가져왔다. 반대로 사회적 측면에서는 이미 정치·경제 분야에서 두드러진 여성들의 활약상이 교회로 하여금 변화하도록 압력을 가하는 요인이 되었다. 영국 총리를 비롯해 기업 CEO, 대학 총장 등 사회 지도층에 여성들이 늘어나자 "세속 사회에서도 여성들이 이끄는데 왜 교회는 안 되는가?"라는 당위론이 힘을 얻었고, 이는 교단 의사결정자들에게도 영향을 미쳤다. 그 결과 비교적 늦게까지 주저하던 성공회도 결국 여성 리더십을 받아들이게 된 측면이 있다. 이처럼 교회와 사회는 분리된 영역이 아니기에, 한쪽 영역의 여성 진출이 확대되면 다른 한쪽에도 직간접적 자극과 본보기가 되어 주고 있는 것이다. 이러한 상호작용은 앞으로도 계속되어, 사회 전체의 성평등 의식 향상이 교회의 여성 지도력 증가를 뒷받침하고, 또 교회 내 여성 지도자들의 활약상이 다시 기독교 문화권의 성평등 담론을 진전시키는 순환 구조가 전망된다.

요약하면, 영국교회에서 여성 리더십은 비약적으로 발전했지만 지속적인 노력이 필요한 과제들이 남아 있으며 동시에 교회의 활력을 불어넣는 기회를 창출하고 있다. 기존의 남성 중심적 문화와 구조를 완전히 극복하고 진정한 포용과 다양성을 이루는 것은 앞으로도 과제로 남겠지만, 현재의 긍정적 추세가 이어진다면 영국교회는 한층 더 평등하고 역동적인 공동체로 발전할 것으로 기대된다.

VI. 교회와 사회의 상호작용

앞서 논의한 바와 같이, 영국 사회와 교회에서의 여성 리더십 발전은 서로 밀접히 연관되어 영향을 주고받아왔다. 사회적 변화가 교회에 촉매로 작용하기도 하고, 반대로 교회의 변화가 사회에 영향력을 발휘하기도 했다. 몇 가지 측면에서 이러한 상호작용을 정리하면 다음과 같다.

첫째, 정치적 여성 리더십이 교회에 미친 영향이다. 1979년 마가렛 대처의 등장과 1980년대 영국의 "철의 여인" 리더십은 비록 정치 영역의 사건이지만, 영국 사회 전반에 여성도 최고지도자가 될 수 있다는 강력한 메시지를 심어주었다. 이는 그 시기 교회 내 여성 성직 허용 논의에도 간접적인 영향을 끼쳤다고 볼 수 있다. 실제로 대처 총리가 재임하던 1980년대에 영국성공회 내부에서는 여성 사제 서품에 대한 찬반 논쟁이 격화되고 있었는데, 국가 최고지도자가 여성인 상황에서 교회만 여성 배제를 고수하는 것이 시대착오적이라는 여론이 힘을 얻었다. 물론 교회의 결정은 신학적 검토와 교단 절차를 거쳐 이루어지지만, 시대정신의 압력 또한 무시할 수 없었던 것이다. 이는 2014년 성공회 총회에서 여성 주교제를 통과시킬 때도 마찬가지였다. 2012년 부결 당시 여론의 뭇매를 맞은 교회는 "사회가 변하고 있다. 교회도 뒤처질 수 없다"는 인식을 갖게 되었고, 정치 지도자들까지 공개적으로 변화 촉구에 나서자 결국 결단을 내리게 되었다. 이처럼 여성 총리들의 존재과 사회의 기류는 교회가 스스로 개혁하도록 하는 촉진제 역할을 했다.

둘째, 교회 내 여성 리더십의 등장이 사회에 미친 영향도 눈여겨볼 만하다. 오랫동안 영국 사회에서 교회는 도덕성과 전통의 상징으로 여겨져 왔는데, 그 교회가 여성 지도자들을 받아들임으로써 사회 전체에 상징적인 변화를 보여주었다. 예컨대 2004년 스코틀랜드교회에서 앨리슨 엘리엇(Alison Elliot)이 총회장에 취임했을 때, 이는 세속 언론에서도 크게 다루어졌다. 엘리엇 박사는 평신도(장로) 신분의 여성으로서 400년만에 첫 비목사 총회장으로 선출된 인물이었는데, 이러한 파격적인 인선은 많은 이들에게 신선한 충격을 주었다.

마찬가지로 잉글랜드 성공회의 첫 여성 주교가 임명되었을 때, 영국 사회는 교회가 젠더 평등 측면에서 중요한 진전을 이루었다고 긍정적으로 바라보았다. 심지어 일부 진보적 평론가들은 세속 기업이나 정치권보다 교회가 더 엄격한 내부 반대에도 불구하고 포용을 이뤄낸 과정에 주목하며, "교회로부터 배울 점"을 논하기도 했다. 이런 현상들은 교회 내부 변화가 사회의 성평등 담론을 풍부하게 하고, 때로는 사회 개혁 논의에 도덕적 정당성을 부여하는 효과를 낳았음을 의미한다.

셋째, 교회와 사회 모두에서 나타나는 여성 리더십 발전 패턴의 공통점과 차이점이다. 공통점이라면 두 영역 모두 점진적 변화를 통해 오늘의 결과에 이르렀다는 점이다. 여성 참정권 투쟁에서 여성 총리에 이르기까지 수십 년이 걸렸듯, 교회에서도 여성 집사 허용에서 여성 주교 탄생까지 비슷한 시간과 논쟁의 축적이 필요했다. 이는 변화에 대한 저항과 긴 시간의 설득 과정이 있었다는 유사성을 보여준다. 반면 차이점도 있는데, 사회 영역에서는 법률과 제도 개혁(참정권 부여 등)이 변화의 출발점이 된 반면, 교회에서는 신학적 해석과 교단 내 합의 형성이 선결과제로 작용하여 비교적 변화가 더딘 경향이 있었다. 또한 사회에서는 전문 능력과 선거 인기 등이 여성 지도자 발탁의 주요 요인이 된 반면, 교회에서는 교리적 합당성 여부(성서 해석에 따른 여성 성직 허용 가능성 등)가 핵심 쟁점이 되어 논의의 성격이 달랐다. 그럼에도 최종적으로 여성들의 역량 발휘 기회를 넓히고 공동체에 기여한다는 목표에서는 교회와 사회가 일맥상통하였다. 두 영역의 이러한 공유된 지향점은 서로에게 영향을 주면서 여성 리더십 확대라는 대의를 향해 함께 나아가도록 하는 전향적 상호작용을 계속할 것이다

결론적으로, 영국의 사례는 교회와 사회가 함께 변화의 흐름을 타고 변

화해가는 모습을 잘 보여준다. 사회 속 여성들의 약진이 교회를 변화시키고, 교회 속 여성들의 활약이 다시 사회에 영감을 주는 쌍방향의 관계가 나타난 것이다. 이는 여성 리더십을 논할 때 교회와 사회를 별개로 볼 것이 아니라, 하나의 연결된 생태계로 인식해야 함을 시사한다. 영국의 경험은 다른 나라 문화권에서도 유사한 패턴으로 여성들의 지위 향상을 도모할 때 의미있는 참고가 될 수 있을 것이다.

VII. 사례 연구

앞서 언급한 흐름을 보다 생생하게 이해하기 위해, 몇 가지 구체적인 사례를 살펴본다. 여기서는 (a) 스코틀랜드교회의 여성 총회장 선출 사례, (b) 에딘버러 대학 신학부(New College) 여성 교수들의 활약, (c) 지역 교회에서 여성 목사와 장로들이 사역하는 구체적인 모습 이렇게 세 가지를 소개한다.

1. 스코틀랜드교회의 여성 총회장 사례

스코틀랜드교회(Church of Scotland)는 16세기 종교개혁 이래 지금까지 내려오는 장로교 전통의 국교회로, 역사적으로 보수적인 색채가 강한 조직이었다. 그럼에도 이 교회는 21세기에 들어 두 명의 여성 총회장(Moderator of the General Assembly)을 배출하며 주목을 받았다. 첫 번째는 앨리슨 엘리엇(Dr. Alison Elliot)으로, 2004년 총회장에 선출되었다. 그녀는 1560년대 이후 약 450년 만에 나온 첫 여성 총회장이자, 16세기 이후 처음으로 목사 안수를 받지 않은 평신도(장로) 총회장이었다. 엘리엇 박사는 심리학 박사 학위를 가진 학자 겸 장로로서, 에딘버러 대학의 한 연구소

부소장을 역임하던 인물이었다. 그의 선출은 많은 이들에게 놀라움이었는데, 교회 밖 세속 언론에서도 큰 화제가 되었다. 스코틀랜드 주요 일간지는 "스코틀랜드교회가 유리천장을 깼다"는 제목으로 이를 보도하며 시대적 변화를 조명하였다. 엘리엇 박사 자신은 겸손한 태도로 "자신의 임무는 여성이라는 점보다 비성직자 장로로서 교회와 사회를 잇는 역할을 하는 데 있다"고 강조하였다. 실제로 그녀의 임기 중 주목받은 활동은 교회 내부 업무보다 지역사회 및 국제 문제에 교회가 참여하도록 이끄는 일이었다. 엘리엇 총회장은 전쟁과 갈등의 시대에 교회가 사회 통합과 화해를 위해 목소리를 내야 함을 설파하고, 방글라데시, 남아프리카 등의 해외 방문을 통해 스코틀랜드 교회의 대외적 책무를 강조하였다. 이는 여성 지도자로서 섬김과 돌봄의 리더십을 구현한 사례로 높이 평가받는다.

두 번째 인물은 실레어 케스팅(Rev. Sheilagh M. Kesting) 목사로, 2007년 총회장에 올랐다. 케스팅 목사는 1980년 장로교 목사 안수를 받은 이후 에큐메니컬 관계 위원회 등에서 오랫동안 봉사해온 교단 인사였다. 그녀의 총회장 취임은 엘리엇에 이어 스코틀랜드교회 역사상 두 번째 여성 총회장이지만, 첫 번째 여성 성직자 출신 총회장이라는 점에서 의미가 있었다. 케스팅 목사는 취임 연설에서 "교회는 남성과 여성이 협력하여 섬길 때 더욱 풍요로워진다"고 천명하며, 여성 성직자의 리더십이 더 이상 특별한 일이 아님을 기쁘게 받아들였다. 그의 재임 기간 동안 교회는 에큐메니컬 사역에서 성과를 내었고, 스코틀랜드 가톨릭교회와의 협력 강화를 위해 힘썼다. 특히 케스팅 목사는 그 공로를 인정받아 퇴임 후 교황 프란치스코로부터 성그레고리오 훈장(Dame of St. Gregory the Great)을 받기도 했다. 이는 여성 장로교 목회자의 공로를 로마 가톨릭 측에서도 공식적으로 기리게 된 특별한 사례로 남았다.

엘리엇과 케스팅 두 사례를 통해 알 수 있듯, 스코틀랜드교회는 비교적 늦게까지 여성 지도자가 부재했던 조직이었으나 21세기에 들어 급격한 변화를 이루었다. 이러한 변화는 교회 내부의 여성 지도력에 대한 인식 전환과 신뢰 형성을 보여주며, 동시에 다른 보수적 교단들에게도 하나의 본보기가 되고 있다.

2. 에든버러대학교 신학부 여성 교수들의 활약

영국에서 신학 교육의 중심지 중 하나인 에든버러 대학교 신학부 또한 여성들의 진출에 있어 흥미로운 역사를 가지고 있다. 뉴칼리지는 1846년 스코틀랜드교회 신학교로 설립되어 오랜 기간 남성 중심의 학문 풍토가 이어져 왔다. 그런데 이곳에서 최초의 여성 정교수가 임용된 것은 개교 후 무려 160년이 지난 2000년대 초반의 일이었다. 그 주인공은 마르셀라 알트하우스-리드(Marcella Althaus-Reid) 교수로, 아르헨티나 출신의 해방신학자였다. 그녀는 2003년 상황신학 교수로 임용되며 뉴칼리지 사상 첫 여성 교수이자, 임용 당시 스코틀랜드 모든 대학을 통틀어 유일한 여성 신학 교수라는 기록을 세웠다. 알트하우스-리드는 퀴어 신학 및 해방신학 등의 분야에서 독창적 연구를 펼치며 세계적인 명성을 얻었고, 이를 통해 뉴칼리지 내에서도 여성 신학자에 대한 인식을 전환시키는 데 기여했다.

이후 21세기에 접어들어 뉴칼리지의 여성 교원 비율은 서서히 상승하였다. 2000년대 초만 해도 여성 교수진은 손에 꼽을 정도였으나, 2010년대 후반에는 전체 교수진의 약 40%가 여성으로 채워질 정도로 변화했다. 특히 2018년 가을에는 뉴칼리지 역사상 처음으로 두 명의 여성이 동시에 최고위 행정직책을 맡는 일이 발생했다. 신약학자 헬렌 본드(Helen Bond) 교수가 이 해 새로 신학대학 학장(Head of School of Divinity)에 임명되었고, 목사이기도 한 수전 하드먼 무어(Susan Hardman Moore) 교수가 뉴칼리지 교장(Principal of New College)에 취임한 것이다. 존 녹스의 동상으로 유명한 뉴칼리지 뜰에서 두 여성 지도부가 함께 일하게 된 장면은 많은 이들에게 깊은 인상을 주었다. 본드 교수는 "2018년에 와서야 첫 여성이 학장이 된 것은 너무 늦었다"며 역설하면서도, 과거 2000년 자신이 처음 부임했을 때 교수진 중 여성은 단 2명이었지만 이제는 40%에 달하게 된 변화를 긍정적으로 평가했다. 그녀와 하드먼 무어 교수는 새로 부여받은 직무를 통해 학생들에게 더욱 개방적이고 다양한 학문 공동체를 만들겠다는 포부를 밝히기도 했다. 특히 하드먼 무어 교수는 감리교 평신도 설교자로 신앙생활을 시작해 장로교에서 늦깎이 목사 안수를 받은 독특한 이력의 소유자로서, "한때 여성 목사를 한 번도 본 적 없던 내가 이제 목사가 되고 신학교 육성 책임까지 맡게 되었다"고 소회를 밝히며 세대 간 변화를 생생히 증언하였다.

뉴칼리지 사례는 학계와 교계의 연결 지점에서 여성들이 어떻게 영향력을 발휘하게 되었는지를 보여준다. 과거 신학교의 학생과 교수들은 대부분 남성이었지만, 이제는 여성 교수에게 배우는 여성 신학생들이 적지 않은 현실이 되었다. 이는 향후 교단에 배출될 여성 목회자들의 질적 성장과도 연결되는 부분이다. 자신과 같은 성별을 가진 교육자로부터 훈련받은 여성 후보생들은 보다 자신감 있게 사역을 해 나갈 수 있을 것이라 기대를 한다. 또한 학문적으로도 여성 신학자들의 참여는 신학 담론의 지평을 확대하여, 페미니스트 신학, 사회적 약자 관점의 신학 등 새로운 분야를 풍부하게 개척하고 있다. 결국 뉴칼리지에서 시작된 변화는 스코틀랜드를 넘어 영국 전체 신학계와 교회에 여성들의 전문성과 지도력이 확산되는 기반을 닦았다고 평가할 수 있다.

3. 지역 교회 여성 목회자와 장로의 사역 사례

영국 전역의 수많은 지역 교회들에서 여성 목회자들과 장로들은 날마다 풀뿌리 사역을 이끌고 있다. 이들의 사역 모습은 매우 다양하지만, 공통적으로 나타나는 몇 가지 특징과 사례를 통해 살펴보고자 한다.

우선, 상당수 여성 목회자들은 지역사회 돌봄 사역에 탁월한 열정을 보이고 있다. 앞서 소개한 "희망의 씨앗" 프로젝트처럼, 많은 여성 목사·사제들이 교회 시설을 지역사회에 개방하여 노인 돌봄, 아동 돌봄, 무료급식소, 상담센터 운영 등 사회선교 프로젝트를 주도한다. 한 성공회 여성 사제는 "교회는 월요일부터 토요일까지도 열려 있어야 한다"는 신념으로 교회당을 커뮤니티 센터처럼 활용하여, 평일 낮에는 싱글맘과 영유아를 위한 모임, 청소년 방과후 공부방, 이민자 영어교실 등을 연이어 열었다. 이러한 노력 덕분에 그 교회는 지역 주민들의 사랑방이 되었고 주일 예배 출석도 크게 늘었다고 한다. 이처럼 여성 지도자 특유의 포용적 리더십이 지역사회와 교회의 벽을 허무는 긍정적 결과를 낳은 사례가 많다. 영국 국교회의 한 보고서에 따르면 여성 사제들이 관할하는 교구에서 지역사회 프로그램의 수와 다양성이 상당히 높게 나타났다고 하며, 이는 여성 성직자의 사역이 교회 밖으로 확장되는 경향을 보여준다.

또한 여성 장로들은 평신도 지도력의 핵심으로 자리매김하고 있다. 장로 교회 체제에서 장로들은 목사와 협력하여 교회를 치리하는데, 여성 장로들의 참여로 인해 교회 운영에 보다 섬세하고 다양한 시각이 반영되고 있다. 예를 들어 한 지역 교회의 담임목사는 "여성 장로님들이 계신 당회에서는 어린이 주일학교나 교인 복지문제, 교회 환경개선 같은 의제가 자주 활발히 논의되고 실현된다"고 언급하였다. 실제로 여성 장로들은 교회학교 교사 경험, 봉사단 참여 경험 등을 살려 교회의 교육, 선교, 친교 분야에서 세심한 아이디어를 내곤 한다. 한 교회에서는 여성 장로들의 제안으로 교회 건물의 수유실과 기저귀 교환대가 설치되고, 주일 예배 중 유아를 둔 부모를 위한 영상중계실을 마련하여 젊은 세대의 호응을 얻었다. 이러한 세밀한 배려의 사역은 과거 남성 위주 당회에서는 놓치기 쉬웠던 부분으로, 여성 리더십이 가져온 작지만 의미있는 변화라 할 수 있다.

마지막으로, 여성 목회자 개인이 보여준 돋보이는 목양 사례를 들 수 있다. 잉글랜드 북부의 한 감리교회 담임인 여성 목사는 부임 후 교인 수가 줄어 폐쇄 위기에 있던 교회를 활력 있게 되살렸다는 평가를 받는다. 그는 부임 직후부터 일대일로 교인들을 만나 경청하는 데 집중하여, 교인 각자의 은사와 필요를 파악하였다. 그리고는 누구에게 어떤 봉사를 맡길지 세심하게 안배하여 모든 교인이 교회 봉사에 참여하도록 격려했다. 동시에 본인은 주일 설교 외에 평일 소그룹 공부 모임을 직접 인도하며 성경에 대한 깊은 통찰과 따뜻한 인간미로 교인들의 신뢰를 얻었다. 3년 뒤 그 교회의 출석 인원은 2배로 늘었고, 공동체의 결속도 매우 단단해졌다. 많은 교인들이 "우리 여성 목사님은 이야기를 정말 잘 들어주고, 각 사람을 세워주는 재주가 있다"고 증언했다. 이 사례는 여성 목회자의 리더십이 수평적이고 친화적인 목회로 공동체를 변화시킨 전형적인 예로 들 수 있다.

물론 이러한 사례들은 각 개인의 역량과 상황에 따른 것이므로 성별만으로 일반화할 수는 없을 것이다. 그러나 여러 지역에서 축적된 사례들을 종합하면, 여성 목회자와 장로들은 공감과 돌봄, 포용과 네트워킹, 세심한 행정과 교육적 통찰 등의 면에서 강점을 보이며 교회 공동체에 긍정적 영향을 끼치고 있음을 알 수 있다. 이는 남성 리더십과 대조하거나 우열을 가리자는 뜻이 아니라, 여성이 참여함으로써 얻어지는 교회의 이익을 조명하는 것이다. 결과적으로 지역 교회들의 이러한 풀뿌리 변화가 모여 영국교회 전체의 모습을 서서히 바꾸어왔고, 오늘날 영국교회의 모습을 더욱 풍성하고 활력 있게 만드는 밑바탕이 되었다.

Ⅷ. 결론

본 연구에서는 영국교회와 사회에서 여성 리더십이 어떻게 변화해 왔으며 서로 어떤 연관성을 지니는지 살펴보았다. 영국의 경험을 종합하면, 교회와 사회에서의 여성 리더십은 상호 촉진적으로 성장해 왔다고 평가할 수 있다. 20세기 초 여성 참정권 획득으로 시작된 사회 변화는 교회에 여성 성직 논의를 촉발시켰고, 뒤이어 교회 내 여성 목사와 장로들의 증가는 다시금 사회의 양성평등 문화를 강화하는 데 이바지했다. 이러한 쌍방향의 발전 속에서 영국은 정치, 종교 모두에서 여성들이 지도자로 활약할 수 있는 환경을 비교적 빠르게 갖춘 국가가 되었다.

현재 영국교회는 여성 목사와 장로들이 일상적으로 사역을 이끄는 시대에 접어들었다. 여성 총리와 주교, 교수와 지역 목회자에 이르기까지 각계각층에서 여성 리더십은 더 이상 예외적인 뉴스거리가 아니라 일상의 한 부분이 되고 있다. 물론 아직도 해결해야 할 과제—예컨대 교회 최고위직에서의 성별 불균형이나 일부 보수적 저항—가 남아 있지만, 전반적인 흐름은 되돌릴 수 없는 방향으로 굳어졌다고 해도 과언이 아니다. 이제 영국교회는 여성과 남성이 동역자적 관계로 함께 복음을 전하고 공동체를 돌보는 새로운 평등의 비전을 그리고 있다. 이는 교회의 유니폼한 리더십 구조에 다양성을 부여함으로써, 더욱 폭넓은 은사 활용과 포괄적 목회를 가능케 할 것이다.

영국교회의 이러한 변화가 주는 시사점은 한국교회 및 세계교회에도 매우 의미있다. 한국교회의 경우 일부 교단을 제외하면 여전히 여성의 목사 안수나 장로 임명이 제한적이거나 드문 실정이다. 많은 한국교회가 성경의 특정 구절을 근거로 여성의 공적 사역을 주저하거나, 문화적 보수성으로 인해 선뜻 변화를 못 이룬 측면이 있다. 그러나 영국의 사례는 전통이 깊은 교회라도 시대의 요구와 복음의 본질에 비추어 성차별적 관행을 수정할 수 있음을 보여준다. 또한 여성 리더십의 확대가 가져온 긍정적 효과—교인 돌봄 강화, 젊은 세대 유입, 사회와의 소통 증진 등—는 한국교회가 직면한 세속화, 교인 감소 등의 문제 해결에도 하나의 단초를 제공할 수 있을 것이다. 중요한 것은 이러한 변화가 일시에 강요된 혁명이 아니라, 꾸준한 대화와 신학적 성찰, 그리고 무엇보다 실제 여성 사역자들의 헌신적 봉사를 통해 자연스레 열매 맺은 과정이라는 점이다. 이는 세계교회 어디에서든 적용될 수 있는 교훈으로서, 여성들이 이미 다양한 영역에서 하나님께 쓰임받고 있음을 인정하고 교회의 구조를 포용적으로 바꿔갈 때 교회 공동체 전체가 유익을 얻는다는 사실을 일깨워준다.

궁극적으로, 영국교회의 여성 목사와 장로들의 역할 증대 과정은 교회가 시대와 함께 성장하는 법을 보여준 하나의 성공담이라 할 수 있다. 교회와 사회가 따로 떨어져 존재하는 것이 아니라 하나의 하나님의 세상 안에서 상호 영향 속에 있다는 깨달음, 그리고 성별을 넘어 모든 이를 부르시는 하나님의 소명을 함께 분별해 나갈 때 얻는 풍성함이 이 이야기의 핵심이다. 앞으로도 영국교회는 이러한 교훈을 바탕으로 더욱 포용적이며 역동적인 공동체로 변화해갈 전망이며, 그 여정은 전세계교회와 성도들에게 여성 리더십에 관한 지속적인 영감을 제공할 것이다.

제2장

미국의 여성 목사와 장로들의 역할에 대한 고찰

이상명 총장
(프레스티지캘리포니아대학교, 전 미주장신대학교 총장)

I. 서론

1. 연구의 목적 및 의의

미국은 전 세계 개신교 여성 리더십 발전에 선구적 역할을 해왔다. 예를 들어, 1930년 PC(USA)가 최초로 여성 장로를 허용한 이후 주요 교단들이 점진적으로 여성 목회자 안수를 확대했다. Campbell-Reed(2018)의 통계에 따르면, 1960년 미국 전체 목회자 중 여성은 2.3%에 불과했으나, 2016년에는 20.7%로 약 9배 증가한 것으로 나타났다.[1]

본 연구는 미국 장로교 교단을 중심으로 여성 목사와 장로들의 역할 변천사를 분석하고, 이들이 교회와 사회에 미친 영향을 고찰함으로써 한

---

1) Eileen Campbell-Reed, *State of Clergywomen in the U.S.: A Statistical Update* (2018).

국교회에 시사점을 도출하고자 한다. 특히 PC(USA)의 사례를 중심으로 여성 리더십의 성과와 한계를 실증적으로 분석하여, 예장통합 교단의 여성 리더십 확산에 필요한 전략적 방향을 제시하고자 한다.

2. 연구 범위와 방법

본 연구는 PC(USA), ELCA(미국복음주의루터교회), UMC(연합감리교회), SBC(남침례회) 등 미국 주요 개신교 교단의 여성 안수 정책과 현황을 비교 분석한다. 시간적 범위는 1930년 PC(USA)의 여성 장로 안수 허용부터 2025년 현재까지로 설정하였다.

실증적 분석을 위하여 Lifeway Research(2022), PC(USA) Gender & Leadership Report(2016), Religious Workforce Project(2023) 등의 자료를 활용하는 동시에, 최근 교단별 통계도 반영한다. 예를 들어, UMC에서는 2020년 기준 전체 목회자의 32%가 여성이며(2011년 25%에서 증가), ELCA에서는 활동 목회자 중 여성 비율이 약 35%에 달한다. 반면, SBC에서는 여성 목회자의 다수가 부목사·청소년·예배 목사 등 보조 직책에 집중되어 있고 시니어 목회자는 전체의 약 6%에 불과하며, 전체 여성 목회자 수는 약 1,844명으로 추정된다.

이와 같은 통계는 미국 개신교 내에서 여성 리더십이 교단별·신학적 배경에 따라 크게 상이하게 전개되고 있음을 보여준다.[2]

---

2) Lifeway Research, *"Leadership Roles of Women Divide Protestant Denominations"* (2022); PC(USA), *"Gender and Leadership in the PC(USA)"* (2016); Religious Workforce Project, *"Clergywomen in the ELCA"* (2023); Oklahoma UMC Conference, *"The Statistics and What They Tell Us"* (2020); UM News, *"Women Clergy Still Paid Less"* (2021); Living Lutheran, *"Women Clergy: Thankful for Gains, Frustrated by Leadership Gap"* (2016); American Reformer, *"How Many Female Pastors Are in the SBC?"* (2023).

3. 장 구성 및 주요 논점

본 장은 미국 장로교 교단의 여성 안수 역사적 변천과 현재 실태를 종합적으로 분석하여, 한국교회 여성 리더십 발전을 위한 전략적 함의를 도출하는 데 목적을 둔다. 특히 PC(USA)가 보여준 점진적 접근법과 제도적 뒷받침이 어떻게 성공적인 여성 리더십 확산으로 이어졌는지 면밀히 검토하고, 이를 통해 예장통합 교단이 직면한 과제들에 대한 실질적 해법을 모색하고자 한다.

II. 역사적 배경과 제도 변천

1. 미국 장로교 주요 교단의 여성 안수 허용 시점

미국 장로교 교단의 여성 안수 역사는 점진적 접근을 통한 제도적 변화의 모범 사례로 평가받는다. PC(USA)가 장로직 허용(1930년)에서 목사직 허용(1965년)으로 단계적 접근을 한 것은 교단 내 저항을 최소화하면서도 실질적 변화를 이끌어낸 전략적 선택이었다. 이러한 점진적 접근법은 급진적 변화보다 지속가능한 발전을 가능하게 했으며, 교단 구성원들의 인식 변화에 필요한 충분한 시간을 제공했다.[3]

PC(USA)는 미국 개신교 여성 리더십 발전의 선구자 역할을 담당해왔다. 1930년 최초로 여성 장로 안수를 허용한 이후, 1965년 최초 여성 목사 안수를 허용했다. 1956년 마가렛 타운어(Margaret Towner)가 PC(USA) 최초의 여성 목사로 안수받았으며, 이는 미국 장로교회 역사의 전환점이 되

---

[3] PC(USA). "Gender and Leadership in the PC(USA)." (2016), 23-28.

었다. 1964년 총회에서 여성 안수를 허용한 남장로교회(PCUS)는 1965년 레이첼 헨더라이트를 최초 여성 목사로 안수했다. 특히 1978년 사라 모즐리가 총회장에 선출됨으로써 여성 리더십의 새로운 가능성을 보여주었다.[4]

2. 여성 장로직 도입 과정

PC(USA)에서 여성 장로직 도입은 여성 목사 안수보다 35년 앞선 1930년에 이루어졌다. 이는 장로교 정치체계에서 장로가 목사와 함께 당회를 구성하는 핵심적 직분임을 고려할 때 매우 진보적인 결정이었다. 교단 헌법과 규칙을 통한 명확한 법제화가 여성 리더십 확산의 기반이 되었으며, 이후 다른 교단들이 이를 벤치마킹하는 모델이 되었다. 2016년 기준 PC(USA)에서는 장로총대 중 여성이 43%, 남성이 34%를 차지하여 여성이 더 높은 비율을 나타내고 있다.[5]

3. 여성 목사 안수의 법제화와 주요 분기점

1965년 PC(USA)의 여성 목사 안수 허용 이후, 미국 주요 교단들이 연쇄적으로 여성 안수를 허용했다. 감리교회, 루터교회, 성공회 등이 뒤를 이었으며, 웨슬리-홀리니스 전통의 교단들과 오순절-은사주의 교단들도 대부분 여성 안수를 허용했다. 이러한 확산 과정에서 교단의 신학적 전통과

---

4) PC(USA). "Through a Lens: Women's History Month." (2025.03.24.).
   https://pcusa.org/news-storytelling/news/2025/3/25/through-lens-womens-history-month;
   김길성. 여성임직에 대한 성경적 교훈: 딤전2:8-15절을 중심으로." 『리폼드뉴스』 (2021.07.23.).
   http://www.reformednews.co.kr/9682
5) PC(USA). "Gender and Leadership in the PC(USA)." (2016), 15-18.

교회 정치 체계가 여성 안수 수용 속도에 중요한 영향을 미쳤음이 확인된다. 특히 회중주의적 전통이 강한 교단일수록 여성 안수를 빠르게 수용하는 경향을 보였다.[6]

III. 통계와 현황 분석

1. 여성 목사·장로 수와 비율 비교

PC(USA)의 여성 리더십 현황은 미국 개신교 교단 중에서도 가장 진보적인 모습을 보여준다. 2015년 기준 PC(USA)에서 여성은 전체 활동 목사의 38%, 전체 목사(은퇴자 포함)의 29%를 차지하고 있다. 이는 10년 전 각각 29%와 21%에 비해 상당한 증가를 보여준다. 현재 증가 추세를 유지할 경우 2027년경 활동 목사의 성별 균형이 달성될 것으로 전망된다.[7]

특히 주목할 점은 2025년 제224차 총회에서 목사총대 중 여성이 45%, 남성이 36.3%를 차지했다는 것이다. 장로 총대에서도 여성 43%, 남성 34%로 여성 총대가 남성보다 많은 비율을 나타냈다. 이는 한국의 예장 통합 교단이 여성 총대 비율 3.8%에 머물러 있는 것과 극명한 대조를 보여준다.[8]

타 교단과 비교해 보면, ELCA는 2019년 기준 여성 담임목사 비율이 37%로 2000년 16%에서 크게 증가했으며, UMC는 2020년 기준 여성 목회자가 31.9%를 차지하고 있다. 반면 SBC는 여성 목사 금지 정책을 유지

---

6) Juicy Ecumenism. "Southern Baptists Likely to Again Vote on Women Pastors."(2025).
7) PC(USA). "Gender and Leadership in the PC(USA)." (2016), 8-12.
8) PC(USA). "Church Trends: Overall Statistics." (2025).
   https://church-trends.pcusa.org/overall/pcusa/diversity/5/

하고 있으나, 추정 1,800명 이상의 여성 목사가 SBC 소속 교회에서 활동하고 있어 제도와 현실 사이의 괴리를 보여준다.[9]

2. 직분별 여성 참여 현황

Lifeway Research(2022) 조사에 따르면, 미국 개신교 목회자들이 여성의 참여를 허용하는 정도는 직분에 따라 상당한 차이를 보인다. 아동부 사역자로서의 여성 참여는 94%의 목회자가 허용한다고 응답했으며, 위원회 리더 92%, 청소년 사역자 89%, 혼성 성인 성경공부 교사 85%의 순으로 나타났다. 그러나 집사직(64%)과 담임목사직(55%)에서는 상대적으로 낮은 수치를 보였다.[10]

이러한 현상은 전통적인 성역할 인식이 여전히 영향을 미치고 있음을 시사한다. 돌봄과 교육 영역에서는 여성의 참여를 자연스럽게 받아들이지만, 의사결정권이 있는 핵심 리더십 역할에서는 저항이 남아있다는 것이다. 흥미롭게도 혼성 성인 성경공부 교사보다 집사직 허용 비율이 낮다는 점은, 제도적 권위가 부여된 직분에 대한 심리적 저항이 여전히 존재함을 보여준다.[11]

3. 주요 교단의 여성 지도자 배출 사례

PC(USA)에서는 여성 목사들이 교단 지도부 진출에서 괄목할 만한 성

---

9) Religious Workforce Project. "Clergywomen in the Evangelical Lutheran Church in America." (2023); UMNews. "Women clergy still paid less." (2021); Juicy Ecumenism. "Southern Baptists Likely to Again Vote on Women Pastors." (2025).
10) Lifeway Research. "Leadership Roles of Women Divide Protestant Denominations." (2022).
11) Lifeway Research. "Leadership Roles of Women Divide Protestant Denominations." (2022).

과를 보이고 있다. 2016년 연구에 따르면, 여성 목사의 76%가 담임목사 직을 선호한다고 응답했으며, 실제로 상당수가 주요 교회의 담임목사로 사역하고 있다. 이는 여성 목회자들이 보조적 역할이 아닌 핵심적 리더십을 추구하고 있음을 보여주는 중요한 지표이다.[12]

교단 차원에서도 여성 리더들의 활약이 두드러진다. PC(USA)는 여성 총회장을 다수 배출했으며, 각급 노회와 대회에서도 여성 임원들의 비율이 꾸준히 증가하고 있다. 이러한 변화는 개별 교회에서 시작된 여성 리더십이 교단 전체로 확산되는 선순환 구조를 만들어내고 있다는 점에서 한국교회에 중요한 시사점을 제공한다.[13]

4. 다양한 현장 사례

미국 현장에서는 교단과 지역, 교회의 규모·문화에 따라 여성 리더십의 구체적 양상이 다양하게 나타난다. 예를 들어, 남부의 일부 교단이나 소도시 교회에서는 전통적 관습이 남아 있으나, 대도시권의 다문화 지역 교회, 특히 이민자 교회나 다양한 연령대가 어우러지는 공동체에서는 여성 장로와 목회자의 참여가 점차 자연스럽게 확산되고 있다. 주요 교단 가운데 성공회(Episcopal Church)나 미국연합그리스도교회(UCC), 감리교의 일부 노회 등은 다양한 배경의 여성들이 리더십을 발휘할 수 있도록 지원 정책과 교육 프로그램을 운영하고 있다. 이러한 사례는 현장의 필요와 시대 변화에 민감하게 대응하는 여성 리더십의 긍정적 효과를 보여준다.[14]

---

12) PC(USA). "Gender and Leadership in the PC(USA)." (2016), 35-40.
13) PC(USA). "Gender and Leadership in the PC(USA)." (2016), 42-45.
14) Pew Research Center. "Religious Landscape Study: Women in Religious Leadership."
https://www.pewresearch.org/religious-landscape-study/gender-composition/woman/

IV. 역할과 사역 영역

1. 목회 현장 리더십

　PC(USA) 연구(2016)에 따르면, 여성 목사들은 남성 목사들과 동등하게 핵심적인 목회 역할을 감당하고 있다. 특히 워크숍, 프로그램, 활동 진행에서 남성 목사보다 더 자주 요청을 받는 것으로 나타났다. 이는 여성 목사들의 뛰어난 소통 능력과 프로그램 기획 역량을 보여주는 지표이다. 관계 중심적 접근과 협력적 의사결정을 통해 교회 공동체의 건강성을 높이는 데 기여하고 있으며, 갈등 상황에서 대화와 조정을 통한 해결을 추구하는 경향이 강하다는 평가를 받고 있다.[15]

　여성 목사들의 설교와 예배 인도 방식에서도 독특한 특징이 나타난다. 보다 참여적이고 상호작용적인 예배를 선도하며, 회중과의 소통을 중시하는 경향을 보인다. 이러한 접근법은 특히 젊은 세대와 새로운 교회 참석자들에게 호응을 얻고 있으며, 교회 성장과 활력 증진에 기여하고 있다는 연구 결과들이 보고되고 있다.[16]

2. 교회 행정·의사결정 참여

　PC(USA)에서 여성 장로들은 남성 장로들과 동등하게 당회원으로서 교회 정책 결정(92%)과 부서장으로서의 사역 책임(87%)을 감당하고 있다. 특히 재정 관리, 행정 업무, 대외 협력 등 교회 운영의 핵심 영역에서 여성 장로들의 참여가 확대되고 있다. 연구 결과에 따르면, 여성 장로들이 참여하는 당회에서는 민주적이고 참여적인 의사결정 문화가 조성되어 독단적

---

15) PC(USA). "Gender and Leadership in the PC(USA)." (2016), 25-30.
16) PC(USA). "Gender and Leadership in the PC(USA)." (2016), 31-34.

이거나 일방적인 결정이 줄어드는 경향을 보인다.[17]

여성 리더들의 행정 능력과 조직 운영 역량도 주목받고 있다. 세심하고 체계적인 접근을 통해 교회 운영의 효율성을 높이며, 투명한 의사결정 과정을 통해 교회 신뢰도 향상에 기여하고 있다. 특히 위기 상황에서의 대처 능력과 갈등 해결 역량에서 뛰어난 모습을 보여주고 있다는 평가가 일반적이다.[18]

3. 사회 선교 및 돌봄 사역

미국의 여성 목회자들은 전통적인 돌봄 사역을 넘어 사회적 약자를 위한 옹호 활동에서 주도적 역할을 담당하고 있다. 여성, 아동, 고령자, 장애인, 이주민 등을 위한 정책 개발과 지원 사업에서 여성 목회자들의 참여가 두드러지게 나타난다. 이들은 단순한 서비스 제공을 넘어 구조적 불평등에 대한 근본적 해결책을 모색하는 사회 변혁의 주체로 활동하고 있다.[19]

환경 보호와 기후 변화 대응 영역에서도 여성 목회자들의 활동이 활발하다. 돌봄의 신학이 피조세계 전체로 확장된 모습을 보여주며, 지역사회와 연계한 다양한 생태 보전 프로젝트를 주도하고 있다. 이러한 활동은 교회의 사회적 책임 이행과 지역사회 내 위상 제고에 크게 기여하고 있다.[20]

---

17) PC(USA). "Gender and Leadership in the PC(USA)." (2016), 18-22.
18) PC(USA). "Gender and Leadership in the PC(USA)." (2016), 38-41.
19) PC(USA). "Gender and Leadership in the PC(USA)." (2016), 46-50.
20) PC(USA). "Gender and Leadership in the PC(USA)." (2016), 51-54.

V. 미국적 특징과 도전 과제

1. 대형교회 모델에서의 여성 리더십

듀크대학교 Mark Chaves의 연구(2015)에 따르면, 1998년 이후 미국 여성 교회 리더 비율이 정체되고 있다. 이른바 '스테인드 글라스 실링(Stained-glass ceiling)' 현상이 확인되었으며, 여성들은 보조 목회자나 2차 리더십 역할에 집중되는 경향을 보인다. 대형교회일수록 이러한 현상이 두드러지게 나타나며, 여성 목회자들이 주요 의사결정 권한을 갖는 최고 위직에 진출하는 데 여전히 제약이 있다.[21]

흥미롭게도 재정적 어려움이나 감소 추세의 교회에서 여성 목회자 임명 경향이 높게 나타난다는 '글래스 클리프(Glass Cliff)' 이론이 교회에도 적용되고 있다. 소규모 교회에서 여성 리더십 비율이 상대적으로 높은 것도 이와 관련이 있다. 이는 여성 리더들이 도전적인 상황에서 더 많은 기회를 얻지만, 동시에 더 큰 위험을 감수해야 한다는 현실을 반영한다.[22]

2. 신학교육과 전문성 개발

2017년 기준 미국 신학교에서 여성이 차지하는 비율은 교수 25% 미만, 학장 25% 미만, 총장 11%에 불과하다. 이는 여성 목회자의 증가에 비해 신학교육 분야의 여성 리더십이 상대적으로 저조함을 보여준다. 신학교육의 남성 중심적 구조가 여성 목회자들의 전문성 개발과 학문적 성장

---

21) Duke University. "Study: Female Church Leaders Face Stained-Glass Ceiling." (2015); Wiley Online Library. "Women in the pulpit: Characteristics of protestant churches led by a female pastor." (2023).
22) Duke University. "Study: Female Church Leaders Face Stained-Glass Ceiling." (2015); Wiley Online Library. "Women in the pulpit: Characteristics of protestant churches led by a female pastor." (2023).

에 제약 요인으로 작용하고 있다.[23]

그러나 MDiv 과정에서는 긍정적 변화가 나타나고 있다. 2008년 이후 MDiv 과정에서 유색인종 여성의 비율이 증가하고 백인 여성의 비율이 감소하는 추세를 보인다. 이는 미국 교회의 다양성 증가와 함께 여성 리더십의 인종적 구성도 변화하고 있음을 시사한다. 특히 히스패닉계와 아프리카계 미국인 여성들의 신학교 진학이 크게 증가하고 있어, 향후 미국 교회의 여성 리더십 지형에 상당한 변화가 예상된다.[24]

3. 문화적·제도적 저항

Lifeway Research 조사에 따르면, 주류 교단 목회자의 76%가 여성 담임목사를 허용하는 반면, 복음주의 교단에서는 44%만이 허용한다고 응답했다. 특히 침례교 목회자의 경우 14%만이 여성 담임목사를 허용한다고 답했다. 이는 교단의 신학적 전통과 성경 해석 방식이 여성 리더십 수용에 결정적 영향을 미치고 있음을 보여준다.[25]

연령과 교회 규모에 따른 차이도 흥미로운 패턴을 보여준다. 55세 이상 목회자(60%)가 18-44세 목회자(49%)보다 여성 담임목사를 더 수용하는 경향을 보인다. 이는 일반적인 예상과 반대되는 결과로, 오랜 목회 경험을 통해 여성 리더십의 효과를 직접 확인한 기성 목회자들이 더 개방적인 태도를 보이는 것으로 해석된다. 또한 50명 미만 교회(66%)가 250명 이상 교회(41%)보다 여성 담임목사를 더 수용한다는 점도 교회 규모와 리더십

---

23) Campbell-Reed, Eileen. "State of Clergywomen in the U.S.: A Statistical Update."(2025).
24) Campbell-Reed, Eileen. "State of Clergywomen in the U.S.: A Statistical Update." (2025).
25) Lifeway Research. "Leadership Roles of Women Divide Protestant Denominations." (2022).

다양성 수용 간의 상관관계를 시사한다.[26]

VI. 시사점 및 한국교회 적용 가능성

1. 미국 모델의 성공 요인과 한계

미국 장로교 교단의 여성 리더십 발전에서 나타나는 주요 성공 요인은 다음과 같다. 첫째, PC(USA)가 장로직 허용(1930) → 목사직 허용(1965)으로 단계적 접근을 한 점진적 접근법이 저항을 최소화했다. 둘째, 교단 헌법과 규칙을 통한 명확한 법제화가 여성 리더십 확산의 기반이 되었다. 셋째, 성별 다양성이 의사결정의 질 향상과 창의성 증진에 기여했다는 점이 지속적인 발전의 동력이 되었다.[27]

그러나 한계도 분명히 존재한다. UMC의 경우 여성 목회자 임금이 남성보다 8.2% 낮다는 보상 격차 문제가 있으며, 대형교회 담임목사직 진출에서 여전히 유리천장이 존재한다. 또한 교단별로 여성 리더십 수용 정도에 상당한 편차가 있어, 일관된 발전을 기대하기 어려운 상황이다. 이러한 한계들은 제도적 변화만으로는 해결할 수 없는 문화적 저항과 구조적 제약이 여전히 존재함을 보여준다.[28]

---

26) Lifeway Research. "Leadership Roles of Women Divide Protestant Denominations." (2022)
27) PC(USA). "Gender and Leadership in the PC(USA)." (2016), 55-60.
28) UMNews. "Women clergy still paid less." (2021); Duke University. "Study: Female Church Leaders Face Stained-Glass Ceiling." (2015).

2. 예장통합 교단 교훈 도출

미국의 경험에서 예장통합 교단이 얻을 수 있는 교훈은 다음과 같다. 제도적 개선 방안으로는 PC(USA)의 총대 성별 균형 사례를 참고하여 여성 총대 할당제 법제화를 추진해야 한다. 장로직 → 목사직 순서의 점진적 접근으로 저항을 최소화하고, 체계적인 여성 리더십 교육과정을 운영해야 한다. 문화적 변화 전략으로는 김순미 장로 같은 롤모델을 통한 인식 개선, 권혁성 서울노회장 같은 남성 리더들의 적극적 지원 확산, 그리고 젊은 세대의 평등주의적 가치관을 활용한 세대별 맞춤 접근이 필요하다.[29]

3. 한국교회의 여성 리더십 확산을 위한 제언

미국 사례 분석을 바탕으로 한국교회의 여성 리더십 확산을 위한 구체적 제언을 제시하면 다음과 같다. 정책적 제언으로는 2030년까지 여성 총대 비율 15% 달성 목표 설정, 각 노회별 여성 장로 교육 프로그램 100% 운영 의무화, 여성 리더십 전담 기구 상설화가 필요하다. 실천적 제언으로는 영은교회 사례를 참고한 부부 장로제 도입으로 성별 갈등 최소화, 멘토링 시스템 구축을 통한 지속가능한 리더십 양성, 국제 교류 확대를 통한 글로벌 역량 강화가 요구된다.[30]

4. 실무적 정책 방안

미국 주요 교단들이 실행하고 있는 여성 리더십 강화 정책을 참고할 필요가 있다. PC(USA)는 노회별로 여성 장로·목사 비율 준수 기준을 도입

---

29) PC(USA). "Gender and Leadership in the PC(USA)." (2016), 61-65.
30) PC(USA). "Gender and Leadership in the PC(USA)." (2016), 66-70.

하고, 공식 멘토링 프로그램을 통해 신학생 및 현장 여성 리더와 경험 많은 목회자 간의 연계를 적극적으로 지원하고 있다. 연합감리교회(UMC)도 전 교단 차원의 리더십 교육, 지역교회 단위의 여성 리더십 워크숍, 차세대 여성 지도자 발굴을 위한 다양한 장학 프로그램을 운영하고 있다.

한국에서도 시범 노회나 수도권 대형교회 중심으로 여성·청년 담임목사 후보군 우선 추천제, 여성 리더 특화 리더십 캠프 등을 실무적으로 도입할 수 있다. 이때 실무적 혼선과 문화적 저항을 줄이기 위해서는 남성 리더·기존 원로의 지지와 협력, 공식 매뉴얼과 단계별 평가, 현장의 적극적인 피드백이 중요하다.

VII. 결론

미국 장로교 교단의 여성 리더십 발전 과정은 한국교회에 중요한 시사점을 제공한다. PC(USA)의 사례는 점진적이고 체계적인 접근을 통해 여성 리더십을 성공적으로 확산시킬 수 있음을 보여준다. 1930년 여성 장로 안수 허용부터 현재 여성 총대가 남성을 넘어서는 수준까지 약 95년간의 발전 과정은, 제도적 변화와 문화적 수용이 조화를 이룰 때 지속가능한 발전이 가능함을 증명한다.

예장통합 교단은 1995년 여성 안수 법제화 이후 30년간 꾸준한 발전을 보여왔으나, 여전히 여성 총대 비율 3.8%에 머물러 있어 추가적인 노력이 필요하다. 미국의 경험에서 배운 제도적 개선과 문화적 변화 전략을 통해 2030년까지 실질적인 성과를 달성할 수 있을 것이다.

앞으로 미국 교회 현장에서는 세대교체와 다양성, 소통 중심의 리더십이 더욱 강조될 것으로 예상된다. 젊은 세대는 성별에 구애받지 않는 역량 중심, 포용과 참여의 문화를 중시하며, 디지털 환경 변화로 인해 여성 지도자들의 새로운 역할이 더욱 확대될 가능성이 높다. 특히 온라인 예배, 디지털 신앙교육, 지역사회 돌봄과 상담 등 다양한 사역 현장에서 여성 리더십의 강점이 부각될 것으로 보인다.

한국교회 역시 인구·세대구조 변화와 사회적 요구에 따라, 여성 리더십의 창의적 '연결자'와 '협력자', '조정자' 역할이 점차 중요성을 더할 것이다. 교단별 목표(예: 여성 총대 일정 비율 확대 등)와 함께, 각 교회별 특성에 맞는 리더십 개발, 정책 현실화, 사회 관련 돌봄 사역에서의 전문성 강화가 미래 교회 경쟁력의 핵심이 될 것으로 기대된다.

무엇보다 여성 리더십의 확산은 단순한 성별 균형의 문제가 아니라, 교회 공동체의 건강성과 지속가능성을 높이는 전략적 선택임을 명심해야 한다. 미국 교회들이 보여준 포용적 공동체 문화, 갈등 해결 역량, 혁신적 사역 모델 등의 강점을 벤치마킹하여, 한국교회만의 독창적인 여성 리더십 모델을 개발해 나가야 할 것이다. 이는 단순히 미국 모델의 모방이 아니라, 한국적 상황과 문화적 특성을 고려한 창조적 적응을 통해 이루어져야 한다는 점에서 더욱 중요한 의미를 갖는다.

제3장

교회에서의 여성 리더십

- 파트너십 목회를 지향하며 -

신옥수 교수
(장로회신학대학교)

I. 들어가는 말

2025년은 여성안수 법제화가 이루어진 지 30주년이 되는 해이다. 여성안수가 허락되면서 제도적 성취를 이루었지만, 교회 안에서의 의식 변화와 제도 개혁 및 관행 개선은 여전히 미흡하다. 이는 단순히 교회 여성들의 개인적 역량 문제로만 볼 수 없다. 한국 사회의 가부장적 문화와 결합한 한국교회의 성차별적 구조에서 비롯된 구조적이고 문화적인 문제라고 할 수 있다.[1]

---

[1] 최근 발표된 목회데이터연구소의 여 교역자 실태조사 결과는 한국교회의 현실을 선명하게 보여준다. 설문 조사 응답자 중 목회자 대부분(79.8%)이 한국교회 안에 여성 차별이 존재한다는 데 동의하고 있다. 또한 '남성 담임목사는 여성 부목사를 선호하지 않으며'(57.0%), '교인들은 여성 부목사를 선호하지 않는다'(48.1%)라는 응답에 주목할 필요가 있다.

오늘날 한국교회의 과제는 남성과 여성이 함께 이루는 새로운 공동체로서의 교회관을 정립하는 것이다. 여성들이 남성들과 평등하게 참여할 수 있는 새로운 파트너십 문화를 수립해야 한다. 이 파트너십은 남성 목회자와 여성 목회자, 남성 평신도와 여성 평신도 간의 상호 협력과 조화를 의미한다. 그런데 본 교단 총회 보고서(109회기)에 따르면, 여성 총대는 43명으로, 이 가운데 목사가 14명, 장로가 29명이다. 이는 전체 총대의 2.8%에 불과하다. 여성 목사는 3,002명으로 전체 목사의 13.4%, 여성 장로는 1,227명으로 전체 장로의 6.7%를 차지한다. 반면, 여성 성도는 전체 성도의 57.4%에 달한다. 이러한 수치는 교회 안에 여전히 건강한 파트너십 문화가 형성되지 않았음을 보여준다.

그동안 한국교회의 발전에 지대한 역할을 감당해온 교회 여성들의 눈으로 본 교회의 현실은 어떠한가? 과연 한국교회는 신구약성서에 나타난 파트너십을 올바르게 수행하고 있는가? 한국교회 안에서 파트너십 문화 형성을 위한 실천적인 대안은 무엇인가? 이와 같은 물음을 던지면서 본 고(稿)는 교회 안의 파트너십에 대한 성서적·신학적 이해를 모색하며, 이를 바탕으로 한국교회 파트너십 목회의 현실을 분석한다. 그리고 남성과 여성의 파트너십이 회복되는 교회를 제안함으로써, 미래 목회의 방향 및 과제를 전망하고자 한다.

II. 파트너십 목회의 현실

1. 파트너십에 대한 성서적·신학적 이해

성서는 파트너십의 성격과 가치를 제공해준다. "두 사람이 한 사람보다 나음은 그들이 수고함으로 좋은 상을 얻을 것임이라 혹시 그들이 넘어지면 하나가 그 동무를 붙들어 일으키려니와 홀로 있어 넘어지고 붙들어 일으킬 자가 없는 자에게는 화가 있으리라 또 두 사람이 함께 누우면 따뜻하거니와 한 사람이면 어찌 따뜻하랴 한 사람이면 패하겠거니와 두 사람이면 맞설 수 있나니 세 겹 줄은 쉽게 끊어지지 아니하느니라"(전 4:9-12). 또한 "철이 철을 날카롭게 하는 것 같이 사람이 그 친구의 얼굴을 빛나게 하느니라"(잠 27:17)라는 말씀도 파트너십의 중요성을 지적하고 있다. 파트너십은 어떤 개인의 개성이나 각양 은사를 부정하는 것이 아니라 서로 수용하고 조화를 이루는 것을 의미한다.

신구약성서는 남성과 여성의 파트너십을 말하고 있다. 창조기사(창 1:26-28)에서 볼 수 있듯이, 하나님의 형상으로 창조된 피조물로서의 남녀 인간은 그 어떤 우월성과 종속을 찾아볼 수 없는 평등한 존재이다.[2] 무엇보다도 창세기 2장에 나타난 '에제르'는 '짝', 즉 파트너를 의미한다. "돕는 배필"이란 일방적인 관계가 아니라 쌍방적인 관계를 뜻한다. 그러므로 이것은 종속개념이 아니라 관계 개념이다. 아담과 하와가 서로 동등하게 지음을 받았으며, 동반자요 동역자로 부름을 받았다는 것이다.[3] 그런데 죄로 말미암은 타락으로 인해 이러한 관계가 전도됨으로써 인류 역사 속에서 지배와 복종, 차별과 억압이 구조화되고 불평등의 문화가 지속해왔다.

그러나 예수 그리스도 안에서 새로운 질서가 확립되었다. 예수는 하나님 나라 공동체의 구성원으로서 남녀를 평등하게 대우하셨으며, 특히 여성의 지위를 향상시켰다. 그리스도 안에서 하나님과 인간, 여성과 남성의 관계를 깨뜨리고 왜곡시켜왔던 모든 죄의 권세가 종말론적으로 부정되고, 성령 안에서 새로운 삶의 질서가 시작되었다. "너희는 유대인이나 헬라인이나 종이나 자유인이나 남자나 여자나 다 그리스도 안에서 하나이니

---

2) Mary J. Evans, *Women in the Bible* (Downers Grove, IL: InterVarsity Press, 1983), 12.
3) Pyllis Trible, *God and the Rhetoric of Sexuality* (Philadelphia: Fortress Press, 1985), 90.

라"(갈 3:28). "우리가 유대인이나 헬라인이나 종이나 자유인이나 다 한 성령으로 세례를 받아 한 몸이 되었고 또 한 성령을 마시게 하였느니라"(고전 12:13). 따라서 인종차별, 계급차별, 성차별이 종말론적으로 극복되고 그리스도인들은 이러한 종말론적 현실을 선취(先取)하며 하나님 나라를 구현하는 사역에 남녀 동역자로 함께 부름을 받았다.[4]

구약성서에서도 다양한 파트너십의 모델이 등장한다. 예를 들면, 출애굽 시에 모세와 아론의 파트너십, 사사 시대에는 여 선지자 드보라와 군대 장관 바락의 파트너십, 엘리야와 엘리사의 파트너십, 또한 포로기 귀환 시대에는 에스라와 느헤미야의 파트너십이 주목할 만하다. 그리고 신약성서는 예수님 지상 생애 당시에 예수 주변의 여인들에 대하여 언급하고 있다(눅 8: 1-3). 예수님은 열두 제자와 함께 막달라 마리아와 헤롯의 청지기 구사의 아내 요안나와 수산나와 다른 여러 여성을 사역의 파트너로 삼으셨다. 이들은 재정적인 후원을 담당한 동역자들이었다. 그뿐 아니라 예수님의 부활의 최초 증인인 막달라 마리아는 부활의 사실을 남성들에게 전해 주는 파트너십을 형성한다. 바울 역시 주변에 많은 여성 동역자들을 두고 함께 사역했다. 뵈뵈, 브리스길라, 마리아, 유니아, 드루보사, 버시, 루포의 어머니, 율리아, 네레오의 자매 등이다. 특히 바울은 브리스길라를 자신의 동역자(롬 16:3)라고 불렀다. 이렇게 성서는 파트너십의 여러 유형을 다양하게 보여준다.

그러나 무엇보다도 삼위일체 하나님의 관계가 바로 파트너십이다. 창조와 구원 및 새 창조에서, 그리고 기도와 사랑의 사역에서 파트너십을 누리신다. 삼위일체 하나님은 페리코레시스(perichores)의 관계 속에서 상호 나눔과 섬김 및 사귐의 관계를 누리는 파트너십의 모델이다. 그리고 이는 곧 하나님과 인간의 관계를 파트너십으로 규정할 수 있는 근거가 된다. 하

---

[4] 임희숙, "한국교회에서 양성평등 실현을 위한 기독교교육의 과제", 『한국기독교신학논총』 61 (2009), 279-280.

하나님은 우리를 사랑의 파트너로 삼으셔서 태초 이래 지금까지 변함없는 신실한 사랑의 파트너십을 보여주셨으며, 우리에게도 그것을 요구하신다. 하나님은 남녀 인간을 동등하게 창조하셨으며, 남녀 인간은 하나님의 창조역사를 이루어가는 동등한 파트너이다.

성서에서는 여러 곳에서 교회 안에서의 파트너십을 권장하고 있다. "형제들아 내가 우리 주 예수 그리스도의 이름으로 너희를 권하노니 모두가 같은 말을 하고 너희 가운데 분쟁이 없이 같은 마음과 같은 뜻으로 온전히 합하라"(고전 1:10). "마음을 같이하여 같은 사랑을 가지고 뜻을 합하며 한마음을 품어"(빌 2:2). 이는 다양한 은사와 재능에도 불구하고 일치와 조화와 연합의 통일성을 강조하는 구절들이다. 그러므로 우리는 각각 다르지만, 서로의 존재를 인정하며 용납해야 한다.

특히 레티 러셀(Letty M. Russel)은 남성과 여성이 왜곡됨 없이 "창조된 인간성을 회복"하는 게 진정한 평화(샬롬)라고 주장한다. 회복된 남녀의 관계는 곧 파트너십 관계를 의미한다. 이러한 파트너십은 하나님의 케노시스(kenosis), 즉 자기를 비우시는 섬김에 뿌리를 둔다. 섬기는 종의 관계는 타인에 대해 진정한 동료이자 조력자로서의 가능성을 인정하고 받아들이는 것을 의미한다. 러셀은 남녀가 온전한 인간 됨을 이루어가는 파트너로서 종말론적인 긴장 속에서 새 하늘과 새 땅에 이르기까지 샬롬을 이루어가야 한다고 한다. 하나님은 남성과 여성, 목회자와 평신도가 건강하고 신실한 파트너십을 나누기를 원하신다. 교회 안에서 리더십은 특권이 아니라 상호 나눔과 섬김이어야 한다. 교회의 민주화는 남성과 여성이 상호 협력하는 동역자가 될 때 비로소 가능하다.

2. 교회 안에서의 파트너십의 현실

21세기 포스트모던 사회는 공유사회이다. 권력이 독점적으로 집중되지 않고 공유되며 분배된다. 파트너십 목회란 목회를 수평적으로 이해하는 것이다. 목회를 신분과 지위가 아니라 역할과 기능으로 이해한다. 그래서 수직적이고 계급적이며 관료적인 목회체제를 거부하며, 민주적이고 수평적이며 상호적인 관계를 지향하는 것이다. 파트너십은 관계에서 균형과 견제와 조화와 연합을 의미한다. 그러므로 개별적인 인간관계에서나 집단 사이의 관계에서 파트너십을 이루기 위해서는 서로의 존재에 대한 인정과 존중이 필요하다. 즉 상호 대화와 협력이 요청된다. 그런데 우리 사회는 이러한 파트너십에 익숙하지 않다. 교회에서 목회자와 평신도, 남성과 여성의 관계에서도 파트너십을 제대로 훈련해보지 못했기에, 이러한 수평적 관계 형성이 그리 쉽지 않다.

한국교회 안에서 파트너십 문화 형성의 걸림돌은 다음과 같다. 첫째, 한국 사회와 한국교회 안에 뿌리 박혀 있는 전통적인 유교적이고 가부장적인 사고와 관습 및 문화가 주된 원인이다. 이는 수직적 관계에서 비롯되며 지배와 종속, 우월과 열등한 상하 관계를 가리킨다. 둘째, 오랫동안 계속되어온 한국교회 안에서의 남성 중심적 구조와 관행 탓이다. 특별한 문제를 제기하지 않았기에 당연히 그럴 수밖에 없고 또 그래야 하는 기존의 제도를 고집하는 남성 중심적인 관습이 교회 안에 스며들어 있다. 셋째, 이기심 탓이다. 사실 인간관계는 한편의 일방적인 권익을 보장하고 앞세우게 되면 깨어지게 된다. 마찬가지로 파트너십은 양보와 희생이 전제되어야 한다. 그러나 종래의 특권과 혜택을 포기하지 않으려는 남성 목회자와 평신도들의 견제와 비타협적인 태도는 남녀의 파트너십의 중요한 걸림돌이 된다. 넷째, 한국교회 안에서 성서 해석, 설교, 예전, 교회 행정, 교회 정치에서 배제되고 소외된 여성들에 대한 의식 전환이 특히 남성 목회자들에게서 이루어지고 있지 않다. 다섯째, 스스로 변화를 두려워하는 여성 목회자와 평신도의 의식 때문이다. 기존의 제도와 관행에 대해서 용기 있게 도전하기를 꺼리는 여성들이 의외로 적지 않다.

그동안 한국교회의 성장과 부흥의 원동력은 교회 여성들의 헌신과 희생적인 활동에 기인한다고 해도 과언이 아니다. 그러나 동시에 교회 안에 여전히 존재하는 여성에 대한 편견과 차별, 가부장적인 문화와 유교적인 관습의 폐해도 확인할 수 있다. 초기 한국 개신교교회는 여성 해방의 종교로 소개되었으며, 여성 교육을 주도하고 여성의식을 계발하여 여성이 가정과 교회 및 사회에서 주체적이고 능동적인 인간으로 살아갈 수 있도록 도와주었다고 평가된다. 그런데 한국교회에서 선교 초기에 교회 부흥에 지대한 역할을 감당했던 전도부인들의 위상이 약화했으며, 교회가 제도화되면서 여성들의 리더십이 교회 안에 자리 잡지 못하게 되었다. 여성안수 대신 권사 제도를 만들어 시행해온 한국교회가 여성들에 대한 제도적·의식적인 차별을 행해 온 게 사실이다.

한국교회의 경우 선교사들이 가져온 가부장적 교회제도는 한국의 유교 문화의 남존여비 사상과 결합해 더욱 견고하게 뿌리를 내렸다. 교회 여성은 유교적인 윤리의 속박에서는 해방되었으나 기독교의 전통적인 위계질서적 성직관과 여성관을 내면화하게 되었고, 가부장적 가족제도에 기반한 권위주의적 한국 사회 구조의 틀 속에 머무르게 되었다. 그런데 남성 목회자에 의해 선포되는 설교 속에는 여성들은 열등하며, 따라서 더욱 순종과 겸손과 헌신이 요구된다는 내용이 포함되어 있다. 그뿐 아니라 여성들 자신도 이러한 차별적 상황을 희생과 용서라는 개인적 차원에서 신앙적으로 해결해 가려고 하는 소극적이고 순응적인 태도를 유지해옴으로써 건강하지 못한 교회제도가 지속해왔다는 점 또한 주목할 만한 사실이다. 결과적으로 한국교회는 남성 중심, 목회자 중심, 당회 중심, 목회자 카리스마 중심의 특성을 가지게 된 것이다.

한국교회의 개혁과 갱신의 노력에도 불구하고 교회는 남성 목회자 중심으로 이루어져 있으며, 여전히 평신도와 여성들이 배제되고 소외되어 있다. 교회에서 남성 목회자는 말씀의 선포와 교육 등 목회의 생산자로 규정되며, 여성은 단지 수동적인 소비자로 규정되는 현실이다.[5] 그러나 여성은 남성과 동등하게 하나님의 형상으로 지음을 받은 인간으로서 주체성과 자율성을 지니고 있다. 그러므로 예수 그리스도의 몸 된 공동체 안에서 평등하게 책임 있는 리더십을 발휘할 수 있어야 한다.

그동안 한국교회 여성들은 교회 안에서 정치력을 발휘할 수 없는 구조 속에 놓여 있었다. 중요한 의사결정 과정에서 소외되어 있었고, 정책의 집행 및 교회 운영의 뒷자리에 머물러 있어야 했다. 교회의 조직과 제도에서 남성 목회자 중심적이며 남성 평신도에 의해 주도되는 남성 중심적인 특성이 두드러진다. 따라서 교회의 민주화를 위한 구체적이고 실제적인 노력이 필요하다. 목회자와 평신도, 담임목사와 부목사, 남성과 여성 사이에 위계적 질서와 교회의 위계 구조가 평등구조로 바뀌어야 할 것이다.

성서적이며 건강한 교회의 회복을 위해서는 민주적 리더십과 공동체로서의 교회를 지향해야 한다. 여기에는 반드시 여성 평신도의 위상을 회복시키는 일이 필요하다. 실제로 여성은 남성 담임목사의 보조자 역할을 해오고 있다. 이는 성 역할과 성 고정 관념적인 분업에 기인한다. 교회 내 여성들은 여전히 높은 장벽에 가로막혀 있다. 교회 안에서 여성들의 발언권은 제한되어 있으며 여성들의 리더십이 활성화되어 있지 않다. 여성안수 허용 이후에도 교회에서 여성들은 여전히 차별받고 있으며 능력을 제대로 인정받지 못하고 있다.

III. 파트너십 목회의 미래

그러나 여성들이 꿈꾸는 교회의 모습은 단지 여성이라는 이유로 인해

---

5) 김정수, "여성의 참여와 자율성이 회복되는 통전적 교회," 『미래를 위한 여성들의 교회론』 (서울: 기독교여성평화연구원, 1993), 56.

직분이나 역할이 제한되지 않아야 하며, 남녀가 함께 파트너십을 지니고 교회를 성장시키고 발전해 나가는 것이다.

이는 무엇보다도 한국교회 안에서 목회자와 평신도, 여성과 남성이 파트너십 문화를 형성하고 발전시킬 때 가능하다.

1. 목회자와 평신도의 파트너십이 이루어지는 건강한 교회

이성희에 따르면, 기존의 목회자 중심 사역 패러다임이 평신도 사역의 확대로 인해 다양하게 변화하고 있다. 이전에는 목회자가 주도적인 위치에서 평신도는 목회자와의 종속적 관계에서 협력자였으나, 최근에 이르러 평신도는 목회자와의 협력적 관계에서 동역자로서 사역에 참여하고 있다. 미래교회는 평신도 사역이 극대화되며 평신도 사역을 통한 교회 성장을 도모하게 될 것이다. 그러므로 교회는 목회자에게 의존되어 있던 사역의 패러다임을 평신도 패러다임으로 전환해야 한다.[6]

따라서 목회자가 모든 교인 위에 군림하거나 목회자와 평신도의 관계를 위계 질서적 관계로 이해해서는 안 된다.[7] 오히려 상호 관계 속에서 교회를 함께 이끌어가는 동역자로서의 이해가 필요하다. 평신도들은 더는 수동적이거나 의존적인 존재가 아니며, 목회자는 지배적이고 가부장의 모습을 지닌 존재가 아니어야 한다. 각자 맡은 역할과 직분에 따라 자신의 몫을 성실하게 수행하는 파트너들이다. 이와 같은 파트너들의 모임이 바로 건강한 교회이다. 레티 러셀은 이러한 교회의 이미지를 '원형 탁자'(round table)라고 부른다.[8] 높고 낮음의 구분이 폐지되고 모든 이들이

---

6) 이성희, "평신도 지도를 위한 목회적 이해," 『총회 평신도 지도 지침서』 (서울: 대한예수교장로회총회출판부, 2011), 53.
7) 존 스토트는 목회자가 평신도의 종으로서 섬기는 '섬김의 리더십'을 강조한다. 존 스토트, 『한 백성』, 정지영 옮김 (서울: 아바서원, 2012), 69.
8) Letty M. Russel, *Church in the Round: Feminist Interpretation of the Church* (Louisville, KY: Westminster/John Knox Press, 1993)

동등한 책임을 지니며 상호연대성을 갖고 모여 앉은 원형 탁자로서의 교회 이해는 한국교회의 갱신을 위해 신선한 통찰의 빛을 던지고 있다.[9]

21세기 한국교회는 지배와 복종의 상하 관계나 위계질서에 의한 교회구조와 조직이 서서히 변화되어가는 추세이다. 교회 안팎에서 권위주의적인 목회 리더십도 점차 민주적 리더십으로 전환되어 가는 과정에 있다. 그런데 교회의 수직적 구조를 수평적 구조로 전환하기 위해서는 평신도의 참여가 필수적이다. 평신도는 이제 더는 목회의 대상만이 아니라 목회동역자가 되어야 한다. 이는 남성 목회자들이 독점해온 교회의 권력집중을 분점해가는 과정에서 여성 목회자의 공간이 확보되는 기회이기도 하다. 21세기 교회는 목회자와 평신도가 동역하는 목회방식으로 이루어질 것이다.

2. 남성과 여성의 파트너십이 회복되는 교회

한국교회는 하나님의 형상대로 창조된 남성과 여성의 파트너십이 회복되는 교회를 지향해야 한다. 무엇보다도 한국교회 안에서 건전한 파트너십 문화 형성을 위해서는 남성 목회자들의 의식이 변화하지 않으면 안 된다.[10] 그들이 실제로 모든 목회의 권한을 갖고 있으며 정치적인 힘을 갖고 있기 때문이다. 그러므로 먼저 남성 목회자들은 교회 안에서의 여성의 리더십과 남녀의 동등한 파트너십을 인정해야 하며, 교회와 사회에서 남녀평등의 문제나 여성의 인권과 지위 문제를 해결하기 위해 노력해야 한다.[11] 그러기 위해서는 자신이 먼저 기존의 남성 중심적 사고방식과 가부

---

9) 강남순, "여성신학적 교회론: 이론과 실천", 『페미니즘과 기독교』(서울: 대한기독교서회, 1998), 148.
10) 최근 목회데이터연구소의 설문 조사 결과, 교회 내 양성평등을 위해 가장 필요한 것은 '남성 목사들의 의식 전환'(59.0%)과 '남성 성도들의 의식 전환'(34.0%)으로 나타났다.
11) 한국교회 안에서 남녀 목회자 사례비의 차별 또한 간과할 수 없다. 얼마 전에 모 목회자와의 만남에서 전해 들은 이야기이다. 본인이 현재 목회지에 부임한 후 확인한 사실은 지난 20년 동안 여성 부목사가 남성 부목사와 비교해서 사례비를 훨씬 적게 받고 있었다는 것이다. 그래서 20년 치를 소급해서 해당 사례비를 지급했다고 한다. 이는 남성 목회자의

장적 고정관념으로부터 과감하게 탈피해야 한다. 그런데 이것이 그리 쉽지 않다는 데 어려움이 있다. 적어도 남성 목회자의 목회 사역에 여 목회자의 역할이 중요하다는 의식의 개혁과 문화의 변화가 필요하다. 하나님께 받은 은사대로 사역하며 남녀목회자가 파트너십을 이루는 것은 더 효율적인 목회를 가능하게 한다. 남성 목회자들이 여성 목회자와 성공적인 파트너십을 경험한다면, 점진적인 의식 변화가 뒤따를 것이다.

무엇보다도 여성 목회자에 대한 평신도들의 의식 변화가 필요하며,[12] 여성 목회자는 여성 평신도 리더들과 긴밀한 협력관계를 유지할 필요가 있다. 여성 목회자는 평신도 여성들이 자기 정체성을 의식하도록 일깨우고 그들의 리더십을 훈련하는 주도적인 입장에 서야 한다. 동시에 여성 평신도들의 지지와 후원을 받지 않고서는 여성 목회자가 성공할 수 없다는 점을 명심해야 한다. 이를 위해 여성 목회자들은 부단한 노력을 해야 할 것이다.

이제는 남성과 여성이 함께 동역하는 시대가 도래하고 있다. 중요한 것은 사역의 현장에서 고정된 성 역할의 담을 넘어서는 것이다.[13] 남녀 목회자뿐만 아니라 남녀 평신도들 사이에서도 이러한 담을 허물어야 한다. 그러기 위해서는 새로운 형태의 성서연구를 통한 접근방식과 함께 의식변화의 공간확보, 무엇보다도 제도와 관행을 고쳐나가는 작업이 중요하다. 비

의식이 목회현장에서 얼마나 중요한 역할을 하는지를 생생하게 보여주는 사례라고 할 수 있다. 이렇게 하나씩 둘씩 의식의 변화를 통한 제도와 관행을 개선하는 노력이 뒤따라야 한다.

12) 2012년 장신대 여 신학생 교육 및 진로에 대한 설문 조사 결과, "여성 목회자에 대한 편견을 누가 가장 많이 갖고 있다고 생각하십니까?"에 대해서 전체 응답 중 여성 평신도, 남성 목회자, 여성 목회자 순으로 나타났다. 양금희, "장신대 여 신학생 교육 및 진로에 대한 설문 조사 결과 분석," 『여성목회자 후보생의 교육 및 진로에 관한 공청회 자료집』(2012. 11. 7), 21.

13) 최근 목회데이터 연구소의 설문 조사 결과, 여성 목회자 10명 중 7명 이상이 '교회의 주요 의사결정은 남성들이 맡고 있다'(61.6%), '교회에서 여성과 남성이 할 일이 구분되어 있다'(61.5%)라고 응답했다. 그런데 '남녀 구분 없이' 사역하는 기준으로 남성 목회자와 여성 목회자 응답에서 차이가 가장 큰 항목은 '공 예배 설교'(남성 76.6%, 여성 91.4%)와 '애경사 집례'(남성 68.6%, 여성 82.0%)로 파악됐다.

록 적지 않은 시간이 걸려도 남녀 파트너십을 위해 교회 여성들은 좌절하거나 낙심하지 말고 함께 노력해가야 한다.

그런데 교회가 남성과 여성의 파트너십이 회복되는 교회가 되려면 그동안 잊힌 채 낮게 평가되어온 여성적 원리를 긍정적인 것으로 인정해야 한다. 남성적 원리, 여성적 원리는 남성과 여성에게 각각 존재하는 게 아니라 인간 모두에게 내재해 있는 것이지만, 역사적으로 여성적 원리를 배척해버린 교회는 가부장적이고 위계 질서적인 권위적 교회가 되었다.[14] 따라서 남녀 모두가 남성적 가치와 여성적 가치로 인정되어온 것 모두를 수용해야 한다. 남성은 말씀선포와 교육의 수행자, 의사결정자로서 그리고 여성은 그 결정의 집행자, 심방자로서 역할이 구분되는 것이 아니라, 남녀 모두 지금까지 남녀의 고정적 역할로 규정된 일들을 상호분담해야 한다.

그리고 교회 여성 지도자 그룹 간의 건강한 동반자 관계 형성을 위해 노력해야 한다. 여성 평신도 그룹과 여성 목회자 그룹 및 여성 사모 그룹, 이 세 그룹이 서로 이해와 화해 및 협력의 시대로 나아가야 할 것이다. 서로 역할의 상이성을 이해하고 존중하되, 크리스천 여성으로서의 정체성과 공감대를 함께 형성해가는 동료 여성이며 동역자들이기 때문이다. 여성 목회자, 여장로, 사모들이 함께 손을 잡고 서로의 리더십을 인정하고 존중하는 시대가 도래하기를 기대한다.

여성 목회자와 여성 평신도 리더들은 부드러운 파트너십을 형성할 필요가 있다. 실제로 한국교회는 전도부인으로부터 시작하여 여전도사들이 교회의 리더로서 여성 평신도들과 긴밀한 협력관계를 유지해왔고, 개교회 여전도회를 이끄는 주도적인 역할을 해왔었다. 따라서 평신도 여성들과 여 목회자는 긴밀한 관계를 회복할 필요가 있다. 여성 평신도 리더십 개발은 여 목회자가 주도적으로 이끌고나가야 한다. 그리하여 개교회 여전도

---

14) 김정수, "여성의 참여와 자율성이 회복되는 통전적 교회," 64.

회를 여성 목회자가 지도할 수 있어야 하며, 그들의 적극적인 지지와 후원을 힘입어 사역할 수 있어야 한다. 교회교육, 성서연구, 영성훈련, 인간관계 훈련, 사회봉사, 상담, 심방, 가정 사역 등을 지도함으로써 평신도 여성들과 함께 파트너십 목회를 형성해갈 수 있다. 그동안 여전도회를 운영하며 리더십을 발휘해온 여성들은 제직회나 위원회의 주요부서나 당회에서도 충분히 역할을 감당하며 건강한 교회를 형성하고 교회가 성장하는 데 기여할 수 있다. 여전도회는 개 교회에서 여 목회자를 적극적으로 청빙하여 교회 현장에서 남녀 목회자가 함께 조화롭게 사역을 감당할 기회를 제공하도록 지속해서 분위기 조성에 힘써야 한다. 이러한 여전도회의 노력으로 교회에서 남녀 차별 없이 소명을 따라 능력대로 일할 수 있는 교회의 분위기가 점차 형성되어야 한다.

IV. 파트너십 목회를 위한 제안들

이런 맥락에서 한국교회의 파트너십 문화 형성을 위한 교단에서 제도적 접근이 필요하다. 남녀 파트너십 목회를 이루어가기 위해서는 무엇보다도 교단과 개교회 차원의 지원이 요청된다. 첫째, 남성과 여성이 함께 모여 양성평등의 문제를 전문적으로 다룰 뿐 아니라 교회구조를 양성평등 구조로 만들기 위해 연구하고 정책을 세우며 이를 수행할 수 있는 부서가 필요하다. 미국의 연합장로교회(PCUSA)나 감리교회(UMC), 그리고 호주의 연합교회(UCA) 총회에는 "Women's Ministries(여성 사역부)"와 "Gospel and Gender"(복음과 성)이라는 부서를 통하여 교회의 모든 영역과 활동에서 남녀 차별없이 동등하게 양성이 사역하는 교회를 지향하고 있다. 특히 여성 지도력 개발, 교회 내 정책 결정, 여성 신학적 작업 및 예전에 주도적으로 공헌하고 있으며, 세계 선교의 사역을 지원함으로써 남성과 여성의 파트너십에 근거한 여성 사역을 책임지고 있다. 본 교단에서도 총회 내 양성평등을 위한 기구가 구성되어 점진적이고 단계적인 전략을 수립해야 할 때이다. 이를 위해서는 교단 관계자와 신학교 교육 관계자와 교회 관계자들의 의식공유와 연대가 필요하다. 성서가 지향하는 남녀 파트너십과 교회 내 양성평등 구조와 의식 변화를 위해 머리를 맞대고 논의하며 진지하게 대안을 모색하는 일이 시급한 과제이다. 이를 위해 양성평등 문화를 구축하고 제도 개혁에 앞서가는 타 교단 정책의 장점을 기꺼이 받아들이고 그들이 함께 겪고있는 시행착오를 되풀이하지 않도록 섬세하고 주도면밀한 검토작업을 거쳐 우리 교단의 특성을 살리는 양성평등 정책을 수립해야 할 것이다.

둘째, 총회여성위원회가 특별위원회가 아닌 상설위원회가 됨으로써,[15] 남녀 파트너십 사역에 대한 지원시스템 개발의 과제를 실현해야 할 것이다. 여기서 구체적으로 총회 총대 여성 할당제 등 다양한 제도 개혁을 논의할 수 있다.[16] 여성안수가 시작되면서부터 그동안 여러 기관과 여성위원회 등에서 여성 할당제를 줄기차게 요구했으나, 아직 현실화하지 못했다.[17] 이제 여성 총대 숫자의 증대를 위해서 좀 더 실현 가능한 방안을 모색해야 한다. 여성 할당제는 다양한 영역에서 적정한 수준에 이르기까지 일정 기간 지속해야 할 것이다.[18]

셋째, 더 나아가 교단 차원에서 양성평등 교육교재를 개발하여 교육하

---

15) 기장은 2008년 양성평등위원회가 상임위원회로 제도화되었다.
16) 개교회 여성 목사 청빙 할당제(부목사 3인 이상일 경우 1인 이상 여성 부목사 청빙), 각 노회 1인 이상 여성 목사와 장로 총대 선출 의무화, 각 노회 위원회 여성위원 30% 의무화, 여성 목회자 사역을 위한 중장기 정책 수립 등을 논의할 수 있다.
17) 102회기에 총회여성위원회가 "모든 노회가 여성 총대 1인 이상을 총회 총대로 파송해 달라"는 청원 건은 허락되었으며, 105회기에 권고가 아닌 의무사항임을 확인했다. 107회기에 평신도위원회가 청원한 "여성 총대 할당제를 의무화하고, 총대 20인 이상 노회'로부터' 여성 목사 총대 1명, 여성 장로 총대 1명을 파송하도록 청원하오니 허락해 달라"는 건은 허락하되, 노회에서 자율적으로 처리하도록 함으로써 의무사항이 아닌 권고사항이 되었다.
18) 세계교회협의회와 아시아기독교협의회에서는 여성 총대 50% 할당제가 시행되고 있다. 그리고 미국연합장로교회(PCUSA) 총회에 참석한 총대 중 여성이 절반 이상이라는 사실에 유의할 필요가 있다.

는 것과 더불어 개교회 내에서 설교와 예배, 성경공부, 교회교육 등을 통해 양성평등 교육이 이루어져야 한다. 목회자와 평신도들의 의식 변화를 위한 양성평등 교육이 필요하다.[19] 그뿐 아니라 개 교회에서 평등하게 여성 리더십이 세워질 수 있도록 먼저 여성의 참여를 의무화하고 교육과 훈련의 기회를 꾸준히 제공해야 할 것이다.

넷째, 여성 평신도 리더 양성을 위해 힘써야 한다. 본 교단에서 여성 장로의 숫자는 여성 목회자의 숫자에 훨씬 미치지 못한다. 여러 이유가 있겠지만, 가장 기본적인 것은 교회 내에서 직분이 기능과 역할로 이해되지 않고 있다는 점이다. 교회는 성령의 은사 공동체로서 다양하고 평등한 섬김의 공동체이다. 신분이나 계급이 아닌, 다양한 사람들을 위한 다양한 종류의 섬김으로서의 직분으로 이해해야 한다. 그런데 가부장적 교회문화 속에서 형성된 높고 낮음의 계급 조직의 문화가 장로 선출에 영향을 미치는 것이 사실이다. 교회 현장에서 확인하게 되는 것은 여성 평신도들이 여성 장로 선출에 소극적이라는 것이다. 이를 극복하기 위해서는 무엇보다도 위임목사가 설교나 성경공부, 구역 모임, 선교회 모임 자리에서 지속해서 남녀 평신도들에게 파트너십에 관한 의식을 고취하는 게 필요하다. 개교회에서 여 장로들이 더 많이 선출되도록 목회자와 평신도의 전략적인 접근이 절실하다. 예를 들면, 장로 10명 중 필수적으로 2-3명이 선출되도록 하는 것이다.[20] 여전도회전국연합회의 주도적인 노력으로 이루어지고 있는 평신도 여성 리더십 훈련과 교육을 자산으로 하여 각 노회 여전도회연합회 뿐만 아니라 개 교회 여전도회의 활동과 사역을 통한 리더 양성이 더욱 활발하게 이루어져야 한다.

---

19) 2012년 〈젊은 교회 여성 의식 실태조사〉 결과, 한국교회와 양성평등 실현을 위해 가장 시급하고 적극적으로 개선해야 할 부분에 대한 응답에서는 양성평등 교육을 통한 평신도 의식개선(24.8%)과 목회자 의식 변화(20.5%)이다. 〈젊은 교회 여성 의식 실태조사〉, 한국교회여성연합회, 2012.8.
20) 그동안 장로 선출 시 여성 장로 선출 30% 의무화 등과 같은 여러 제안이 있었지만, 실현되지 못했다.

다섯째, 신학교 차원의 노력이 필요하다. 전체 신학생 가운데 여학생의 비율이 점차로 증가하고 있다. 최근에는 약 40%를 넘어서는데, 여 신학생들의 특성을 반영하고 그들의 요구를 고려한 목회 훈련의 장이 마련되어 있지 않다.[21] 특히 교과과정에서 여성적인 관점이나 여성 목회 사역의 분야에 대한 교육이 효율적으로 이루어지지 않고 있다. 예를 들면, 장로회신학대학교 신학대학원에서도 "여성신학" 과목 및 특수 목회의 한 분과로서 "여성목회"가 소개되고 있을 뿐이다.[22] 각 신학교의 교과과정에 여성 사역 및 여성 리더십의 훈련 프로그램이 반영되도록 적극적인 노력을 기울여야 할 것이다. 여 신학생들 자신이 스스로 다양한 미래 목회를 위한 준비작업을 신학교 안에서 할 뿐 아니라 졸업 후에도 지속적인 교육이 이루어져야 하며 이를 연결할 수 있는 창구가 필요하다.

21세기를 위한 한국교회의 건강한 파트너십의 훈련을 위해서는 신학교 기간에 남 신학생들과 대화와 협력의 경험을 가져야 한다. 예를 들면, 학우회 참여, 동아리 활동, 목회 정보 교류 등이다. 특히 남학생들이 <여성신학>이나 <양성평등과목회>와 같은 과목들을 선택하도록 권유하여 함께 수업 속에서 이루어지는 다이내믹스를 체험하도록 하는 것은 매우 의미 있는 일이다. 파트너십을 훈련하는 다양한 프로그램 등을 개발하여 함께 참여하는 기회가 더욱 많아야 한다. 이런 것들이 쌓여갈 때 미래의 남성 목회자들과 선의의 협력과 유대가 가능하기 때문이다.

여섯째, <여성과목회연구원> 혹은 <교회여성리더십연구원>을 설립하여 운영하는 것을 제안한다. ① 여성신학 연구와 정립- 여성신학의 심화와 구체적인 교회 여성 문제에 대한 이론화 작업, 신학교에 여성신학 보급

---

21) 장로회신학대학교 신학대학원 재학생 중 여학생이 차지하는 비율은 해마다 증가하고 있다. 2021년 34.19%, 2022년 29.41%, 2023년 29.85%, 2024년 42.7%, 2025년 41.3%에 해당하며, 최근에는 40%를 넘어서고 있다.
22) 2017년부터 장로회신학대학교 신대원에서는 <양성평등과목회>라는 과목이 신설되어 현재까지 운영되고 있다. 양성평등 이론과 양성평등 목회현장에 대한 다양한 소개와 실천적 과제들을 다룬다. 그러나 점차 수강 인원이 줄어드는 문제점이 있다.

과 여성신학 운동 확산, 교회 여성들의 실천을 위한 성서 해석 제공, 한국교회를 위한 새로운 대안적 예배 모델과 교육 모델 개발 ② 여성 목회 리더십 교육 및 훈련- 여성 목회자들의 의식 개혁과 리더십 개발, 여성 목회 리더십 훈련 및 교육, 교회 여성의 의식화를 위한 프로그램 개발, 여성 목회자들의 정체성 확립과 삶의 질 향상을 위한 교육과 행사 ③ 여성 목회자 지원- 여성 목회자의 권익 확립과 평등한 사역의 권리를 위한 지원, 여성 목회자들의 사역을 위한 다양한 정보 제공 및 사역 개발, 사역의 네트워킹 구성 및 활용, 성차별적 교회제도의 개혁을 위한 다양한 프로그램 개발, 교회 여성들과의 실제적 연대 및 기독 여성운동 전개 ④) 미래 여성 목회자 후보생들을 위한 지원- 여 신학생들의 장학 지원 및 리더십 훈련을 위한 프로그램 제공 ⑤ 한국교회 여성 목회자 후원 기금(교회 개척 지원 기금, 특수 목회 지원 기금, 복지 기금 등 조성 및 관리)

V. 나가는 말

오늘날 한국교회는 중요한 전환기에 서 있다. 한국교회가 지난 1세기 동안 이룩한 성장과 부흥을 지속할 것인지, 아니면 비판과 질타의 대상으로 전락하여 쇠퇴의 길을 걸어갈 것인지 갈림길에 서 있다. "개혁된 교회는 언제나 개혁되어야 한다"(*ecclesia reformata semper reformanda*)라는 개혁교회의 원리는 오늘날 한국교회의 위기 극복 및 갱신을 위한 바른 교회론의 정립을 요청하며 교회 개혁의 동력을 제공한다. 무엇보다도 성서와 복음의 정신에 따라 건강한 교회의 정체성을 회복하기 위해서는 파트너십 문화 형성이 시급한 과제이다. 교회의 공동체성을 회복하기 위해서는 여성들이 교회 안에서 잃어버린 자리를 되찾고 공동체의 구성원으로서 남성들과 함께 평등한 관계 속에서 사역할 수 있어야 한다. 한국교회의 전통과 문화 속에 들어있는 가부장주의와 성차별주의, 여성 억압적 권위주의 등을 극복하고 남녀 목회자들과 남녀 평신도들과 건강한 파트너십을 이루며 힘차게 사역하는 모습을 기대해 본다.

　이제 우리는 여성 안수 30주년에 머무르지 않고, 여성 안수 60주년을 바라보며 하나님과 손을 맞잡고 남녀 목회자와 평신도들이 건강한 파트너십을 이루어 힘차게 사역하는 미래를 꿈꾼다. 그날은 저절로 찾아오지 않는다. 마치 기적처럼 이루어진 여성 안수가 하나님과 남녀 동역자들의 협력으로 이루어진 것처럼, 이제 우리는 기도의 손을 맞잡고 남녀 동역의 길을 함께 걸어가야 한다. 이러한 여정은 하나님의 뜻을 이루는 소중한 발걸음이 될 것이다.

제4장

여성 목사의 사역 전문화를 위한 선교적 전략 제안

- 네트워크 활성화를 중심으로 -

이선이 교수
(호남신학대학교, 선교신학)

I. 들어가는 말

대한예수교장로회(통합) 제79회 총회에서 1994년 여성 안수가 허락되고, 1995년 노회 비준을 거쳐 법제화되었다. 그리고 1996년 가을 노회에서 여성 목사 19명이 배출된 이후, 교단 내의 여성 목사의 수는 꾸준히 증가하고 있다. 총회 109회기(2024.9-2025.9) 교단 통계보고서에 의하면, 여성 목사는 3,002명으로 전체 목사 22,510명의 13.34%를 차지한다.[1] 그리고 여전임 전도사는 993명, 여교육전도사는 1,573명으로 여성 목사와 합하면 전체 여교역자는 약 5,568명이다.[2] 한국교회에서 여전도사와 여성

---

1) 대한예수교장로회총회 편집, 『제109 총회 회의록』 (서울: 한국장로교출판사, 2025), 1096-1098.
2) 대한예수교장로회총회 편집, 『제109 총회 회의록』, 1099.

목사의 수는 과거와 비교하면 놀라운 성장세를 기록하고 있다. 그런데 여성안수 법제화 30주년을 맞이하였음에도 불구하고, 여성 목사 사역의 전문성과 영향력은 여전히 제한적이다.

2013년 9월 제98회 총회에서 여성위원회가 특별위원회로 구성되었다. 그 목적은 교단과 교회의 남성 중심적인 문화와 의식을 양성 평등적으로 바꾸어서 교회와 교단의 성장과 발전을 도모하기 위한 것이었다.[3] 그러나 2019년 여성위원회가 양성평등위원회로 변경되고, 2020년 인권 및 평등위원회로 바뀌면서, 본래의 취지가 약화하는 경향이 있었다. 그래서 2022년 여성위원회 존속을 총회로부터 허락받고, 다시 2023년 여성위원회가 4년 만에 특별위원회로 재조직하게 되었다. 이러한 일련의 상황은 근본적으로 여성위원회의 정체성과 존속에 대한 이해 결핍으로 나타난 사례로 보인다.

한편, 총회 여성위원회 제109회기 정책세미나에서 교회 내 여성 리더십 향상에 대해 논의를 하였다. 여성 리더십 활성화를 위해서는 남성 목회자와 평신도의 인식 변화, 교회 여성들도 여성 목회자와 여성 평신도, 그리고 사모 등 다양한 여성 그룹의 협력이 이루어져야 한다고 하였다.[4] 그리고, 교단적 차원에서는 양성평등 정책 부서 설립, 여성위원회의 상설화, 양성평등 교육교재 개발, 그리고 신학교 내 여성 리더십 교육 확대 등에 노력해야 함을 강조하였다.[5] 특별히 여성위원회 위원장은 예장통합의 여성 총대가 3%에 못 미치는 비율이기 때문에, 총회의 여성 총대 파송을 확대하기 위하여 1노회 1여성 총대 파송을 헌법 개정 청원을 추진하겠다고 밝혔다.[6] 여성위원회는 여성 총대 할당제, 여성지도자 발굴, 여성 네트워크

---

3) 제104회의 여성위원회 추가보고서.
4) 박용미, ""남녀 파트너십 목회 회복해야" 여성위 정책세미나," 「국민일보」 (2025년 4월 8일 자).
5) 박용미, ""남녀 파트너십 목회 회복해야" 여성위 정책세미나."
6) "예장통합 여성 총대관련 법제화 관심 요청 외," 「국민일보」 (2025년 6월 14일 자).

활성화를 위하여 노력하고 있다.

그러나 한국교회의 여성 목사는 전반적으로 지도력 참여 제약, 사역 환경의 고립성과 구조적 한계 등으로 인하여 사역을 온전히 실현하는 데 어려움을 겪고 있다. 본 논문을 이러한 문제점을 인식하고, 현대 사회에서 여성 목사의 사역 전문화를 위한 선교적 전략을 제안하고자 한다. 그 전략의 중심축으로 '네트워크'[7]에 주목하고자 한다. 네트워크는 단순한 인간관계를 넘어서, 공동의 사역을 위한 다양한 주체들이 유기적으로 연결되고 협력하는 구조를 의미한다. 또한, 네트워크는 관계적 연대를 넘어서, 사역 협력, 자원 공유, 공동비전 형성을 통한 선교적 확장을 가능하게 한다. 먼저 국내 여성 목사 현황과 그 문제점을 살펴보고자 한다. 그리고 여성 목사의 네트워크 국내외 사례를 소개 및 분석하고자 한다. 끝으로 미래의 대계를 위한 여성 목사 전문화를 위한 네트워크를 중심으로 선교적 차원의 전략을 제안하고자 한다.

II. 여성 목사 현황과 극복 과제

1. 한국교회 여성 목사의 현황

조선말 기독교의 전래는 여성들에게 사회적, 문화적, 교육적으로 지대한 영향을 끼쳤다. 여성에게 남존여비(男尊女卑)와 삼종지도(三從之道)의 윤리를 당연하게 여기는 가부장적 사회 속에서 기독교는 여성의 인권과 존재의 가치를 강조하였다. 해외 선교사들을 통해 여성 교육의 기회가 주어

---

[7] 이 논문에서 다루는 '네트워크'는 인간 간의 관계 혹은 조직 간의 관계를 비롯하여 네트워크 도구를 사용하여 통신기술관점에서 이루어지는 물리적 상호의존적 연결망을 포함한 포괄적 의미로 사용한다.

지자, 간호사, 교사, 사회운동가, 의료인으로 진출하는 여성들이 나타났다. 기독 여성들은 3·1운동 당시에 적극적인 참여를 했으며, 독립운동, 계몽 운동 및 자선 활동에 주도적으로 참여하였다. 특히 교회 내에서 전도부인, 성경 교사, 여전도사, 여성 선교사로 여성 리더십의 발판을 마련하였다. 그리고 20세기 중반 이후에 일부 교단에서 여성 안수를 허용하여, 목사와 장로의 직분을 부여하였다.

여성 목사 안수를 허용하는 주요 교단은 기독교대한감리회(1955년) 한국기독교장로회(1977년), 대한예수교장로회 통합(1996년) 등이다. 한편, 여성 안수를 불허하는 교단은 대한예수교장로회(합동), 대한예수교장로회(고신), 대한예수교장로회(합신), 순복음 일부, 침례교 일부 등이다. 매년 이들 교단은 총회가 열릴 때마다, 여성 안수 건이 논란이 되고 있다. 한국교회 주요 교단의 여성 목사 안수 현황을 정리하면 【도표. 1】과 같다.[8]

구분	예장 통합	예장 합동	감리교	기성	기하성	기침	기장	백석	고신	합신
여부	○	×	○	○	○	○	○	○	×	×
시작 연도	1996	-	1955	2005	1997	2013	1977	2012	-	-

【도표. 1】주요 교단 여성 목사 안수 현황

그런데 여성 안수를 허용하고 있는 교단에서도 실제 목회 현장에서 여성은 여전히 제한된 임무를 수행하고 있다. 특히 단독 목회에의 접근은 매우 낮고, 대다수 여성 목사는 교육, 상담, 돌봄 사역에 편중되어 있다.

예장통합의 경우, 총회 109회기 보고서의 여성 비율이 가장 높은 직분은 교육 목사(42.78%)로 여성 목회자의 주요 사역 영역임을 시사하고 있다. 그다음은 전도목사(26.39%), 무임 목사(20.47%), 부목사(15.50%) 순이다. 여성 비율이 낮은 직분은 공로목사(0.32%), 원로목사(0.61%), 위임목사

---

8) 강주화 외 3인, "여성안수 않는 교단 3곳"필요성엔 공감, 「국민일보」, (2022년 3월 8일 자).

(1.47%)로 교단 내 주요 리더십 직위에서 여성 비율이 현저히 낮은 것을 볼 수 있다. 담임목사(10.56%)와 은퇴 목사(10.58%)의 비율은 평균에 근접하지만, 여전히 낮은 편이다. 【도표. 2】는 예장통합의 여성 목사의 현주소를 알려주고 있다.

직분	여성 수	전체 수	여성 비율 (%)
위임목사	45	3,056	1.47%
담임목사	559	5,294	10.56%
전도목사	568	2,153	26.39%
부목사	605	3,906	15.50%
군종목사	3	67	4.48%
기관목사	55	366	15.03%
선교목사	98	915	10.71%
교육목사	476	1,113	42.78%
원로목사	4	655	0.61%
공로목사	3	930	0.32%
은퇴목사	227	2,145	10.58%
유학목사	19	249	7.63%
무임목사	340	1,661	20.47%

【도표. 2】여성 목사 직분별 숫자와 비율[9]

따라서, 전도, 교육, 부목 중심의 사역에 여성 목회자가 집중된 경향이 뚜렷하게 보여준다. 고위직 및 명예직에 여성이 거의 없는 현상을 보여줌으로써 이는 교단 내 여성의 리더십 진입 장벽이 높은 것을 반영한다.

2. 여성 목사 사역의 극복 과제

여성 목사 사역의 성장과 전문화를 가로막은 요인을 구조적, 신학적, 문화적, 실천적 측면으로 나누어 설명할 수 있다. 첫째, 구조적 요인으로써

---

[9] 대한예수교장로회총회 편집, 『제109 총회 회의록』, 1096-1098.

남성 중심적 교단과 제도의 한계이다. 한국교회 리더십 구조는 대부분 교단의 총회, 노회, 당회 등 의사 결정 구조에서 남성이 다수를 차지하고 있다. 대한예수교장로회총회 통합 109회기 교단 통계보고서에 의하면, 남성 목사는 19,508명, 여성 목사는 3,002명으로 남성 목사 대 여성 목사의 비율은 86.66%대 13. 34%이다. 또한, 총대는 교단의 최고 의결기관인 총회에 참가하는 대표자로 교회와 노회를 대표하여 총회의 안건을 심의하고 결정하는 중요한 역할을 한다. 2024년 예장통합 여성 총대는 43명으로 전체 총대 1500명 가운데, 2.8%에 불과하다.[10] 여성이 총대가 되기 위해서는 먼저 담임목사 혹은 기관 목사가 되거나 장로 직분을 받아야 하는데 여성 목사의 경우 교회와 기관에서 청빙 받기가 남성보다 더 어려운 게 현실이다. 장로 역시 남자 안수집사들과 경쟁해 정립 받는 절차부터 쉽지 않다. 이는 여성 목사 또는 여성 장로가 되는 진입과 승진이 제한되기에 일어나는 결과이다.

둘째, 신학적 요인으로써 여성 사역에 대한 교리적 제한을 하는 해석이 있다. 제22회 총회에서 1933년 함남노회는 여성안수 문제로 대한예수교장로회총회에 헌의하였으나 부결되었다.[11] 이후 여권 문제에 대한 성경 본문(고전14:34, 딤전2:12)의 신학 논쟁을 일으키며, 문자적으로 적용하는 근본주의적 해석으로 여성 리더십을 제한하였다. 예장통합은 61년 만에 제79회 총회에서 이러한 해석에서 벗어나 여성안수가 결의되었다. 그러나 여성 안수가 허락된 교회 현장에서는 아직도 근본주의적 해석이 존재한다. 또한, 한국 개신교 가운데 예장합동, 고신 등 보수 교단은 여전히 여성 안수를 허용하지 않아서 여성 목사의 숫자와 영향력이 제한되는 배경이 된다. 남성은 공적 리더십, 여성은 보조적 사역으로 구분하는 성 역할

---

10) 박용미, "올해 여성 안수 30주년 맞았는데… 예장통합 여성 총대 2.8%에 불과"「국민일보」(2024년 8월 21일 자).
11) 대한예수교장로회 총회 제22회 회의록 (1933), 65.

이론에 기반을 둔 신학을 유지하고 있다.

셋째, 문화적 요인으로써 여성 목사에 대한 편견과 사회 인식의 문제이다. 한국 사회 전반의 가부장적 문화와 고정관념이 유지되면서, 교회 내에서도 여성 리더십에 대한 불신으로 이어지는 현상이다. 이는 여성 안수를 허락한 교단이라 할지라도 예외는 아니다. 다음의 사건은 예장통합에서 일어나는 여성 차별의 실제 사례이다.

> 이준연(64) 고평교회 목사는… 노회에 전입한 지 2-3년 되면 보통 시찰회 위원이나 임원 등의 역할을 맡지만, 그는 전입 후 한참이 지나도록 위원도 맡지 못했다. 총대가 되려면 노회에서 먼저 다양한 활동을 해야 하는데 기회조차 얻지 못한 것이다. 이 목사는 "나보다 뒤늦게 들어온 남자 목사가 먼저 위원이 됐다. 나는 여성이라는 이유 하나만으로 위원이 되지 못했다"며 "당시 시찰회에 '나는 여자로 온 게 아니라 목사로 왔다'고 이야기했더니 오히려 야유를 받았다. 추후 시찰장이 다른 노회로 가면서 공석이 생겨 목사 안수를 받은 지 11년 만에 시찰장이 될 수 있었다"고 토로했다.[12]

넷째, 실천적 요인으로 여성 목회자 개인의 사역 지원 부족을 들 수 있다. 여성 멘토링·네트워크가 부재하며, 여성 목회자를 위한 사역 멘토가 없고, 후속 세대 양성을 위한 시스템이 없다. 전문 네트워크 구축이 매우 미흡하고, 재교육과 훈련 기회 부족하다. 실제 사역 현장에서 겪는 어려움을 위한 전문 사역 훈련이 요청되나 리더십 훈련 등이 충분히 제공되지 않는다. 특히, 가족·출산·육아의 병행 문제 목회와 동시에 출산·육아를 병행할 경우, 가정과 사역 모두에 어려움이 발생하여, 이로 인해 사역 지속성이 낮아지는 경향이 있다. 따라서, 이러한 요인들을 극복하기 위해서는 여성

---

12) 박용미, 김동규, "예장통합 '여성 총대 간담회' 교회 여성들이 겪는 고충 들어보니… "장로 21명 중 여성은 1명… 총대는 산 넘어 산" 「국민일보」 (2023년 7월 28일 자).

목회자를 위한 제도적 기반 강화, 신학적 재해석과 담론 확장, 사역 네트워크 및 협력 공동체 구축, 지속적인 리더십 훈련 및 사역 모델 개발이 필요하다. 특히, 네트워크의 부족으로 인한 여성 목사의 사역 고립성과 멘토 부재는 여성 목사의 성장과 전문화를 가로막고 있으며, 이는 협력적 구조의 부재와 깊이 연결된다. 그래서 다음 장에서 여성 목사의 네트워크 활성화를 위한 국내외의 기구를 고찰하고자 한다.

III. 네트워크의 중요성과 국내외 관련 기구

1. 네트워크의 중요성

"네트워크"와 "교회"를 연결하여 설명하는 이론들은 현대 선교학, 조직신학, 실천신학, 사회학적 접근에서 다양하게 논의되고 있다. 특히 정보화 사회와 세계화 시대에 교회의 조직 구조, 선교 전략, 공동체 개념을 설명하는 데 자주 사용된다. 스페인 출신의 사회학자 마누엘 카스텔((Manuell Castells)은 『네트워크 사회의 도래』(The Rise of the Network Society)를 통해 "네트워크는 상호 연관된 결절(node)의 집합"[13]이라고 정의한다. 그리고 "네트워크 사회" (Network Society)는 개인, 집단, 조직이 정보통신기술(ICT)을 통해 연결되며, 이 연결성 자체가 사회 구조의 핵심 요소가 되는 사회라고 한다.[14] 전통 사회가 혈연, 지연, 계급 등으로 연결되고, 산업 사회가 조직과 관료제 중심인 것에 반하여, 네트워크 사회는 디지털 네트워크(인터넷, 모바일, 플랫폼 등) 중심의 관계망을 가진 것을 말한다.

---

13) 마누엘 카스텔/ 김묵한·박행웅·오은주 역, 『네트워크 사회의 도래』 (파주: 한울 아카데미, 2003), 606.
14) 마누엘 카스텔/ 김묵한·박행웅·오은주 역, 『네트워크 사회의 도래』, 603-616.

네트워크 사회는 다양한 특징이 드러난다. 권력과 정보가 특정 엘리트가 아니라 분산된 네트워크로 확산하는 분산성과 개인이나 조직이 고정된 소속보다 유연한 연결을 추구하는 유동적 측면이 있다. 정보가 실시간으로 공유되며, 다양한 활동이 동시적으로 일어나는 동시적 특징과, 중앙 통제가 아닌, 네트워크 구성원 간의 자율적 연결이다. 정체성의 다양화는 온라인 네트워크를 통해 다양한 정체성과 소속감 형성 가능하다는 것을 뜻한다. 이러한 특성은 사회 전반에 영향을 미치고 있는데, 코로나 팬데믹 시기를 거치면서 한국교회에 온라인 예배, 기독교 커뮤니티, 디지털 선교 등이 확산하였다.

네트워크 사회로의 변화는 여성 목사들에게 중요한 기회가 될 수 있다. 전통적으로 여성 목사가 교단 구조에서 소수자이고, 핵심 사역에 진입 장벽이 존재하고 있다. 그리고 정보 부족과 인적 자원 연결의 단절과 고립감을 경험하기에, 네트워크가 생존과 성장을 위한 자생적 전략이 될 수 있다. 여성 목사가 사역의 전략으로써 정보를 공유하는 온라인 커뮤니티 플랫폼을 구축하고, 교단과 교파를 넘어서는 초교파 여성 목회자 네트워크를 형성할 수 있다. 그리고 온라인을 통해 공간에 제약 없이 콘퍼런스, 멘토링, 교육 세미나를 할 수 있다. 또한, 여성 목회자 소그룹과 권역별 모임 등 지역별 네트워크를 자율적으로 조직하며 운영할 수 있는 길이 있다.

이러한 네트워크의 활동은 여성 목사들에게 여러 가지 효과를 기대할 수 있다. 이를테면, 사역할 때 심리적으로 느끼는 소외감과 고립감을 해소하여 연대를 강화하는 데 도움을 줄 수 있다. 또한, 교단의 제한된 구조 바깥에서 새로운 사역 공간 창출하여 사역 기회가 확장될 수 있다. 여성들이 함께 분산된 자원과 지식을 네트워크를 통해 통합·하고 공유하여 전문성 향상에 기여할 수 있다. 흩어져 있거나 나누어져 있는 여성 목사들이 네트워크를 통한 연대를 통하여 공동의 신학적·사회적 입장에 대한 표명이 가능하므로 공적 목소리를 증대시킬 수 있다. 선교적 교회는 단순한 모임이 아니라, 지역과 사회 속에서 선교적 연결망으로 존재해야 함을 강조하는데, 네트워크를 통해 실현 가능성을 볼 수 있다. 먼저 국내외의 여성 목사 네트워크 또는 네트워크의 사회에서의 적용을 살펴보고자 한다.

2. 국내의 여성 목사 관련 네트워크

여성 목사 네트워크의 사례로서 예장통합을 먼저 살피면, 총회 특별위원회인 여성위원회, 대한예수교장로회 전국여교역자연합회 (Women Ministers Association of the PCK), 대한예수교장로회 여전도회전국연합회 (The National Organization of the Korean Presbyt- erian Women), 장신여동문회, 전국여장로회 등이 있다. 여성위원회는 앞서 언급한바, 2013년 9월 제98회 총회에서 특별위원회로 구성되어, 교회 내의 성적 차별과 여성 사역의 자리매김을 위한 기구이다. 당시 총회의 결의 사항은 성희롱 발언 목회자 문제 등에 대한 교단 차원의 자성 및 재발 방지 노력, 교회 내 여성 문제 논의 및 해결, 여성들의 사역 개발 및 양성평등 의식의 확산을 위해 총회와 65개 노회가 위원회를 신설하는 것이었다.[15]

전국여교역자연합회[16]는 대한예수교장로회(통합) 산하 교회 및 기관에서 시무하는 여교역자들을 대상으로 목회자의 지도력 개발과 복지, 양성평등 문화를 만들기 위한 기구이다. 전국여교역자연합회는 1973년 창립되어 여성 교역자들의 교육, 복지, 친교, 목회 지원 시스템을 만들어 왔다. 전국여교역자연합회에서 활동하는 회원은 300명가량이다. 2025년 신임 회장인 김현 목사는 "여전히 열악한 여교역자들의 사역 현장에서 여교역자연합회는 그들에게 비빌 언덕이 되어야 한다. 특히 젊은 3040여교역자

---

15) 김예식, "여성 리더십의 회고와 전망," 「장로회신학대학교 여동문회 제61회 총회 자료집」 (2016년 2월 22일), 29.
16) 대한예수교장로회 전국여교역자연합회, https://cafe.daum.net/wmapcks/7RXn/17 (2025년 7월 30일 접속)

들에게 그런 단체가 되기 위해 이들을 위한 다양한 프로그램과 플랫폼을 연구해 마련할 예정"[17]이라고 하였다.

여전도회전국연합회는 1898년 평양 널다리골 교회에서 여전도회 조직으로 시작으로, 현재 여성 성도를 대상으로 한 국내외 선교사업과 성서의 교훈으로 그리스도 안에서 성장하게 하며 하나님의 뜻을 지상에 이루기 위하여 교회와 사회에 봉사함을 목적으로 한다.[18] 현재 여전도회전국연합회는 72 연합회, 총지회 수 3,059여 지회, 총회원 수 130만 명이다.[19] 여전도회전국연합회는 여성안수 법제화가 되기까지 많은 기도와 노력을 하였다. 특히, 여전도회전국연합회 산하의 계속교육원은 여전도회원의 지도력을 개발하여 여전도회의 역사의식을 고취하고, 목적사업을 수행하며, 민주적인 교회발전을 위해 더 나아가 교회 여성의 인간 존엄성을 회복하고 평등한 참여의 제도적 장치, 여성안수 실현을 목적으로 훈련하는 평생교육원, 여성의 재 교육장을 만드는 것이었다.[20] 여기서 평신도의 여성 지도력은 물론 신학교에서 공부하여 사역자의 진출로 이어지기도 하였다.

국내에서는 통합교단 외에 여성 목회자 네트워크로 감리교여성지도력개발원, 대한성공회 여성성직자회, 한국기독교협의회 여성위원회, 한국기독교장로회 여신도회, 한국기독교장로회 전국여교역자회 등의 활동이 존재한다. 초교파 여성 목회자 네트워크는 한국여신학자협의회(Korean Association of Women Theologians, KAWT), 한국교회여성연합회(Korea Church Women United), 한국장로교여성협의회. 기독여민회 등이 있다.

한국여신학자협의회[21]는 여성 신학의 정립과 확산, 여성의 존엄성 회

---

17) 한지은, "다음세대에 유의미한 단체 되도록," 「한국기독공보」(2025.6.23.)
18) 대한예수교장로회 전국여전도회연합회, https://www.pckw.or.kr/html/dh/intro2 (2025년 7월 30일 접속)
19) 대한예수교장로회 전국여전도회연합회, https://www.pckw.or.kr/html/dh_board/lists/organ6 (2025년 7월 30일 접속)
20) 전국여전도회연합회 계속교육원, https://www.pckw.or.kr/html/dh_board/views/15 (2025년 7월 30일 접속)
21) 한국여신학자협의회, https://kawt.co.kr/ (2025년 7월 30일 접속)

복, 사회와 교회의 민주화, 정의와 평화, 환경 보전을 위해 힘쓰고 있는 초교파기독여성단체이다. 1980년 4월 20일에 창립되었고, 한국여성 신학을 대표하는 간행물 「한국여성신학」은 1990년 가을에 창간되었다. 또한, 실천적 교육과 여성신학의 확산을 위해 '사건과 여성신학', '여성신학포럼', '여성신학아카데미' 등을 지속적으로 개최해 왔다. 부설기관인 기독교여성상담소에서 진행하는 상담 및 세미나 등을 비롯해 국내외 교회 기관들과의 연대활동도 이어가고 있다.

한국교회여성연합회[22]는 1967년 4월 15일에 창립되었으며, 다양한 교파의 교회 여성들이 화해와 일치의 연합정신을 구현하고 초교파적으로 힘을 모아 민족의 아픔을 치유하는 사회적 선교활동과 교회갱신운동, 국제적 연대활동을 하는 연합체이다. 구세군대한본영 여성사업부, 기독교대한감리회 여선교회전국연합회, 기독교대한복음교회 여선교회전국연합회, 기독교대한성결교회 여전도회전국연합회, 기독교한국루터회 여선교회연합회, 대한성공회 전국어머니연합회, 대한예수교장로회 여전도회전국연합회(통합), 한국기독교장로회 여신도회전국연합회, 해외여성연합회(미주, 재독, 캐나다, 재일) 등이 포함되어 있다.

기독여민회[23]는 교회개혁과 사회개혁을 위해 일하려는 뜻을 가진 여성들이 모인 초교파 단체로서 1986년에 창립되었다. 여성 평신도와 목사가 약 반반의 비율로 회원의 규모는 약 200-300명이다. 예수를 따라 민중과 더불어 살기 원하는 기독 여성들의 연대체로서, 교회와 사회에서 억압받는 이들의 해방과 생명의 가치를 소중히 여기는 여성주의 기독 문화 창출을 위하여 일한다. 그래서 종교개혁제, 여성주의 연합 예배, 한반도 평화운동, 사회적 소수자와 연대, 여성 노동자 및 활동가와의 연대를 통해 가치를 실현하고자 한다.

---

22) 한국교회여성연합회, http://kcwu.org/ (2025년 7월 30일 접속)
23) 기독여민회, https://kwm1986.org/ (2025년 7월 30일 접속).

3. 국외의 여성 목사 관련 네트워크

해외의 여성 목사 관련 네트워크는 에큐메니칼여성네트워크(World Council of Chur- ches-Ecumenical Women's Network, WCC-EWN), 세계여성목회자연합 (International Association of Women Ministers, IAWM), 유럽기독여성에큐메니컬포럼(Ecumenical For- um of European Christian Women, EFECW), 세계여성기도회(World Day of Prayer, WDP) 등이 있다. 미국 내 주요 관련 네트워크는 여성 설교 서클(The Women's Preaching Circle(Christian Church Disciples of Christ)), 침례교여성목회(Baptist Women in Ministry (BWIM)), 장로교여성(Presbyterian Women (PCUSA)) 등이 있다. 영국 및 유럽은 WATCH(Women and the Church, Church of England), 스웨덴교회안수받은여성(Ordained Women in the Church of Sweden) 등이 있다. 이러한 네트워크들은 단순한 친목을 넘어, 공동 연구, 설교 자료 개발, 여성 안수에 대한 신학적 논의, 정책 제안, 사회 참여 등 폭넓은 역할을 감당하고 있다.

앞서 소개한 네트워크 중에서 몇 가지를 소개하고자 한다. 세계교회협의회는 1948년 설립된 에큐메니컬 기구로 개신교, 정교회, 성공회 등 전 세계 120개국의 356개 교단이 연합된 단체이고 5억8천만 기독교인들로 구성되어 있다.[24] 에큐메니칼여성네트워크(WCC-EWN)[25]는 세계교회협의회(WCC) 내 여성들의 네트워크로, 여성 목회자와 평신도 여성의 정의, 평화, 성평등 증진을 목적으로 활동하고 있다. WCC 산하의 Gender Justice Program 내에서 운영되고, 세계 각국의 여성단체, 교단 여성위원회, 신학자, 활동가 등 다양한 여성 그룹과 협력하고 있다. WCC-EWN은 신앙과 젠더 정의를 결합한 대표적인 국제 에큐메니컬 여성 조직이다. 여성들이 교회 안에서 의사결정자, 신학자, 선교 리더로 설 수 있도록 뒷받침하며,

---

24) 세계교회협의회, https://www.oikoumene.org/(2025년 7월 30일 접속).
25) 세계교회협의회, https://www.oikoumene.org/(2025년 7월 30일 접속).

특히 글로벌 남반구 여성들의 목소리를 국제사회에 전달하는 통로 역할을 한다.

세계여성목회자연합(IAWM)[26]은 여성 목회자들의 영적 성장, 사역 전문성, 국제적 연대 강화를 목적으로 활동하는 비교단적이고 초교파적인 국제 여성 목회자 단체이다. 1919년 미국에서 설립되었으며, 목사, 전도사, 선교사, 신학생 등 여성으로서 기독교 사역에 헌신한 사람이라면 누구나 가입할 수 있다. 전 세계 여성 사역자 간의 교제와 협력을 통해 정서적, 영적 유대를 형성하고, 여성 목회자의 신학적, 실천적 역량 강화를 위한 세미나, 워크숍, 자료를 제공하고, 여성 목사의 사역 인정과 평등한 대우를 위해 교단과 사회에 목소리를 전달하여 권익을 옹호하고, 다양한 문화와 전통 속의 여성 사역자들을 하나로 연결하여 연대적 사역을 추구한다. 즉, 여성의 목회 리더십을 인정하고 이를 격려하고 교육하며 연대하는 글로벌 네트워크이다.

유럽기독여성에큐메니컬포럼(EFECW)[27]는 1982년 설립된 초교파 여성 기독교 네트워크로, 유럽 내 다양한 교단의 여성들이 신앙과 삶, 정의와 평화, 창조세계 보전이라는 가치를 중심으로 연대하기 위해 구성되었다. 교회와 사회에서 여성의 목소리를 강화하고, 교파 간 일치와 협력을 추구하는 것이 주요 목표이다. 현재는 30개 이상의 유럽 국가의 여성 기독교 단체가 가입되어 있고, 각 국가에서 여성 신학자, 목회자, 평신도 리더들이 대표로 활동하고 있다. 이 단체가 추구하는 주요 가치는 신앙의 일치와 나눔, 여성 인권과 젠더 정의, 평화 구축과 생태 정의, 사회적 책임과 국제적 연대로 세계교회협의회(WCC), 유럽교회협의회(CEC), 세계여성기도회(WDP) 등과 협력하고 있다.

---

26) 세계여성목회자연합, http://www.womenministers.org(2025년 7월 30일 접속).
27) 유럽기독여성에큐메니칼포럼, https://www.efecw.net (2025년 7월 30일 접속)

세계여성기도회(WDP)[28]는 전 세계 여성들이 교파와 국경을 초월해 기도와 행동으로 연대하는 글로벌 에큐메니컬 운동이다. 매년 3월 첫째 금요일에 전 세계 170여 개국에서 동시에 예배를 드리며, 여성의 신앙, 정의, 평화, 사회적 책임을 주제로 기도와 실천을 이어간다. 1887년 미국과 캐나다의 개신교 여성들이 여성 선교와 세계 평화를 위해 기도 모임을 시작한 것이 기원이다. 1927년, "World Day of Prayer"라는 이름으로 국제화되었고, 여성 주도 국제 에큐메니컬 기도 운동으로 발전했다. 1940년대 이후 전 세계교회 여성단체들이 참여하며 교단을 초월한 신앙 연대의 장으로 자리 잡았다. 한국의 WDP는 1960년대부터 본격적으로 참여했으며, 한국 YWCA, 교단 여성위원회, 여성 선교회 등과 협력하여 예배를 개최하였다. 예장통합, 감리교, 기장, 성공회 등 주요 교단이 연합하여 매년 전국 기도 예배 및 지역별 예배를 드린다.

IV. 여성 목사 사역의 전문화를 위한 네트워크의 선교적 전략 제안

1. 디지털 기반 플랫폼 구축

여성 목사들은 여성 안수를 법제화한 교단에서 그 수가 증가하고 있음에도 불구하고, 아직도 교파, 교단 그리고 교회 내에서 소수를 차지하고 있다. 그래서 대부분 그녀들은 남성 중심의 조직 속에서 사역 현장에서 고립감, 정보 부족, 사역 자원의 편중 등으로 인해 전문성을 충분히 발휘하기 어려운 경우가 많다. 이를 극복하기 위해서는 온라인 기반의 연대와 자원

---

28) 세계여성기도회, https://worlddayofprayer.net (2025년 7월 30일 접속)

공유 공간이 요구된다. 디지털 플랫폼은 물리적 한계를 뛰어넘어 네트워크형 공동체를 가능하게 할 수 있다. 디지털 플랫폼을 통하여 여성 목사의 전문 사역 역량 강화, 사역 정보와 자료 공유를 통한 상호 돌봄, 교단, 세대, 지역을 초월한 연계성을 가진 교류, 그리고 여성 목사의 공적 발언권 확대 및 정책 제안 기반을 마련하는 것이 가능하다.

디지털 플랫폼을 활용하여 다양한 기능을 여성 목사 전문화에 적용할 수 있다. 예를 들면, 여성 목사 자신의 프로필 네트워크 등록(자기소개 및 전문 분야, 지역교회 정보 입력 등), 사역자료 아카이브 (설교문, 워십 리소스, 여성 신학 자료, 예배 디자인 공유), 행사 달력 공유 (워크숍, 콘퍼런스, 연합 예배 등 국내외 일정 공유), 포럼 및 커뮤니티(주제별 자유토론, 고민 나눔, 온라인 멘토링), 교육 콘텐츠 제공 (리더십, 목회 돌봄, 여성 신학, 미디어 활용 등 온라인 강의), 뉴스레터 및 소식 공유(국내외 여성 목회자 관련 이슈, 인터뷰, 성명서 등 배포), 여성 정책 제안 공간(여성 목회자 처우, 제도 개선, 연구조사 등의 의견 모음) 등으로 기능할 수 있다. 이러한 작업은 오프라인 모임을 보완하고 장기적인 연대 기반을 구축하는 네트워크의 확장성과 지속성을 확보할 수 있다.

2. 교단-기관-학교와의 연계 사역 개발

여성 목사의 전문화는 개인의 역량 개발을 넘어, 구조적 지원체계와 제도적 연계망이 뒷받침될 때 실현할 수 있다. 이를 위해 교단, 신학 교육기관, 기독교 단체 간의 다차원적 협력 시스템을 구축하는 것이 필요하다. "교단-기관-학교의 삼각 네트워크"를 통해 여성 목사의 사역 영역 확장, 전문 훈련 강화, 지속 가능한 사역 모델 구축을 동시에 추진하는 것이 바람직하다. 예장통합 교단의 경우, 총회, 노회, 여성위원회가 협력하여야만 각종 여성 목사 현안에 대한 인준, 제도정비, 인사 추천, 정책 제안, 여성 목회 리더의 발굴이 가능하다. 기관은 NGO, 선교단체, 기독시민단체 등으로 프로젝트 동반관계를 맺을 수 있다. 그리고 신학교는 전문적인 과정, 리더십 훈련 및 여성 신학 정립, 연구지원을 할 수 있다.

교단-기관-학교와의 연계 사역은 여성 목사 사역의 다양성을 확보하고, 다양한 분야 경험을 통한 전문성과 통합적 시각을 형성하여 여성 리더십을 성장하게 한다. 또한, 삼각 네트워크는 복음의 공공성과 다양성을 기반으로 한 선교적 공동체의 확장을 형성하게 한다. 이러한 연계 사역은 여성 목사의 성장을 위한 제도적 지속가능성을 확보하게 한다. 연계 사역으로 사역 인턴 십 프로그램 운영, 공동교육 및 훈련 플랫폼 구축, 정책 개발 및 연구 협력, 그리고 지역 기반을 둔 선교 프로젝트와 교단 차원에서 여성 리더십 캠페인 개발 및 배포 등을 들 수 있다. 감리교여성지도력개발원[29]은 2000년에 설립되어, 성평등한 감리교회와 에큐메니칼 여성 지도력을 양성하기 위한 것으로 감리교신학대학교와 사회봉사기관과 연계하는 국내 사례로 볼 수 있다.

3. 정기 콘퍼런스 및 리더십 워크숍 운영

여성 목사의 전문화를 위해서는 정기적인 컨퍼런스와 리더십 워크숍 운영이 필수적이다. 이러한 운영은 여성 목사 간 교단, 세대, 사역 영역 간의 연결을 하여 네크워크를 활성화하고, 실질적인 사역 기술, 설교능력, 공공 리더십 역량 강화의 리더십 개발을 돕는다. 여성 목사들이 서로 대화를 통하여 자신의 정체성과 사명에 대한 공유와 회복을 가능하게 한다. 여성 목소리의 공적 선교 확대 및 사회적 영향력을 강화할 수 있다. 실제로 여성 목사에게 유익이 될 수 있도록 필요한 주제를 다루는 것이 바람직한

---

29) 감리교여성지도력개발원, https://mwli.creatorlink.net/ (2025년 7월 30일 접속) 감리교여성지도력개발원은 교회 내 여성 지도력 개발, 영성 훈련, 예배·예식 연구, 교단 정책 개발과 제안, 교회 성폭력 근절 등을 위해 활발히 활동해 왔다.

데, 여성 설교자 훈련, 멘토링 리더십, 목회 돌봄과 상담, 개척교회 및 선교적 교회, 디지털 사역 전략 등을 예시로 들 수 있다.

실제적 사역에 필요한 실질적 도구를 제공함으로써 전문화를 촉진하고, 지역 기반의 여성 목회자 네트워크를 형성하여 연대를 추구하는 효과를 볼 수 있다. 전문적인 강의를 통하여 여성 목사로서의 부름과 소명을 재확인하고, 함께 모여 논의하는 가운데 정책 제안과 사회 참여를 가능하게 하여 공적 영향력을 증대시킬 수 있다. 사례로써 대한예수교장로회 전국여교역자연합회는 매년 '여성목회 아카데미'를 예장통합 총회 훈련원과 연합하여 전국에 있는 여교역자들에게 유익한 도움이 되도록 온·오프로 강의에 참여할 수 있도록 하는 프로그램이다. 여성 목사의 전문화를 위해서 이러한 종류의 프로그램 확대가 필요하다. 또한, 한국여신학자협의회의 연구반은 신학전공 여성들, 여성 신학자들, 여성 목회자들이 월 1회 만남, 대화, 세미나가 진행된다. 이러한 프로그램도 후속 모임 및 온라인자료 고유 시스템을 통해 연동하여 전문화를 확대할 수 있다.

4. 지역 네트워크와 글로벌 네트워크 연결

여성 목회자의 사역 전문화를 위한 핵심 전략 중 하나는 지역 단위의 여성 목회자 네트워크-예장 총회 노회별 여성위원회, 전국여교역자연합회 지부, 지역 목회자 모임 등-와 글로벌 여성 목회자 네트워크-WCC-EWN, EFECW, IAWM, WDP 등-를 유기적으로 연결하는 것이다. 이 전략은 상호 학습, 공동 사역, 선교 협력의 장을 확장하고, 지역 여성 목회자들에게 국제적인 시야와 자원을 제공하며, 동시에 지역의 신학적·문화적 자산을 세계교회와 공유할 기회를 마련하는 것이다. 이를 통하여 세계적 관점에서 여성 목회자의 정체성과 사역을 확장할 수 있는 학습의 기회가 증가하고, 신학적·선교적 과제를 공유하며 한국여성 목회자들도 글로벌 여성 교회 지도자들과 연대를 가능하게 한다. 나아가 글로벌 단체를 통한 장학금, 연구 펀드, 선교 파트너십의 기회 획득으로 자원을 확대하고, 글로벌 흐름과 연결된 여성 목사들이 교단 내에서의 신뢰도와 영향력을 높여 교단과 사회적 인식 변화에 기여할 수 있다.

지역 네트워크와 글로벌 네트워크 연결의 실행은 지역 여성 목회자 모임에서 글로벌 단체와의 온라인 포럼, 세미나, 워크숍의 개최, 국제행사에 지역 네트워크 구성원 파견, 글로벌 네트워크에서 제공하는 신학 자료, 훈련자료, 간증 등을 지역 언어로 번역하여 자료를 제작, 글로벌 주제의 공동 프로젝트를 기획하는 것 등을 제안할 수 있다. 예를 들면, 세계여성기도회(WDP)와 지역교회의 연대 기도회를 통하여 세계여성기도회의 연례 주제를 기반으로 지역 여성 목회자들이 지역 기도회를 기획하여 여성 이슈에 대한 공감대를 확산시킬 수 있다. 또한, 세계여성목회자연합(IAWM)에 한국여성 목사가 참여하여 글로벌 연대 의식을 형성하고, 상호 지원과 협업을 제안할 수 있다.

V. 나가는 말

여성 목사의 사역 전문화는 한국교회의 건강한 미래를 위해 필요한 과제이며, 선교적 관점에서 볼 때 더욱 긴급한 요청이다. 네트워크 중심의 전략은 단지 여성 목사의 생존 전략이 아니라, 공동체적 사명을 이루는 선교적 도구로 작용할 수 있다. 한국교회를 살리고, 여성 목사의 리더십이 활성화되는 것은 교단, 신학교, 목회자 단체가 함께 협력하여 이러한 전략을 제도화하고 실천에 옮길 수 있도록 구조적 지원이 마련되어야 한다. 네트워크는 '전략'이자 '대안 공동체'로 여성 목사의 현실을 반영하면서도, 대안적 사역 전략을 제공할 수 있는 신학적·사회학적 틀을 제공한다. 여성 목사들은 기존 제도 안에서의 한계를 넘어, 네트워크를 통해 자율적·수평적 사역의 공간을 창출하고, 그 안에서 정체성과 리더십을 회복해 갈 수 있다.

여성 목사 사역의 전문화를 위한 네트워크의 선교적 전략으로써 네 가지를 제안하였다. 첫째, 디지털 기반 플랫폼 구축으로 거리상 한계를 넘어서 네트워크로 공동체를 형성하여 다양한 기능을 여성 목사 사역 전문화에 적용하는 것이다. 둘째, 교단-기관-학교와의 연계 사역 개발을 통하여 개인별로 고군분투하기보다, 삼각 네트워크를 통하여 선교적 공동체를 형성하여 구조적 지원체계와 제도적 연계망을 형성하는 것이다. 셋째, 정기 콘퍼런스 및 리더십 워크숍 운영으로 실질적인 사역 기술, 설교능력, 리더십 개발 등 여성 목사에게 필요한 주제로 전문화를 확대하는 것이다. 넷째, 지역 네트워크와 글로벌 네트워크 연결로 상호 배움과 공동 사역, 선교협력의 장을 열어서 글로벌 연대 의식을 고취하고 우리의 신학적 문화적 자산을 세계교회와 공유하는 것이다.

그러나 여성 목사 사역의 전문화를 위한 네트워크 전략에는 한계가 있다. 일부 고령 목회자의 경우 디지털 활용에 어려움 존재하고, 네트워크가 교단 내 구조 개선으로 이어지려면 공식 기구화와 연결될 필요가 있다. 비공식 네트워크가 제도적 반영이 되기 위해서는 네트워크의 목소리가 총회, 여성위원회, 신학교 등 정책 결정 구조로 확산하여야 한다. 따라서, 앞으로 한국교회와 여성 목사는 디지털 접근성과 기술 격차 해소하고, 교단 내 네트워크의 제도적 반영 필요성을 인식하고 실행을 해야 하며, 연대 조직의 지속성과 자율성 보장해야 할 과제가 있다. 예장통합 목사 안수 30주년 맞이하는 이때, 한국교회 여성 목사가 도약하기 위해서는 직면한 제도적 한계를 넘어, 네트워크의 구조와 원리를 활용하여 사역의 전문성과 연대성을 강화한다면, 이러한 전략은 향후 여성 목회자의 리더십 확장과 목회 구조 혁신에 이바지할 수 있을 것이다.

제5장

여성 장로 안수 30년의 성취와 미래적 전망

노영상 목사
(총회한국교회연구원 원장)

I. 들어가는 말: 30년의 성취와 미완의 과제

대한예수교장로회 통합 교단이 여성 안수를 허용한 지 30년이 지났다. 이 역사적 전환점을 맞이하여 우리는 무엇을 성취했고, 또 무엇이 여전히 과제로 남아 있는지 진단해야 할 시점에 서 있다. 2024년 봄 노회 기준으로 여성 목사 3,387명, 여성 장로 1,633명이 안수받았지만,[1] 전체 1,500명의 총대 중 여성 총대는 43명으로 채 3%에 미치지 못하는 현실은 우리에게 깊은 성찰을 요구한다.

이러한 수치를 국제적 맥락에서 보면 더욱 아쉬운 대목이다. 미국장로교회(PCUSA)는 1956년 여성 안수를 허용한 이후 현재 여성 목사 비율이 약 40%에 달하며, 세계개혁교회 협의회(WCRC)에서는 레바논 출신 여성

---

1) CBS 뉴스, "통합 여성 안수 30년..갈 길 멀어" (2024.04.07).

목사 나질라 카사브가 회장직을 맡고 있다.[2] 그녀는 "여성을 위한 정의 추구는 교회 개혁의 한 단계 발전"이라고 강조하면서 "모든 재능으로 풍성한 교회"를 지향해야 한다고 말했다. 이는 한국교회가 단순히 제도적 허용을 넘어 실질적 참여와 리더십 구현으로 나아가야 함을 시사한다.

임종구의 연구에 따르면, "한국장로교회에서 여성안수문제는 각 교단의 신학적 정체성을 결정하는 중요한 요소"[3]이며, 여성안수 허용으로 갈 수 있는 신학적 토양을 가진 교단은 이미 허용으로 돌아선 상태에서, 이제 중요한 것은 제도적 허용을 넘어 실질적 리더십 구현의 문제라는 것이다. 실제로 한국기독교장로회(기장)의 경우 여성 목사 비율이 15.4%로 국내 최고 수준을 보이며 여성 총대 비율도 10%에 달하고 있어,[4] 통합 교단의 3%와 대비되는 모습을 보여준다.

여성이 교회 구성원의 60% 이상을 차지하는 상황에서 의사결정 구조에서의 이러한 과소 대표성은 단순한 수치의 문제를 넘어 교회의 본질적 소명과 관련된 신학적 과제임을 인식해야 한다. 특히 여성 장로의 역할은 목사직과 달리 평신도 지도력의 차원에서 교회 공동체의 민주적 참여와 봉사적 리더십을 구현하는 핵심적 위치에 있다는 점에서 그 미래 역할에 대한 진지한 성찰이 필요하다.

본 연구는 여성 신학의 관점에서 지난 30년간 여성 장로가 감당해 온 역할을 평가하고, 변화하는 시대적 요구에 부응하는 여성 장로의 미래 역할을 전망해 보고자 한다. 특히 협력적 리더십, 돌봄의 신학, 공동체적 의사결정이라는 세 가지 차원에서 여성 장로가 한국교회의 미래에 기여할 수 있는 방향을 제시하고자 한다.

---

2) PCUSA, "세계개혁교회 협의회 지도자가 미국장로교회를 방문함" (2019.09.23).
3) 임종구, "한국장로교회 여성안수 논쟁사 연구: 예장합동과 예장통합을 중심으로", 『한국개혁신학』 제79권 (2023), 61.
4) 크리스찬타임즈, "여성 목사 비율 15.4% '국내 최고'" (2024.11.19).

II. 여성 장로 30년의 성취와 한계: 신학적·실증적 분석

1. 양적 성장과 질적 변화의 성과

지난 30년간 여성 장로의 양적 성장은 분명한 성과로 평가된다. 1995년 법제화 이후 1,633명의 여성 장로가 배출된 것은 한국 장로교 역사에서 획기적인 변화였다. 이광순의 연구에 따르면, 이러한 여성 안수는 "교회 내 여성 리더십의 활성화와 발전"[5]에 실질적으로 기여했으며, 여성들이 성직에 진입하는 기회가 체계적으로 주어지면서 교회 공동체의 다양성과 포용성이 크게 향상되었다.

특히 주목할 점은 여성 장로들이 전통적으로 여성의 영역으로 인식되어 온 교육과 돌봄 사역을 넘어 재정, 행정, 대외협력 등 다양한 분야로 활동 영역을 확장해 왔다는 것이다. 한국장로신문사와 목회데이터연구소의 2023년 조사에 따르면, 장로들이 중요하게 생각하는 역할로 '당회원으로서 교회 정책 결정(92%)', '부서장으로서 각 부서 사역 책임(87%)'이 상위를 차지했는데, 여성 장로들도 이러한 역할을 남성 장로들과 동등하게 감당하고 있음이 확인되었다.[6]

실제 현장에서는 혁신적인 사역 모델들이 등장하고 있다. 한 여성 장로는 젊은 자매들을 대상으로 한 "1대2 맞춤형 양육 시스템"을 통해 20-30년 교회를 다녔지만, 구원의 확신이 없던 성도들이 확실한 신앙 기반을 갖도록 돕는 성과를 거두고 있다. 이처럼 여성 장로들은 개별적 돌봄의 은사를 체계화하여 교회 전체의 양육 시스템으로 발전시키는 창의적 접근을 보여주고 있다.

---

5) 이광순, "여성 안수와 교회 여성 리더십의 활성화와 발전", 『장신논단』 제23권 (2005), 327-358.
6) 크리스천투데이, "장로는 명예·권력의 상징?… '섬기며 희생하는 자리'" (2023.08.22).

조귀삼의 연구가 보여주듯이, 최자실 목사와 같은 선구적 여성 지도자들의 영향으로 "여성 목사 안수를 통한 교회 창립과 설교, 여성 장로 안수를 통한 교회의 의결권에 참여 같은 실질적인 성과"[7]가 나타나고 있으며, 이는 한국교회 전체의 여성 리더십 발전에 긍정적 영향을 미치고 있다.

2. 구조적 한계와 과제: 미시차별(microaggression)과 제도적 장벽

그러나 양적 성장에도 불구하고 여성 장로들이 직면한 구조적 한계는 여전히 존재한다. 가장 대표적인 문제는 의사 결정 구조에서의 과소 대표성이다. 시무장로 중 여성 비율이 6.48%에 그치고 있으며, 이는 교회 정책 결정에서 여성의 목소리가 충분히 반영되지 못하고 있음을 의미한다.

목회데이터연구소의 2025년 조사는 이러한 현실을 더욱 구체적으로 보여준다. 목회자 10명 중 8명(80%)이 '한국교회 내 여성 차별이 존재한다'고 인식하고 있으며, 여성 목회자의 경우 94%가 차별 존재에 동의했다.[8] 더욱 충격적인 것은 여성 목회자 10명 중 7명(70%)이 '여성이 목사 안수를 받으면 전도사 때보다 사역의 기회가 줄어든다'고 응답했으며, 10명 중 4명(39%)이 목회자가 된 것을 후회한 경험이 있다고 답한 것이다. 이는 제도적 허용과 실제적 수용 사이에 여전히 큰 간극이 존재함을 보여준다.

강호숙의 연구는 이러한 현상의 근본 원인을 분석하면서, 한국 보수 장로교회 내에서 "남녀 파트너십에 대한 성경 신학적 의미와 실천 과제"[9]가 충분히 논의되지 못했음을 지적한다. 그녀의 연구에 따르면, 총신신학대

---

[7] 조귀삼, "최자실 목사의 기독교 영성이 여성 리더십 발전에 끼친 영향에 관한 연구", 『영산신학저널』 제29권 (2013), 153-190.

[8] 목회데이터연구소·문화선교연구원, "한국교회 여교역자 현실", 『넘버즈』 제276호 (2024).

[9] 강호숙, "개혁교회 내 남녀파트너십 필요성에 대한 여성신학적 고찰", 『복음과 실천신학』 제32권 (2014), 9-40.

학원 여성사역자들을 대상으로 한 설문조사에서 대다수가 성경적인 남녀 관계를 동등하게 보는 입장을 보였으나, 실제 교회 현장에서는 여전히 "동등한 직위와 처우"에 대한 요구가 충족되지 않고 있다.

또한 여성 목회자 스트레스 연구에서 드러나듯이, 여성 장로들도 "사역 현장에서 말할 수 없는 이야기들"과 "가족의 부담"[10]이라는 이중고를 경험하고 있다. 임신과 출산, 육아 등으로 인한 사역 중단이나 제약뿐 아니라, 교회 내 소수자 집단으로서 경험하는 미시차별(microaggression)이 여성 장로들의 지속적이고 안정적인 사역 참여를 어렵게 만들고 있다.

III. 여성 신학의 관점에서 본 여성 장로의 독특성과 신학적 근거

1. 관계 중심적 리더십의 신학적 기초

여성 신학의 관점에서 볼 때, 여성 장로들이 보여주는 리더십의 가장 두드러진 특징은 관계 중심적 접근이다. 전통적인 위계적 리더십과 달리, 여성 장로들은 수평적 관계를 기반으로 한 협력적 의사 결정을 선호하는 경향을 보인다. 이는 단순히 성별의 차이에서 오는 것이 아니라, 오랫동안 가부장적 구조에서 주변화되었던 경험을 통해 습득한 '타자의 관점'에서 비롯된다.

강호숙의 연구는 이러한 특성을 신학적으로 뒷받침한다. 그녀는 "하나님의 가족으로서의 다양함 가운데 유기적 통일성을 이루는 파트너십, 남녀 왕적 지도권을 갖는 파트너십, 사랑과 교제의 친교 파트너십, 피조 세계

---

10) 한국여성정책연구원, "여성 목회자의 스트레스 경험에 관한 질적 메타분석" (2022), 2-3.

와 인간을 돌보고 섬기는 청지기 파트너십"[11]을 제시하면서, 여성 장로의 관계 중심적 리더십이 성경적 근거를 가지고 있음을 논증한다. 이러한 신학적 토대는 여성 장로들이 단순히 남성 장로의 보완적 역할이 아니라, 고유한 신학적 관점과 리더십 스타일을 가진 독립적 존재임을 확증한다.

여성 장로들은 교회 내 소수자나 약자의 목소리에 더 민감하게 반응하며, 갈등 상황에서도 대화와 조정을 통한 해결을 추구하는 경향이 강하다. 이러한 특성은 점점 다원화되고 복잡해지는 현대 사회에서 교회가 포용적 공동체로 거듭나는 데 중요한 자산이 될 수 있다.

2. 돌봄의 신학과 섬김의 리더십: 예수의 여성관에서 찾는 근거

여성 신학에서 강조하는 또 다른 특징은 '돌봄의 신학(care theology)'이다. 이는 개인의 성취나 권력 추구보다는 공동체 구성원들의 전인적 성장과 치유에 관심을 두는 접근이다. 여성 장로들은 이러한 돌봄의 관점에서 교회 사역을 이해하고 실천하는 경우가 많다.

김효남의 연구에서 제시된 바와 같이, 이러한 접근은 예수 그리스도의 여성관에서 그 근거를 찾을 수 있다.[12] 예수님께서 "여성들을 만나주신 사건들"과 "복음에 나타난 여성관"은 성차별적 관점을 극복하고 여성의 인간성 실현과 복음의 주체자로서의 역할을 뒷받침한다. 이는 여성 장로들이 단순한 돌봄 제공자가 아니라, 복음의 능동적 전달자이자 하나님 나라 확장의 주체임을 의미한다.

실제로 많은 여성 장로들이 상담과 돌봄 사역에서 탁월함을 보이고 있으며, 교회 내 어려움을 겪는 성도들을 세심하게 돌보는 역할을 감당하고

---

11) 강호숙, 앞의 논문, 25.
12) 김효남, "개혁교회 내 성차별적 설교에 대한 여성 신학적 고찰", 『복음과 실천신학』 제39권 (2016), 301-326.

있다. 그러나 동시에 이러한 특성이 여성 장로의 역할을 '돌봄'에만 국한시키는 고정관념으로 작용하지 않도록 주의해야 한다. 돌봄의 신학은 단순히 개별적 위로를 넘어 구조적 불의에 맞서는 예언자적 차원도 포함하기 때문이다.

IV. 변화하는 시대가 요구하는 여성 장로의 미래 역할: 신학적 비전과 실천 방안

1. 젠더 통합 리더십의 실천자

21세기 한국교회가 직면한 가장 중요한 과제 중 하나는 젠더 통합 리더십(Gender-Integrated Leadership)의 구현이다. 이는 남성과 여성이 서로의 고정 관념에서 벗어나 협력하고 창조적으로 일할 수 있는 제도와 문화를 조성하는 것을 의미한다.

강호숙의 연구에서 제시된 "개혁교회 내 남녀파트너십의 실천과제"는 이러한 비전을 구체화한다. 그녀는 "은사와 전문성에 따른 직위를 부여함과 동시에 목회담론의 인프라 구축", "교회와 지역사회를 위한 남녀 파트너십 인적 자원 시스템 구축" 등을 제안하면서,[13] 여성 장로들이 이러한 젠더 통합 리더십의 핵심적 실천자가 되어야 함을 강조한다.

이를 실현하기 위해 여성 장로들은 첫째, 여성만을 위한 사역에서 벗어나 남성과 여성이 함께 참여하는 통합적 사역 모델을 개발해야 한다. 예를 들어, 전통적으로, 성별로 분리되었던 각종 위원회나 부서에서 의도적으로 성별 균형을 추구하고, 각자의 전문성과 은사에 따른 역할 배분을 해

---

13) 강호숙, 앞의 논문, 37-38.

야 한다. 둘째, 의사 결정 과정에서 다양한 목소리가 반영될 수 있도록 하는 참여적 거버넌스를 실천해야 한다. 이는 단순히 여성의 수적 증가를 의미하는 것이 아니라, 다양한 관점이 논의 과정에서 충분히 검토되고 반영되는 문화를 만드는 것이다. 셋째, 교회 내 성별 고정관념을 해체하고 개인의 은사와 역량에 따른 역할 분담을 추진해야 한다. 이는 2030년까지 여성 총대 비율 15% 달성이라는 구체적 목표와 함께 추진될 때 더욱 실효성을 가질 것이다.

2. 디지털 시대의 창의적 사역자

코로나19 팬데믹을 거치면서 한국교회는 급속한 디지털 전환을 경험했다. 온라인 예배, 비대면 목양, 디지털 선교 등이 새로운 교회 사역의 영역으로 부상했다. 이러한 변화 속에서 여성 장로들은 창의적이고 혁신적인 사역 모델을 개발하는 데 중요한 역할을 할 수 있다.

조귀삼의 연구에서 제시된 "여성 구역장 육성을 통한 영적 리더 양성"[14]의 사례는 디지털 시대에도 적용할 수 있는 모델을 제공한다. 여성들이 상대적으로 뛰어난 소통 능력과 공감 능력을 디지털 플랫폼에서 활용하여 새로운 형태의 목양과 선교를 실현할 수 있다.

구체적으로는 SNS를 통한 개인 맞춤형 목양에서 여성 장로들의 세심한 관찰력과 공감 능력이 빛을 발하고 있다. 한 여성 장로는 교회 홈페이지와 카카오톡 채널을 활용해 성도들의 개별 상황을 파악하고 맞춤형 말씀과 기도를 제공하는 시스템을 구축했다. 또한 온라인 소그룹 운영에서도 여성 장로들은 화상회의 플랫폼의 소그룹 기능을 활용해서 더욱 친밀하고 효과적인 교제와 양육을 실현하고 있다. 디지털 콘텐츠 제작 영역에

---

14) 조귀삼, 앞의 논문, 180.

서도 여성 장로들은 자신들의 일상적 경험과 영성을 접목한 창의적 콘텐츠를 제작해 젊은 세대와의 소통을 확대하고 있다. 이러한 디지털 사역은 2030년까지 디지털 사역 참여 여성 장로 비율 80% 이상 달성이라는 목표 하에 체계적으로 확산되어야 한다.

3. 사회적 약자를 위한 예언자적 대변자

한국 사회가 저출산·고령화, 경제 양극화, 다문화 사회로의 전환 등 복합적 위기에 직면한 상황에서, 교회는 사회적 약자를 위한 예언자적 역할을 감당해야 한다. 여성 장로들은 자신들의 주변화 경험을 바탕으로 이러한 역할의 핵심적 담당자가 될 수 있다.

김효남의 연구에서 제시된 "그리스도 복음에 나타난 여성관"[15]은 이러한 예언자적 역할의 신학적 근거를 제공한다. 예수님께서 보여주신 포용적이고 해방적인 여성관은 여성 장로들이 교회 내외의 소외된 이들을 위한 대변자 역할을 감당할 신학적 정당성을 부여한다.

여기에 양금희 교수의 사회참여신학적 관점이 더해질 때, 여성 장로들의 예언자적 역할은 더욱 탄탄한 신학적 토대를 갖게 된다. 양금희는 "교회의 사회적 책임"을 논하면서 교회가 "사회복지를 넘어 사회적 책임"을 인식해야 한다고 강조했다. 그녀에 따르면, 교회의 사회 참여는 단순히 개별적 봉사나 자선활동에 머물러서는 안 되며, 구조적 불의에 맞서는 체계적인 변혁 운동이어야 한다.[16]

양금희 교수는 주선애 교수의 기독교 교육 실천을 분석하면서 "조국 사회의 변화"를 위해서는 "사람들의 사고뿐만 아니라 행동이 달라지고,

---

15) 김효남, 앞의 논문, 315-320.
16) 양금희, 「교회의 사회적 책임 2.0 포럼 〈교육편〉: 교육의 공공성 회복을 위한 교회의 역할」, 기독교윤리실천운동 (2009), 9-11.

사회 자체가 변화되어야 한다"고 강조했다. 이러한 관점에서 볼 때, 여성 장로들의 예언자적 역할은 사회운동(movement)의 차원까지를 아우르는 통전적 기독교 실천이어야 한다.[17]

특히 양금희가 제시한 만인제사장론에 기반한 평신도 신학은 여성 장로들의 사회 참여에 중요한 신학적 근거를 제공한다. 그녀는 루터의 만인제사장 개념을 통해 "모든 성도들이 자신들의 직업과 삶의 한 복판에서 제사장적 직분을 감당해야 하고 이 직분을 위해 배워야 하는 사람들"이라고 강조했다. 이는 여성 장로들이 교회 내부에서뿐만 아니라 사회 각 영역에서 제사장적 사명을 감당해야 함을 의미한다.[18]

양금희 교수의 이러한 관점은 여성 장로들이 단순히 개별적 도움을 제공하는 차원을 넘어, 사회 구조의 변혁을 통한 정의 실현에 나서야 함을 시사한다. 실제로 여성 장로들은 여성, 아동, 고령자, 장애인, 이주민 등 사회적 약자를 위한 옹호 활동과 지원 사업을 교회 차원에서 추진하는 역할을 담당할 수 있다

현실적으로 여성 장로들은 지역 내 한부모 가정 지원을 위한 협동조합을 설립해 경제적 자립을 돕는 사회적 기업을 운영하고 있다. 또한 교회 내에서도 소외되기 쉬운 계층들 - 미혼모, 이혼자, 장애인 가족 등 -을 포용하는 공동체 문화를 조성하는 데 앞장서고 있다. 이러한 사역은 연간 100건의 사회 공헌 프로젝트라는 구체적 목표와 함께 추진되어 사회적 영향력을 확대해야 한다.

환경 보호와 기후 변화 대응 영역에서도 여성 장로들의 역할이 주목받고 있다. 돌봄의 신학에 기초한 여성 장로들의 접근은 피조 세계에 대한 책임을 강조하며, 교회 차원의 환경 운동을 이끌어가고 있다. 한 지역에서

---

17) 양금희, 「한국 최초 여성 기독교교육학자, 주선애의 공적 기독교교육 사상과 실천」, 『장신논단』 제47권 4호 (2015), 156-157.
18) 양금희, 「루터의 만인제사장 개념을 통해서 본 평신도교육 개혁」, 『장신논단』 제49권 4호 (2017), 85-86.

는 여성 장로들이 중심이 되어 '생태적 교회 만들기' 프로젝트를 추진해, 교회 건물의 에너지 효율성 개선부터 성도들의 생활 습관 변화까지 종합적인 환경 사역을 전개하고 있다.

4. 차세대 여성 리더십 양성자와 영성적 멘토

30년간의 경험을 축적한 여성 장로들은 이제 차세대 여성 리더십을 양성하는 멘토의 역할을 감당해야 한다. 조귀삼의 연구에서 제시된 "국제금식기도원 설립을 통한 여성 사역자 육성"[19]의 사례는 체계적인 여성 리더십 양성의 중요성을 보여준다.

특히 20-30대 젊은 여성들이 교회 내에서 리더십을 발휘할 수 있도록 돕는 체계적인 프로그램을 개발하고 운영해야 한다. 이를 위해서는 세대 간 소통의 교량 역할을 하면서도, 젊은 여성들의 새로운 관점과 아이디어를 수용하는 열린 자세가 필요하다.

실제로 일부 교회에서는 "세대 브릿지 프로젝트"라는 이름으로 20-60대 여성들의 협력 사역을 체계화하고 있다. 여기서 경험 있는 여성 장로들은 전통적인 수직적 멘토링을 넘어 상호 학습적 파트너십을 구축하고 있다. 젊은 여성들의 디지털 역량과 창의적 아이디어를 교회 사역에 반영하는 인큐베이팅 시스템을 통해, 기성세대의 경험과 신세대의 혁신이 조화를 이루는 새로운 사역 모델이 만들어지고 있다. 이러한 프로그램을 통해 연간 500명의 차세대 여성 리더를 양성한다는 구체적 목표하에 체계적인 교육과 훈련이 이루어져야 한다.

국제적 네트워크를 활용한 글로벌 여성 리더십 교류도 중요한 과제다. 세계개혁교회협의회를 비롯한 국제기구들과의 연대를 통해 한국 여성 장

---

19) 조귀삼, 앞의 논문, 175.

로들의 경험을 세계와 공유하고, 동시에 다른 나라 여성 지도자들의 사례를 학습하는 상호 교류 프로그램이 필요하다. 이를 통해 연간 50건의 국제 협력 프로그램을 추진함으로써 한국교회 여성 리더십의 글로벌 역량을 강화해야 한다.

V. 여성 장로 리더십 활성화를 위한 신학적·제도적 제언

1. 신학적 근거 확립과 교육 체계 구축

여성 장로의 미래 역할이 효과적으로 실현되기 위해서는 먼저 강호숙의 연구에서 제시된 "여성에게 성경적, 신학적, 실천적 논의의 장 마련"이 필요하다. 이는 단순히 여성안수의 정당성을 논증하는 차원을 넘어, 여성 장로가 교회공동체에서 감당해야 할 고유한 역할과 은사에 대한 신학적 성찰을 포함해야 한다.

여기에 양금희 교수의 교회론적 관점이 더해지면 더욱 체계적인 신학적 근거 확립이 가능하다. 양금희는 16세기 개혁교회의 공동체적 교회론을 연구하면서 교회의 본질이 위계적 구조가 아닌 유기적 공동체에 있음을 강조했다.[20] 그녀는 "교회가 하나님의 가족으로서 다양함 가운데 유기적 통일성을 이루는 파트너십"을 구현해야 한다고 주장했다.

이러한 공동체적 교회론에 따르면, 여성 장로의 역할은 단순히 제도적 허용의 문제가 아니라 교회의 본질적 완성을 위한 필연적 과제가 된다. 양금희 교수가 제시한 세대통합예배 전통의 회복은 이러한 공동체적 교회론의 구체적 실현 방안을 보여준다. 그녀는 "2천년 교회의 역사성"에 비추어

---

20) 양금희, 「16세기 개혁교회의 공동체적 교회론에 기초한 세대통합예배 전통의 회복 연구」, 『장신논단』 제50권 1호 (2018), 238-239.

볼 때 세대분리적 예배 제도가 비역사적 현상임을 지적하면서, 진정.[21)]

여성 장로들은 이러한 공동체적 교회론의 핵심적 실천자가 되어야 한다. 양금희 교수가 강조한 바와 같이, 교회는 "성례전적 교회"로서 "세상을 향하는 교회"가 되어야 하며, 이를 위해서는 모든 구성원의 능동적 참여와 봉사가 필요하다.[22)]

또한 양금희의 만인제사장론에 기반한 성직론은 여성 장로의 신학적 정당성을 더욱 명확하게 제시한다. 그녀는 루터의 만인제사장 개념을 분석하면서 "성도라면 누구나 제사장이고, 그들 사이에는 차이가 없다"는 원리를 강조했다.[23)] 이는 성별에 따른 성직의 구분이 아니라 은사와 소명에 따른 역할 분담이 성경적이라는 것을 의미한다.

양금희 교수는 평신도 신학을 지향하는 교육에서 "평신도신학은 단순히 평신도에 대한 새로운 이해를 제시하는 것뿐만 아니라, '교회', '선교', '교회와 사회의 관계' 등에 대하여 패러다임 전환을 요청한다"고 강조했다.[24)] 이러한 관점에서 여성 장로의 역할은 기존의 성직 중심적 교회 구조를 평신도 중심의 섬김 공동체로 전환시키는 핵심 동력이 된다.

이를 구현하기 위해서는 신학대학원에 "여교수 채용 및 여성관련 교육과정 개설"을 통해 체계적인 여성 리더십 교육 프로그램을 개발해야 한다. 각 노회별로 여성 장로 교육 프로그램을 100% 운영한다는 목표하에, 리더십 훈련, 신학 교육, 사회 이슈에 대한 이해 등을 포함하는 통합적 교육과정을 통해 여성 장로들의 역량 강화를 도모해야 한다. 이러한 교육 프로

---

21) 양금희, 위의 논문, 240-242.
22) 양금희, 「라너와 몰트만의 '성례전적 교회'에 나타나는 "세상을 향하는 교회"와 기독교교육」, 『장신논단』 제48권 2호 (2016), 289-291.
23) 양금희, 「루터의 만인제사장 개념을 통해서 본 평신도교육 개혁」, 『장신논단』 제49권 4호 (2017), 85-86.
24) 양금희, 「평신도 신학을 지향하는 평신도 교육에 관한 연구」, 『장신논단』 제46권 4호 (2014), 389-390.

그램에는 디지털 리터러시, 사회적 기업 운영, 국제 협력 등의 실무적 내용도 포함되어야 한다.

2. 제도적 개선과 문화적 변화 방안

임종구의 연구에서 지적한 바와 같이, 각 교단은 "교단 신학과 교단의 정체성 안에서 건전한 논의와 토론을 전개"[25]하면서도 실질적인 제도 개선을 추진하는 것이 필요하다.

구체적인 제도 개선 방안으로는 첫째, 여성 총대 할당제의 법제화를 통해 의사 결정 구조에서의 여성 참여를 보장해야 한다. 현재 권고사항에 머무는 할당제를 법적 의무 사항으로 전환하여 2030년까지 15% 달성이라는 실질적 목표를 설정하는 것이 중요하다. 둘째, 출산과 육아를 지원하는 교회 정책을 마련해야 한다. 여성 목회자 스트레스 연구에서 드러난 "가족의 부담" 문제를 해결하기 위해 육아비 지원, 임시 대역 제도, 유연한 사역 일정 등을 통해 여성 장로들이 생애주기별 변화에도 불구하고 지속적으로 사역할 수 있는 환경을 조성할 필요가 있을 것이다. 셋째, 여성 장로들의 사회 참여를 위한 안식년 제도를 도입하여 사회적 기업 창업이나 시민사회 활동에 참여할 기회를 제공해야 한다.

3. 사회적 책임 이행을 위한 연대 체계 구축

강호숙이 제안한 "하나님 나라 정의실현, 북한선교, 교회교육, 환경문제, 남북통일, 북한인권, 경제침체, 노령화 사회문제 등 사회적 책임을 위한 남녀파트너십 역량 발휘"[26]는 여성 장로들이 교회를 넘어 사회 전체의

---

25) 임종구, 앞의 논문, 90.
26) 강호숙, 앞의 논문, 38.

변화를 이끄는 주체가 되어야 함을 시사한다.

이를 위해 교단 차원에서 "사회적 장로 네트워크"라는 플랫폼을 구축하여 교회와 시민사회를 연결하는 역할을 담당하는 것이 중요하다. 여성 장로들의 사회 참여를 지원하는 체계적인 프로그램을 개발하고, 다른 시민사회 단체들과의 연대를 통해 사회적 영향력을 확대해나가야 한다. 특히 평화 통일 사역에서는 남북한 여성 교류를 통한 통일 준비 사업을 추진하여 한반도 평화에 기여할 수 있을 것이다.

VI. 나가는 말: "여성 장로 리더십 2030 비전"과 새로운 교회 문화의 창조

대한예수교장로회 통합 교단의 여성 안수 30주년은 끝이 아니라 새로운 시작이다. 지난 30년이 여성 장로의 존재를 인정받는 시기였다면, 앞으로의 30년은 여성 장로가 한국교회의 미래를 이끌어가는 핵심적 리더십으로 자리매김하는 시기가 되어야 한다.

임종구의 연구가 지적하듯이, 여성안수 관련 논의는 "허용과 불가의 입장이 충분할 정도로 전개"[27]된 상황에서, 이제 중요한 것은 "교단의 정체성과 신학적 연속성" 안에서 여성 장로들이 실질적으로 기여할 수 있는 새로운 역할 모델을 창조하는 것이다.

이를 위해서는 무엇보다 구체적이고 측정 가능한 비전이 필요하다. "여성 장로 리더십 2030 비전"은 단순한 구호가 아니라 실현 가능한 로드맵이어야 한다. 2030년까지 여성 총대 비율 15% 달성, 여성 장로 비율 20% 달성, 각 노회별 여성 장로 교육 프로그램 100% 운영, 여성 장로 주

---

27) 임종구, 앞의 논문, 89-90.

도 사회 공헌 프로젝트 연간 100건 달성 등의 양적 목표와 함께, 하이브리드 장로제, 세대 브릿지 프로젝트, 사회적 장로 네트워크, 글로벌 파트너십 등의 질적 변화를 동시에 추진해야 한다.

특히 혁신적인 사역 모델들이 주목받는다. 디지털 목양 시스템에서는 AI와 빅데이터를 활용한 개인 맞춤형 돌봄이 가능해지고 있으며, 여성 장로들의 세심한 관찰력이 이러한 기술과 결합될 때 더욱 효과적인 목양이 실현될 수 있다. 사회적 기업 운영을 통해서는 교회 자원을 활용한 지역사회 문제 해결이 가능하며, 환경 교회 운동을 통해서는 기후 변화 대응을 위한 생태적 교회 만들기가 추진될 수 있다. 평화 통일 사역에서는 남북한 여성 교류를 통한 통일 준비가 체계적으로 이루어질 수 있다.

조귀삼의 연구에서 제시된 바와 같이, "교회에서의 여성 사역은 여성 리더십 발전에 크게 기여"[28]했으며, 이제는 "사회 각계각층에서 여성의 활동이 두드러지게 나타나고 있다." 여성 장로들의 영향력이 교회를 넘어 사회 전반으로 확산되고 있는 현실을 반영할 때, 이들의 역할은 더욱 중요해지고 있다.

동시에 한국교회는 여성 장로들이 이러한 역할을 효과적으로 감당할 수 있도록 제도적, 문화적 지원을 아끼지 말아야 한다. 강호숙이 강조한 "남녀 파트너십"의 관점에서 볼 때, 진정한 성평등은 단순히 동일한 기회를 제공하는 것이 아니라, 각자의 고유한 특성과 강점을 인정하고 이를 공동체의 발전을 위해 활용하는 것이다.

이러한 변화의 성과를 측정하기 위해서는 구체적인 지표가 필요하다. 이에 있어 여성 장로 주도 사회 공헌 프로젝트 수 연간 100건, 차세대 여성 리더 양성 인원 연간 500명, 젠더 통합 의사 결정 비율 50% 이상, 디지털 사역 참여 여성 장로 비율 50% 이상, 국제 협력 프로그램 참여 건수 연

---

28) 조귀삼, 앞의 논문, 185-186.

간 50건 등의 KPI(핵심성과지표)를 통해 진전 상황을 점검하고 보완함이 필요할 것이다.

앞으로의 30년이 한국교회에 새로운 희망을 가져다줄 것이라 확신한다. 여성 장로들이 보여줄 창의적이고 포용적인 리더십은 급변하는 시대를 살아가는 한국교회에게 새로운 활력과 방향성을 제시할 것이다. 김효남의 연구에서 제시된 "여성이 바라는 복음적 설교"[29]처럼, 여성 장로들은 "하나님의 딸로서 존중히 여겨주는", "그리스도의 은혜를 깨닫게 하는," "주 안에서 하나 됨을 맛보게 하는" 새로운 교회 문화를 창조해 나갈 것이다.

여성 장로들의 "뜨거운 열정과 조직된 힘"은 한국교회가 21세기의 새로운 도전에 응답하는 핵심 동력이 될 것이며, 이를 통해 하나님 나라의 정의와 평화가 이 땅에 더욱 풍성히 실현될 것이다. 그리고 이러한 구체적이고 측정할 수 있는 비전을 통해, 한국교회의 여성 장로들은 단순한 참여를 넘어 변화를 이끄는 주역으로 거듭날 것이라 확신한다. 그것이 바로 예장통합 여성 안수 30주년이 우리에게 제시하는 새로운 소명이자 미래에 대한 약속인 것이다.

---

29) 김효남, 앞의 논문, 324.

〈대한예수교장로회 예장 총회〉

부록 1
여성안수 헌의 활동을 위한 연대별 약사

부록 2
총회 여성위원회 연혁

부록 3
안수자 숫자 및 통계

부록 1

| 여성안수 헌의 활동을 위한 연대별 약사 |

- 1933년 함남노회 여신도 103인과 노회장의 명의로 여자에게도 장로 자격을 주라고 헌의했으나 "개정할 필요 없다…시기상조"라고 부결
- 1946년 해방 후 첫 총회에 여장로 청원(여전도회 증경회장 김필례, 유각경, 신의정, 김말봉, 제씨)을 했으나 통일이 이루어질 때까지 보류
- 1961년 46회 여장로 청원 기각됨
- 1962년 47회 여장로제 헌의, 총회에서 5인 특별위원 선정 1년 연구키로 함
- 1963년 48회 여장로제 헌의에 대하여 1년간 더 연구토록 7명을 추가, 12인 위원회를 만들어 위촉
- 1964년 49회 연구위원들은 아무 내용 없이 "이 문제는 반려함이 가한 줄 안다"고 한 후 반려하는 것으로 가결
- 1965년 50회 여전도회전국연합회가 여장로 청원, 정치부 보고 "여장로 제도 신설 헌의는 정치에 관한 것이기 때문에 각 노회에 수의하여 봄이 가하다"고 함
- 1967년 52회 여장로 청원 건은 반려, 여교역자 직위를 헌법에 삽입해 달라는 청원은 연구위원 5명을 선정, 1년간 연구키로 함
- 1968년 53회 여교역자 직위 문제 건은 1년간 보류, 여자에게 당회원 자격 건은 1년간 연구토록 함
- 1970년 55회 서울노회와 군산노회에서 청원한 여장로 안수는 연구위원 9명을 선정, 1년간 연구토록 함
- 1971년 56회 연구위원을 1년간 더 연구토록 건의 했으나 투표에 붙여 투표 결과 94 : 104로 부결, 38년 만에 처음 투표에 붙여졌으며, 여전도회 회장 언권위원으로 허락됨
- 1972년 57회 여전도회연합회가 계속 여장로제를 청원했으나 다루어

지지 않음. 도리어 경남노회장이 여장로제도 논의를 총회에서 논의와 청원을 할 수 없도록 총회가 결정하여 달라는 헌의가 올라왔는데, 이에 대해 정치부에서는 합법적인 절차에 따라 청원하는 것을 거절할 수 없다고 총회 논의를 금지 할 수 없음이라고 결의

- 1973년 58회 8개 노회(서울, 서울동, 서울서, 경기, 충북, 군산, 평양, 전북) 여장로제도 헌의 95 : 162표로 부결
- 1974년 59회 7개 노회에서(서울, 서울동, 서울서, 전남, 충북, 목포, 평양) 여장로제도 청원에 대하여 정치부에서 처음으로 "허락함이 가한 줄 아오며"라고 했으나 투표결과 120 : 183으로 부결
- 1975년 60회 평양노회의 여장로 제도 청원과 여교역자 당회 참석 허락의 건은 여교역자 당회 참석은 거론되지 않았고 여장로 제도 청원 건은 126 : 180으로 부결
- 1976년 61회 3개 노회(서울, 서울동, 평양) 여장로 청원은 133 : 173으로 부결
- 1977년 62회 서울, 서울동노회가 여목사, 여장로에 대한 안수를 청원하였으나 여목사건은 거론도 되지 않고 여장로 제도는 143 : 157로 부결(14표차)
- 1978년 63회 4개 노회(서울, 서울동, 서울서, 평양)가 청원한 여장로 제도 신설 헌의는 197 : 203로 부결(11표차)
- 1979년 64회 154 : 227로 부결
- 1981년 66회 부녀지도위원회의 여성안수 허락 청원은 113 : 244로 부결
- 1984년 69회 268 : 462로 부결 후 여장로 제도 청원의 건은 정책협의회에 맡겨 협의키로 함(이 기록은 총회록에도 빠져 있음)
- 1988년 73회 총회 7개 노회(경안, 서울, 전남, 강원, 영등포, 목포, 서울서북)와 부녀지도위원회에서 여성안수 건 상정 323 : 450으로 부결
- 1989년 74회 3개 노회(경기, 서울북, 전남)가 청원하여 377 : 375표로 찬표가 2표 더 많았으나 백지 10장 때문에 과반수에서 5표 모자라 부결

- 1990년 75회 여전도회 지도위원회와 10개 노회(서울, 서울북, 서울동, 영등포, 안양, 충남, 전남, 광주, 포항, 강원동)가 청원 381 : 558 이라는 큰 표차로 부결
- 1991년 76회 여전도회 지도위원회와 16개 노회(서울, 서울동, 안양, 충남, 전북남, 경북, 경서, 강원동, 제주, 전남, 충북, 서울강남, 영등포, 평양, 서울북, 목포)가 청원 551 : 620표로 부결되면서 3년 동안 여성안수 문제를 상정하지 못하도록 가결
- 1992년 77회 여전도회 지도위원회의 여성안수 3년 헌의 불가 해제 청원 건은 반려하고 『여성안수 연구위원회』를 설치키로 가결
- 1993년 78회 여성안수 연구위원회가 한 가정의 부부가 동시에 장로로 시무하는 것을 제한하는 조건으로 청원한 여성장로 안수 건은 삭제되고 여전도회 지도위원회가 제출한 특수지역과 외국선교사 파송 시 여성에게 목사안수허락 건은 반려
- 1994년 제79회 여전도회 지도위원회와 24개 노회가 청원한 여성안수를 허락해 달라는 것은 찬반 토론 없이 투표에 부쳐졌다. 그 결과 총 투표자수 1,321명 중 찬표 701, 부표 612표, 기권 8표, 89표차로 여성안수가 최초에 헌의한 1933년 이래 61년 만에 허락이 되다. 헌의한 24노회는 다음과 같다.

  서울서북노회, 영등포노회, 안양노회, 서울남노회, 서울강남노회, 서울강동노회, 서울서남노회, 경기노회, 충북노회, 대전서노회, 충남노회, 전북남노회, 김제노회, 순천노회, 여수노회, 목포노회, 부산동노회, 제주노회, 울산노회, 경북노회, 평안노회, 평북노회, 대구동노회, 충청노회
- 1995년 봄노회 수의 결과 목사직 총 투표수 8,060표 중 가표 5,546표로 73.8%, 장로직 총 투표수 8,057표 중 가표 5,997표로 74.4%로 여성안수 헌의 역사 62년 만에 역사적인 여성안수 법제화가 이루어졌다.

<출처 : 여성안수 -헌의에서 법제화까지-, 여전도회전국연합회>

부록 2

| 총회 여성위원회 연혁 |

I 연혁
제97회기 - <여성사역개발팀>으로 출발하여 활동(사무총장 직속기구)
제98회기 - 총회여성위원회를 특별위원회로 신설(주무부서 : 총회훈련원)

I 주요결의
1. 제98회기 결의사항
성희롱 발언 목회자 문제 등에 대한 교단 차원의 자성 및 재발 방지 노력
교회 내 여성 문제 논의 및 해결
여성들의 사역 개발 및 양성평등의식의 확산을 위해 총회와 65개 노회 내에 여성위원회를 특별위원회로 신설하여 운영할 것

2. 제99회기 결의 사항
1) 본 위원회가 존속하도록 허락
2) 여성위원회 운영지침서를 노회 여성위원회가 사용할 수 있도록 해달라는 건
3) 총회 총대 20명 이상 파송하는 노회는 여목사 1인, 여장로 1인 이상을 총회 총대로 파송 건은 반려
4) 총회에서 여성위원회 신설이 허락된 바, 각 노회가 교단 총회의 방침에 부응하여 여성위원회를 신설하고, 우리 교단과 교회의 가부장적인 문화와 의식을 성 평등적 문화와 의식으로 바꾸어 교회와 교단의 발전을 도모하도록 해 달라는 건은 각 노회의 재량에 따라 진행

3. 제100회기 결의사항
1) 본 위원회가 계속 존속하도록 허락

2) 각 노회가 교단 총회의 방침에 적극 부응하여 여성위원회를 신설하고 특별위원회인 여성위원회를 상설위원회로 전환해달라는 건은 기구개혁위원회로
3) 총회총대 20명 이상 파송하는 노회는 여목사 1인, 여장로 1인 이상을 총회총대로 파송해 달라는 건은 종전대로

4. 제101회기 결의사항
   1) 각 노회가 교단 총회의 방침에 적극 부흥하여 여성위원회를 신설하여 주시기를 청원하여 허락
   2) 각 노회는 여성 총대 1인 이상을 총회 총대로 파송하여 주시기를 청원하여 정책기획연구위로 보냄
   3) 현재 교단 총회의 특별위원회인 여성위원회를 상설위원회로 전환해 주시기를 청원하여 정책기획연구위원회로 보냄
   4) 본 교단 산하 7개 신학대학교에서 양성평등 관련과목 개설을 위해 총회신학교육부가 연구해주시기를 청원하여 허락

5. 제102회기 청원사항
   1) 모든 노회가 여성총대 1인 이상을 총회 총대로 파송해달라는 청원 건은 허락
   2) 교단산하 7개 신학대학교 신학대학원 커리큘럼에 양성평등과목을 개설해 달라는 건은 허락
   3) 현재 교단 총회의 특별위원회인 여성위원회를 상설위원회로 전환해 주시기를 청원한 건은 불허
   4) 본 위원회가 계속 존속하도록 허락해주시기를 청원은 허락하고 총회임원회로

6. 제103회기 청원사항
   1) 제102회기에 청원 허락 된 "모든 노회가 여성총대 1인 이상을 총회 총대로 파송해 달라는 건"을 꼭 이행해주실 것을 청원하오니 허락해

달라는 건은 삭제한다는 보고를 받다
2) 현재 교단 총회의 특별위원회인 여성위원회를 상설위원회로 전환 해 주시기를 청원하오니 허락해 달라는 건은 총회 혁신 및 기구개혁위원회로 보냄
3) 개정된 여성위원회 운영지침서를 노회 여성위원회가 사용할 수 있도록 허락해 주시기를 청원하오니 허락해달라는 건은 허락
4) 위원회가 계속 존속하도록 허락해주시기를 청원하오니 허락해달라는 건은 총회 임원회에 일임

7. 제104회기 청원 사항

1) 여성위원회를 양성평등위원회로 명칭 변경을 청원하오니 허락해 달라는 건은 허락

제안설명 : 여성위원회는 2013년 9월 제98회 총회에서 특별위원회로 구성되었습니다. 설립목적은 우리 교단과 교회의 남성중심적인 문화와 의식을 양성평등적인 문화와 의식으로 바꾸어 교회와 교단의 성장과 발전을 도모하기 위함이었습니다. 그런데 여성위원회라는 이름으로 인해 위원회의 구성이나 활동이 왜곡되고 양성평등이라는 본래 목적에 맞게 활동하지 못하는 경우들이 많이 생겼습니다. 예를 들어 여성위원회니 위원들이 여성들만으로 구성되어야 한다고 오해하여 위원회의 구성이 여성들로만 되는 경우들이 속출하고, 세미나 등의 행사를 할 때도 여성들만 모이는 행사가 되는 경우가 빈번합니다. 따라서 여성위원회가 본래의 목적에 맞게 구성되고 활동하는데 효과적이고 위원회의 목적이 확실하게 드러나는 "양성평등위원회"로 명칭 변경해줄 것을 청원합니다.

2) 현재 교단 총회의 특별위원회인 여성위원회를 상설위원회로 전환해 주시기를 청원하오니 허락해 달라는 건은 종전대로 특별위원회로 구성
3) 본 위원회가 계속 존속하도록 청원하오니 허락해달라는 건은 총회 임

원회에 일임

8. 제105회기 청원사항 / 양성평등위원회

1) 제102회 총회에서 결의한 여성총대 할당제가 제대로 이행되지 않고 있는데 헌법위원회의 유권해석으로 말미암아 권고사항으로 해석한 것은 아쉬움과 이해 부족으로 여겨짐으로 본 위원회에서는 총회에서 결의한 것은 권고가 아닌 의무사항임을 재차 확인하고 노회별 총대를 뽑을 때에 목사1인, 장로1인으로 하는 '여성총대할당제'를 다시 청원하는 건은 헌법 개정 사항이므로 헌법위원회로 보내기로 함

> ※참조 : 제105회기 평신도위원회 청원
> -여성 총대 할당제 의무화 : 여성안수 법제화가 허락된 지 25년이 지났지만 여성총대 비율은 2%를 넘지 못하므로 노회별 총대를 선출할 때 여성목사 1인, 여성장로 1인을 반드시 총대로 선출해 달라는 건은 헌법개정 사항이므로 헌법위원회로 보내기로 함

2) 여교역자의 사역 확장을 위해 총회 차원에서 '여교역자 사역연구위원회(가칭)'를 조직하여 여성목회자들이 다양한 방면에서 사역을 할 수 있도록 총회임원회에서 특별위원회를 구성해 달라는 건은 총회임원회에 일임
3) 양성평등교육이 교단 내에 뿌리 내릴 수 있도록 68개 노회에서는 목회자 훈련 등에 양성평등교육을 의무화 할 것을 청원하는 건은 총회훈련원운영위원회로 보내기로 함
4) 본 위원회가 계속 존속하도록 청원하는 건은 총회임원회에 일임

9. 제106회기 청원사항 / 인권 및 평등위원회

> ※참조 제106회기 : 평신도위원회 청원
> - 여성 총대 할당제 의무화 : 여성안수 법제화가 62년 만에 허락되었지만 지난 제105회기 전체 총대 1,500명 중 여성총대는 26명에 불과했습니다. 이에 법제화 이후의 후속조치로서 모든 노회에서 여성총대 할당제를 의무화시켜주시어 본 교단의 양성평등 정책과 의지를 한국교회 여성도들에게 보여주시기를 청원하는 건은 권고사항으로 허락하고 여성총대 할당제 의무화는 평신도위원회가 더 연구
> - 총회 양성평등위원회 분립 존속 : 제105회기 총회에서 '인권 및 평등위원회'로 통합된 '양성평등위원회'를 다시 분립하여 존속시켜주시기를 청원합니다. 본 교단 내 양성평등 의식의 확산, 여성리더십 양성, 여성총대 할당제 등의 문제를 심도 있게 논의하고 적극적으로 소통할 수 있는 창구가 필요하오니 양성평등위원회를 분립하여 존속할 수 있도록 청원하오니 허락해 달라는 건은 총회임원회에 일임

1) 본 위원회 존속을 청원하오니 허락해 달라는 건은 총회임원회에 일임
2) 평등위원회는 기존의 양성평등위원회로 변경 청원하니 허락해 달라는 건은 총회임원회에 일임

10. 제107회기 / 동성애대책 및 양성평등위원회

> ※참조 제107회기 : 평신도위원회 청원
> - 한국교회의 정책과 미래 방향성을 결정하는 여성 총대 할당제를 의무화하고, 총대 20인 이상 노회'로부터' 여성 목사총대 1명, 여성 장로총대 1명을 파송하도록 청원하오니 허락해 달라는 건은 허락하되 노회에서 자율적으로 처리하도록 하되 권고

1) 본 위원회 존속을 청원하오니 허락해 달라는 건은 총회임원회에 일임

11. 제108회기
　　총회여성위원회(특별) 위원회로 조직

▌주요사업
1. 제98회기
　1) 65개 노회 여성위원회 신설을 위한 공문발송 및 독려(14개 노회 신설)
　2) 여성위원회 운영지침을 만들어 여성위원회의 방향성 확립
　3) 여성안수허락 20주년 기념예배
　　　일시 : 2014. 9. 24.(수) / 장소 : 소망교회
　　　인도 : 신성애 장로(여전도회전국연합회장)
　　　설교 : 주선애 교수(장신대 명예교수)

2. 제99회기
　1) 총회와 노회 여성위원회 위원 간담회
　　　일시 : 2015. 5. 14.(목) / 장소 : 한국교회100년기념관 4층 제3연수실
　　　내용 : 노회여성위원회 조직 및 역할, 총회 및 노회 여성총대 선출과
　　　　　　활동
　2) 정책세미나
　　　일시 : 2015. 5. 14.(목) / 장소 : 한국교회100주년기념관 소강당
　　　주제 : 여성과 함께하는 한국교회
　　　내용 : (1) 여성과 함께 하는 교회(정민량 목사/대전성남교회)
　　　　　　(2) 여성안수 20주년 이후 여성사역의 필요성과 중요성(신옥수
　　　　　　　　 교수/장신대)
　3) 총회여성총대 간담회
　　　일시 : 2015. 8. 21.(금) / 장소 : 한국교회100주년기념관 2층 회의실A
　　　내용 : 여성총대들이 총회 회의 발언 및 부 위원회 활동에 적극 참여
　　　　　　등 논의

4) 제100회 총회 여성부문 공로자 선정
    일시 : 2015. 8. 21.(금) / 장소 : 여전도회관 805호
    내용 : 제100회 총회준비위원회에서 요청한 제100회 총회기념여성
    부분 선정 논의

3. 제100회기
   1) 총회여성위원회와 노회장 및 노회여성위원회 임원 간담회
      일시 : 2016. 3. 31.(목) / 장소 : 한국교회100주년기념관 4층 제2연수실
   2) 정책세미나
      일시 : 2016. 3. 31.(목) / 장소 : 한국교회100주년기념관 소강당
      주제 : 여성과 함께하는 한국교회
      내용 : (1) 목회자와 평신도의 여성 리더십(박보경 교수/장신대)
            (2) 교단 총회의 여성위원회에 대한 고찰(손달익 목사/ 증경총
                회장, 총회기구개혁위원장)
   3) 총회여성총대 간담회
      일시 : 2016. 9. 02.(금) / 장소 : 여전도회관 블레싱홀(지하1층)
      내용 : (1) 제101회기 총회 소개 및 전망(회록서기 김순미 장로)
            (2) 여성할당제 실현방안 (3) 여성할당제 실현을 위한 청원 건
            (4) 노회 여성 목사장로의 리더십 강화 및 협력 방안
            (5) 제101회기 여성총대의 총회 상임부서 및 부서활동(실행위원)
                방안

4. 제101회기
   1) 총회여성위원회와 노회여성위원회 위원장 간담회
      일시 : 2017. 3. 31.(금) / 장소 : 여전도회관 2층 김마리아홀
   2) 정책세미나
      주제 : 종교개혁500주년과 여성
      일시 : 2017. 3. 31.(금) / 장소 : 여전도회관 2층 김마리아홀
      내용 : (1) 개회예배(설교 총회장 이성희 목사)

(2) 여성위원회 현황과 미래전망(강사 : 위원장 김순미 장로)
　　　(3) 종교개혁500주년과 여성(강사 : 장홍길 교수/장신대)
　　　(4) 종교개혁과 여성의 지위: 한국교회 개혁과 회복의 주체로서의 교회여성(강사 : 김은혜 교수/장신대)

5. 제102회기
　1) 노회여성위원장들과의 간담회
　　일시 : 2018. 3. 9.(금) 오전11시 / 장소:한국교회100주년기념관4층 제1연수실
　　내용 : (1) 제102회 총회 결의에 따라 "모든 노회가 여성총대 1인 이상을 총회 총대로 파송하는 건" 시행 요청
　　　　　(2) 노회 여목사·여장로의 총회 참여 방안 논의
　2) 총회 평신도위원회와 여성위원회 연합 정책 세미나
　　일시 : 2018. 3. 16.(금) / 장소 : 여전도회관 14층 대강당
　　주제 : 거룩한 리더십과 세상!
　　내용 : (1) 개회예배 – 설교 : 최기학 총회장
　　　　　(2) 정책보고 – 김순미 총회여성위원회 위원장
　　　　　(3) 기조발제 – 오덕호 목사(산정현교회)
　　　　　(4) 심포지엄 – 장순애 교수(영남신학대학교), 오창우 목사(한남제일교회), 이춘복 목사(경기중앙교회)
　　　　　(5) 기도회 – 정장현 목사(평신도위원회 서기), 박성업 장로(평신도위원회 회계), 임영숙 목사(여성위원회 회계)
　3) 제102회 총회 임원과 제103회 총회 여성총대 간담회
　　일시 : 2018. 8. 17.(금) 오전 11시
　　장소 : 한국교회100주년기념관 4층 제1연수실
　　주관 : 총회여성위원회
　　내용 : (1) 예배 – 인도 : 김순미 장로, 설교 : 변창배 목사(총회 사무총장)
　　　　　(2) 인사 및 소개 – 김명옥 목사(총회훈련원 원감)
　　　　　(3) 간담회 – 진행 : 김순미 장로(총회여성위원회 위원장)
　　　　　(4) 논의사항 : 총회 상임·부위원회 및 실행위원회 활동, 노회

여성위원회 협력 요청 등
(5) 행사 안내 – 제103회 총회 관련 여성총대 및 방청단 초청

6. 제103회기

1) 노회여성위원회 위원장 간담회
    일시 : 2019. 5. 8.(수) / 장소 : 한국교회100주년기념관 4층 제2연수실
    내용 : (1) 특강 : '여성위원회의 정체성'(강사 : 서울장신대 김호경 교수)
           (2) 각 노회 여성위원회의 활동
           (3) 제103회기 총회여성위원회 정책세미나 준비 논의
2) 정책 세미나
    일시 : 2019. 6. 18.(화) / 장소 : 한국교회100주년기념관 소강당
    내용 : (1) 개회예배(설교 : 위원장 고영환 목사)
           (2) 여성위원회 정책(강사 : 원감 김명옥 목사)
           (3) 특강 '여성위원회가 무엇을 해야 하는가?'(강사 : 박보경 교수/장신대)
           (4) 노회여성위원회 사례발표 : 서울북노회(위원장 민경자 목사), 익산노회(위원장 윤향자 목사)

7. 제104회기

1) 정책세미나(코로나 인하여 축소 시행)
    일시 : 2020. 5. 21.(목) / 장소 : 한국교회100주년기념관 소강당
    내용 : (1) 여성총대할당제의 법제화(기조발제 포함)(강사 배현주 교수/총회한국교회연구원 부원장, 전문위원)
           (2) 여성 사역 확장(강사 김호경 교수/서울장신대, 전문위원)

8. 제105회기

1) 총회 인권 및 평등위원회 세미나
    일시 : 2021. 6. 17.(목) / 장소 : 대전신학대학교
    내용 : (1) 성서에 나타난 동성애 및 젠더(강사 배정훈 교수/ 장신대)

(2) 동성애 및 젠더와 기독교(강사 고형석 목사/코리아교회)

9. 제106회기
   1) 총회 동성애대책 및 양성평등 관련 세미나
      일시 : 2022. 6. 21.(화) / 장소 : 대전신학대학교 글로리아홀
      내용 : (1) 성경에 나타난 양성평등(강사 배정훈 교수)
             (2) 기독교와 포괄적 차별금지법(강사 고형석 목사)
             (3) 차별금지법 대처 실행방안(강사 박성준 목사)

10. 제107회기
    1) 정책세미나
       일시 : 2023. 3. 24.(금) / 장소 : 연동교회(본당)
       내용 : (1) 노회 여성위원회 활성화 방안(강사 정민량 목사/대전성남교회)
              (2) 노회 및 교회의 여성사역 활성화 방안(강사 여경순 목사/
                  기쁨의교회)
    2) 제107회 총회 임원과 제108회 총회여성총대 간담회
       일시 : 2023. 7. 27.(목) / 장소 : 한국교회100주년기념관 그레이스홀
              및 총회장실
       내용 : 경건회(설교 : 총회장 이순창 목사), 간담회, 친교

11. 제108회기
    1) 정책세미나
       일시 : 2024. 3. 18.(월) / 장소 : 한국교회100주년기념관 그레이스홀
       내용 : (1) 총회여성위원회의 현황과 전망(김순미 장로/여성위원장)
              (2) 여성 사역자를 위한 협력 방안(김한호 목사/춘천동부교회)
              (3) 여성 안수의 역사와 앞으로의 지향점(장순애 박사/영남신대)
    2) 여성안수허락30주년기념여성대회
       일시 : 2024. 6. 27.(목) / 장소 : 한국교회100주년기념관 대강당
       내용 : 개회예배(설교 : 부총회장 김영걸 목사), 30주년기념 세리머니

　　　　심포지엄(좌장 : 양금희 교수)
　　　　발제1. 여성안수허락 30년의 역사(이혜정 교수)
　　　　발제2. 여성사역의 활성화 방안(신옥수 교수)
　　　　발제3. 교회의 양성평등적인 사역(황해국 목사)
　　　　선언문 발표
　　3) 제108회 총회 임원과 제109회 총회여성총대 간담회
　　　일시 : 2024. 8. 20.(화) / 장소 : 한국교회100주년기념관 그레이스홀
　　　내용 : 경건회(설교 : 부총회장 김영걸 목사), 간담회, 친교

12. 제109회기
　　1) 정책세미나
　　　일시 : 2025. 4. 7.(월) / 장소 : 한국교회100주년기념관 그레이스홀
　　　내용 : (1) 총회여성위원회의 현황과 전망(김순미 장로/여성위원장)
　　　　　　(2) 교회에서의 여성 리더십(신옥수 교수/장신대)
　　　　　　(3) 변화하는 사회 속 교회의 과제: 여성 리더십 성장(김한호 목사/춘천동부교회)
　　2) 한국선교 140주년·여성안수법제회 30주년기념 2025 총회 특별기도회
　　　일시 : 2025. 5. 19.(월) / 장소 : 영락교회
　　　내용 : 1부: 개회예배(설교 : 총회장 김영걸 목사)
　　　　　　2부: 격려와 권면(김운성 목사/영락교회 당회장)
　　　　　　3부: 기도회
　　　　　　　　특별기도1. 교단 내 여성들의 역할과 사역을 위한 기도
　　　　　　　　특별기도2. 총회와 한국교회의 회복과 부흥을 위한 기도
　　　　　　　　특별기도3. 나라와 민족을 위한 기도
　　3) 제109회 총회 임원과 제110회 총회여성총대 간담회
　　　일시 : 2025. 8. 19.(화) / 장소 : 한국교회100주년기념관 그레이스홀
　　　내용 : 경건회(설교 : 총회장 김영걸 목사), 간담회, 친교

부록 3
| 안수자 숫자 및 통계 |

	사무 장로				목사(전체)				담임목사				위임 목사			
	전체	남성	여성	여성비율	전체	남성	여성	여성비율	전체	남성	여성	여성비율	전체	남성	여성	여성비율
109회기 통계	18,327	17,100	1,227	6.70%	22,510	19,508	3,002	13.34%	3,056	3,011	45	1.47%	5,294	4,735	559	10.56%
108회기 통계	18,185	17,006	1,179	6.48%	22,180	19,188	2,992	13.49%	5,319	4,787	532	10.00%	3,089	3,048	41	1.33%
107회기 통계	18,089	16,933	1,156	6.39%	21,423	18,730	2,693	12.57%	5,313	4,788	525	9.88%	3,059	3,016	43	1.41%
106회기 통계	18,321	17,221	1,100	6.00%	21,050	18,535	2,515	11.95%	5,358	4,861	497	9.28%	2,997	2,959	38	1.27%
105회기 통계	18,296	17,196	1,100	6.01%	20,775	18,385	2,390	11.50%	5,298	4,837	461	8.70%	3,001	2,965	36	1.20%
104회기 통계	18,584	17,504	1,080	5.81%	20,506	18,170	2,336	11.39%	5,186	4,764	422	8.14%	2,989	2,953	36	1.20%
103회기 통계	18,306	17,362	944	5.16%	19,828	17,706	2,122	10.70%	5,196	4,808	388	7.47%	2,912	2,877	35	1.20%
102회기 통계	18,724	17,835	889	4.75%	19,302	17,270	2,032	10.53%	5,057	4,686	371	7.34%	2,919	2,886	33	1.13%
101회기 통계	18,705	17,875	830	4.44%	18,712	16,866	1,846	9.87%	4,976	4,640	336	6.75%	2,872	2,841	31	1.08%
100회기 통계	18,249	17,548	701	3.84%	18,121	16,476	1,645	9.08%	4,935	4,630	305	6.18%	2,783	2,756	27	0.97%
99회기 통계	18,029	17,332	697	3.87%	17,468	15,991	1,477	8.46%	4,874	4,576	298	6.11%	2,681	2,658	23	0.86%
98회기 통계	17,705	17,027	678	3.83%	16,853	15,498	1,355	8.04%	4,773	4,513	260	5.45%	2,607	2,585	22	0.84%
97회기 통계	17,774	17,164	610	3.43%	16,257	15,080	1,177	7.24%	1,533	1,338	195	12.72%	2,600	2,582	18	0.69%
96회기 통계	17,634	16,972	662	3.75%	15,751	14,625	1,126	7.15%	4,487	4,295	192	4.28%	2,589	2,576	13	0.50%

	사무장로				목사(전체)				담임목사				위임목사			
	전체	남성	여성	여성비율	전체	남성	여성	여성비율	전체	남성	여성	여성비율	전체	남성	여성	여성비율
95회기 통계	17,253	16,717	536	3.11%	14,997	14,109	888	5.92%	4,392	4,221	171	3.89%	2,514	2,500	14	0.56%
94회기 통계	16,924	16,375	549	3.24%	14,313	13,514	799	5.58%	4,218	4,080	138	3.27%	2,452	2,442	10	0.41%
93회기 통계	16,570	16,093	477	2.88%	13,620	12,942	678	4.98%	3,952	3,836	116	2.94%	2,736	2,728	8	0.29%
92회기 통계	15,840	15,441	399	2.52%	12,854	12,273	581	4.52%	3,878	3,779	99	2.55%	2,256	2,252	4	0.18%
91회기 통계	15,618	15,222	396	2.54%	12,223	11,748	475	3.89%	3,743	3,654	89	2.38%	2,247	2,242	5	0.22%
90회기 통계	15,242	14,858	384	2.52%	11,560	11,170	390	3.37%	3,506	3,434	72	2.05%	2,089	2,085	4	0.19%
89회기 통계	14,984	14,625	359	2.40%	10,950	10,574	376	3.43%	3,572	3,503	69	1.93%	1,993	1,991	2	0.10%
88회기 통계	14,541	14,259	282	1.94%	10,535	10,202	333	3.16%	3,701	3,618	83	2.24%	1,923	1,922	1	0.05%
87회기 통계	14,158	13,936	222	1.57%	10,145	9,903	242	2.39%	3,441	3,388	53	1.54%	1,916	1,914	2	0.10%
86회기 통계	13,763	13,628	135	0.98%	9,601	9,415	186	1.94%	3,269	3,238	31	0.95%	1,891	1,891	-	0.00%
85회기 통계	12,952	12,867	85	0.66%	8,996	8,856	140	1.56%	3,089	3,066	23	0.74%	1,841	1,841	-	0.00%
84회기 통계	12,577	12,496	81	0.64%	8,593	8,516	77	0.90%	2,994	2,985	9	0.30%	1,853	1,853	-	0.00%
83회기 통계	12,315	12,282	33	0.27%	8,077	8,030	47	0.58%	2,846	2,837	9	0.32%	1,705	1,705	-	0.00%
82회기 통계	11,875	11,853	22	0.19%	7,482	7,463	19	0.25%	2,547	2,541	6	0.24%	1,648	1,648	-	0.00%